CROPP
ÄTHIOPIEN – IM LAND DER MURSI

WOLF-ULRICH CROPP

Äthiopien –

Im Land der Mursi

PIETSCH VERLAG
STUTTGART

Einband- und Schutzumschlaggestaltung:
Gunar Braunke, unter Verwendung von 5 Fotos von Wolf-Ulrich Cropp, Hamburg

Fotos: Wolf-Ulrich Cropp, Hamburg; Peter Krempin, Lindlar: S. 131 oben, 145, 165 rechts, 173 oben, 180 rechts;
Bert Leidmann, Nagold: S. 147 unten, 173 unten, 179, 203;
Jürgen Escher, Herford: S. 102, 104 rechts.

Zeichnungen: Christiane Cropp; Wolf-Ulrich Cropp

ISBN 3-613-50109-0

1. Auflage 1990

Ein Unternehmen der Paul Pietsch-Verlage GmbH & Co.

Druck: Gulde-Druck GmbH, 7400 Tübingen 1.
Buchbinderische Verarbeitung: W. Röck, 7102 Weinsberg.
Printed in Germany.

Inhalt

Prolog 7

1. Teil: Ambas: Die Zitadelle Afrikas 11

Enttäuschung am Fluß 12
Ratlos in einer fremden Stadt 21
Auf dem Weg nach Harrar 30
Die Hochburg des Islams 32
Lucy, der älteste Twen der Erde 41
»The Smuggler's Train« – Fahrt mit der Djibouti-Eisenbahn 44
Ein Marsch in die Berge 53
Afar – im Land der schweigsamen Männer 61
Äthiopiens schwarze Königreiche 68
Inselklöster 76
Gondar – Ort im Ausnahmezustand 95
Lalibela – Flug ins Ungewisse 99
An Magdala vorbei nach Addis Abeba 106

2. Teil: Tal des Todes: Reise gegen die Zeit 111

Glück im Unglück am Start 112
Schwere Meilen zum Fluß 117
Gefährten der Flußfahrt 123
Durchs Land Kaffa 133
Hippos, Kroks und wilde Wellen ... Feuer im Boot 140
Ein Wolamo-Dorf 140
Puffotter-Biß 144
Hippo-Angriff 145
Feuer 150
Krokodile 152
Stromschnellen 153
Der Omo im Wandel der Landschaft 159
Flußvölker 162
Bodi – aggressive Viehzüchter 162
Mursi – Volk in Bedrängnis 167
Trennung, das Los der Mursi 183
Aufregung im Pflanzlager-Alltag 191
Wer »schön« sein will muß leiden 203
Kibish – Mission im Land der Bumé und ...
Abschied vom Gestern 208

3. Teil: Fakten, Tips und kleine Landeskunde für Äthiopienreisende 217

Geschichte 218
Landeskunde 220
Äthiopien als Reiseziel 225
Literaturverzeichnis 231
Worte des Dankes 232

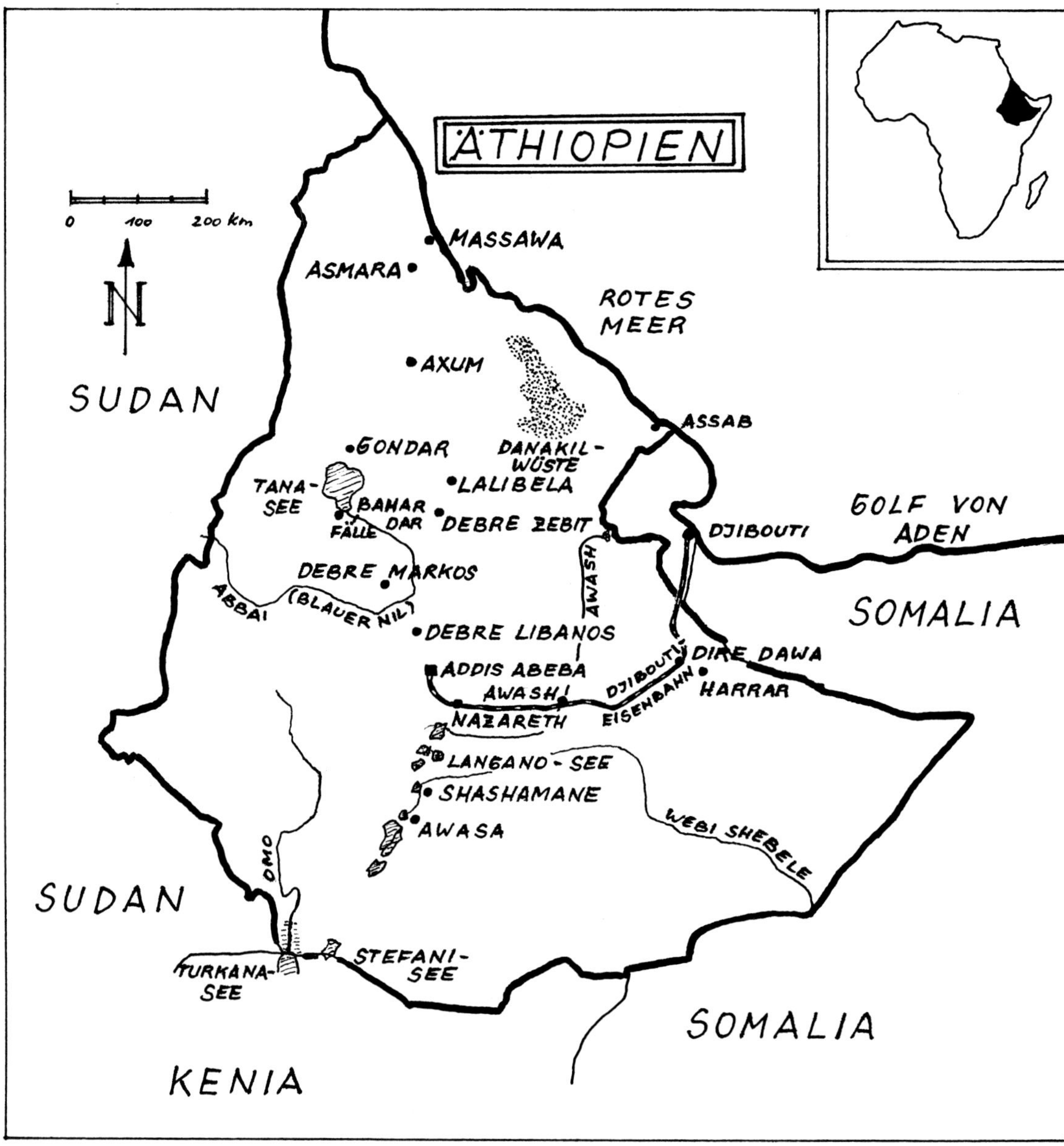

ÄTHIOPIEN
0 100 200 km
N
MASSAWA
ASMARA
ROTES MEER
AXUM
SUDAN
ASSAB
GONDAR
DANAKIL-WÜSTE
TANA-SEE
LALIBELA
BAHAR DAR
FÄLLE
DEBRE ZEBIT
GOLF VON ADEN
DJIBOUTI
AWASH
DEBRE MARKOS
ABBAI (BLAUER NIL)
SOMALIA
DEBRE LIBANOS
DIRE DAWA
ADDIS ABEBA
DJIBOUTI-EISENBAHN
HARRAR
AWASH
NAZARETH
LANGANO-SEE
SHASHAMANE
WEBI SHEBELE
AWASA
OMO
SUDAN
STEFANI-SEE
TURKANA-SEE
SOMALIA
KENIA

Prolog

Das »Haus Daressalam« (Dar-es-Salaam, arabisch, Ort des Friedens) stand in Schlierbach bei Heidelberg. Es gehörte Alfred Zintgraff, einem Freund meines Großvaters. Die Form des Gebäudes, ein Rundbau im Stil äthiopischer Tukuls und dessen Besitzer, ein betagter Herr, häufig im weißen wallenden Gewand, beobachtet worden, und manch sonderbares mehr, gaben Anlaß zu allerlei abenteuerlichen Spekulationen: »Da wohnt ein weißer Negerfürst«, erzählte man sich in seiner Nachbarschaft. »Er hält sich einen Löwen, und an den Wänden seiner Hütte hängen Waffen, so viele, daß damit eine ganze Armee ausgerüstet werden könnte . . .«

Bei meinem Großvater hielt ich mich am liebsten im »Blauen Salon« auf. Sein Haus nun war ein großer repräsentativer Bau aus rotem Sandstein, das domförmige Dach mit Schiefer bedeckt. Im gepflegten Vorgarten blühten den ganzen Sommer über rote Rosen. Das Haus steht noch heute in einer Pfälzer Kleinstadt.

Der »Blaue Salon«, ein düsteres Zimmer, angefüllt mit alten, ledergebundenen Büchern, meist Reisebeschreibungen und exotischen Andenken, war eigentlich kein wirklicher Salon. Eher ein Raum, den man mit einer gewissen Ehrfurcht betrat, der kostbaren Gegenstände wegen, die dort zu finden waren. Auch infolge des Geruchs – der erinnerte an einen solchen alter Gewölbe oder Kirchen.

Großvater war lange Jahre Schiffsarzt gewesen und hatte um 1920 die ganze Welt gesehen.

Abessinien: Historische Karte aus dem 17. Jahrhundert. Sie zeigt, wie wenig man damals über das Land wußte.

Ich erinnere mich noch sehr genau, als ich eines Tages im Halbdunkel des Salons stand, ein verziertes Ebenholzschränkchen öffnete und etwas entdeckte, was mich ungemein beschäftigte: Eine Tonscheibe. Nichts weiter als eine schwarzbraune Scheibe aus unglasiertem Ton, etwa 13 Zentimeter im Durchmesser, einen knappen Zentimeter dick. Die Scheibe war rund, zum Rand hin aufgewölbt, mit einer umlaufenden Kehle versehen, in der ein Band oder ein Lederriemen geführt werden konnte. Der Unebenheiten nach war die Scheibe von Hand geformt und mit einem spitzen Gegenstand graviert worden.

Ich drehte die Terrakottascheibe in den Händen und fühlte, daß es sich um etwas besonderes handeln mußte.

»Was ist das?«

Großvater beugte sich herab und sagte:

»Eine Ohrenscheibe. Sie wird von den Negern im Süden Abessiniens getragen.«

Und dann erzählte er mir alles über das ostafrikanische Land, was er von seinem Freund Alfred wußte.

Daß er mir die Verwendung der Scheibe nicht ganz richtig erklärte, führe ich heute darauf zurück, daß Äthiopien eines der wenigen Länder war, die Großvater nicht aus eigener Anschauung kannte. Aber über das abenteuerliche Leben des Alfred Zintgraff wußte er genau Bescheid:

Geboren wurde er 1878 in Düsseldorf, studierte Jura und promovierte. Wenig später trieb es Zintgraff in den Schwarzen Erdteil, wo er das Deutsche Reich in Mombasa als Vizekonsul und in Abessinien als Konsul vertrat. Negus Negesti, Kaiser Menelik II., erkannte rasch Organisationstalent und diplomatisches Geschick des Deutschen und machte ihn zum persönlichen Referenten. Durch Zufall einem Komplott auf die Spur gekommen, vereitelte Zintgraff die Ermordung des Kaisers. Melenik sollte durch Gift von seiner zweiten Frau umgebracht werden. Aus Dankbarkeit verlieh der Kaiser seinem Retter den Titel »Herzog von Abessinien«.

In meiner kindlichen Phantasie stellte ich mir Alfred Zintgraff als Helden vor. Ein großer, verschlossener Mann mit sonnengebräuntem Gesicht, buschigem Schnurrbart, dichten Brauen und durchdringenden blauen Augen. Ein Mann, der beim Gehen weit ausschritt. Seinen Kopf schützte ein breitrandiger Hut mit Leopardenfellband vor stechender Sonne.

Wenn er auf seinem abessinischen Schimmel über die Tafelberge galoppierte – Großvater nannte sie Ambas und Abessinien, die Zitadelle Afrikas – ja, dann flatterte seine shamma wie ein Segel im Wind. Stets wurde er von einer Schar wilder Gallas verfolgt, Erzfeinde des Amharen. Großvater meinte: »Die Amharen sind das Herrenvolk Abessiniens, sie stellten die Kaiser.«

Großvater strich sich nachdenklich durch den weißen Bart.

»Ja, ja, etwas schrullig ist er schon, der Alfred – er hätte in Afrika bleiben sollen. Deutschland ist zu eng für ihn.«

Nun ging Großvater durch seinen »Salon«, trat an ein Regal und entnahm diesem einen langen Dolch, dessen Klinge merkwürdig abgewinkelt war.

»Schau her, ein »chubë«, die gefürchtete Waffe der Afar.« Dabei vollführte er mit dem Dolch eine schwungvolle Bewegung unterhalb der Gürtellinie, die ich damals nicht verstand.

»Afar?«

»Ein kriegerischer Stamm im Nordosten Abessiniens. – Hier, auch dieses Buch hat mir Alfred geschenkt. ›Der Tod des Löwen von Juda‹ heißt es, er schrieb es vor mehreren Jahren.«

Großvater reichte mir das Buch. Es war in dunkelblauem Leinen gefaßt, mit goldener Schrift versehen. Auf dem Einband erkannte ich einen Löwenkopf mit goldenen Augen und einer Krone, das kaiserliche Wappen. Ich bedauerte, noch nicht lesen zu können. Großvater nahm Buch, Ohrenscheibe und Dolch wieder an sich. An diesem und an folgenden Tagen erzählte er mir stundenlang interessante Dinge über das fremde, geheimnisvolle Land Abessinien, wo es schwarze Christen in einsamen Klöstern geben sollte; Neger, die nackt gingen und große Ohrenscheiben trügen; wo reißende Flüsse mit freßgierigen Krokodilen und angriffslustigen Nilpferden lebten...

Ich war begeistert. Noch nie hatte mich ein Land und deren Menschen so gefesselt. Großvater merkte mir dieses an.

»Wenn ich einmal nicht mehr sein sollte, mein Junge«, sagte er am Ende der Ferien, »dann bekommst du den Dolch und das Buch. Ich verspreche es dir.«

Ich war stolz, aber nicht restlos zufrieden.

»Und die Ohrenscheibe?«

»Die natürlich auch.«

Wenig später starb Alfred Zintgraff in Garmisch-Partenkirchen. All die kostbaren Gegenstände, die sein Haus barg, hatte er dem Heidelberger Museum vermacht.

Dann segnete auch Großvater das Zeitliche. Großvater hatte Wort gehalten. Durch Verfügung erhielt ich, was der Herzog von Abessinien einst meinem Großvater geschenkt hatte.

Es mußten Jahre vergehen, bis sich die wirkliche Verwendung der Tonscheibe klärte. Im Hamburger Völkerkundemuseum – ich besuche es häufig und gern – entdeckte ich einmal ähnliche Scheiben. Auf alten Schwarzweißfotos war zu erkennen, daß Afrikanerinnen diese Gegenstände nicht an den Ohren, sondern an den Lippen befestigt hatten. Ich ging der Sache nach und erfuhr, daß es sich bei meiner Scheibe tatsächlich um einen »Teller« handelte, den die Mursi-Frauen in der unzugänglichen Omo-Niederung, der vielen Tsetsefliegen wegen »Tal des Todes« genannt, in ausgestanzten Unterlippen trugen. Ihre Gesichter waren gräßlich entstellt und wirkten wie Entenschnäbel. In der Tat nennt man die Frauen der Mursi Entenschnabelfrauen. Was sind das für Menschen, für Männer, die zulassen, daß sich ihre Frauen so zurichten? Ihre Motive: Kultischrituale Handlungen? Mystisch oder praktisch begründete Abwehrmechanismen aus der Zeit der Sklavenjäger?

Pervertiertes Schönheitsideal? Wird der Brauch noch ausgeübt? – Viele Fragen, vage Antworten, wenig Wissen. Die Literatur ergeht sich in Spekulationen.

Ich wollte zu ihnen, sie sehen, erfahren wie sie leben, möglichst alles über sie erkunden. Und so wurde klar, daß ich mich eines Tages auf die Spur der geheimnisvollen Mursi begeben würde, um das »Rätsel« der »Entenschnabelfrauen« zu lösen.

Als ich schließlich das Land meiner Träume besuchen wollte, fegte ein Orkan über Äthiopien hinweg: Eine furchtbare Hungerkatastrophe raffte zigtausende dahin. Der Kaiser Haile Selassie wurde gestürzt, das Land zerrüttet, eine Militärdiktatur kommunistischer Prägung etabliert...

Ich verschob mein Vorhaben, hielt aber den Wunsch mit Zintgraffs Buch wach, das ich mittlerweile zum dritten Mal gelesen hatte. Vorbei waren die Intrigen bei Hof, Vergangenheit der Pomp im kaiserlichen Palast, auch die Ras, einst einflußreiche Fürsten, entmachtet. Freies Reisen war praktisch unmöglich geworden. Das neue, andere Äthiopien konnte ich mir nicht vorstellen.

Da die Zustände unverändert blieben, entschloß ich mich Anfang Oktober 1986 aufzubrechen. Wollte mich endlich auf eine Expedition zu »meinen« letzten geheimnisvollen Mursi begeben. Die Reise war sorgsam geplant, gut vorbereitet –

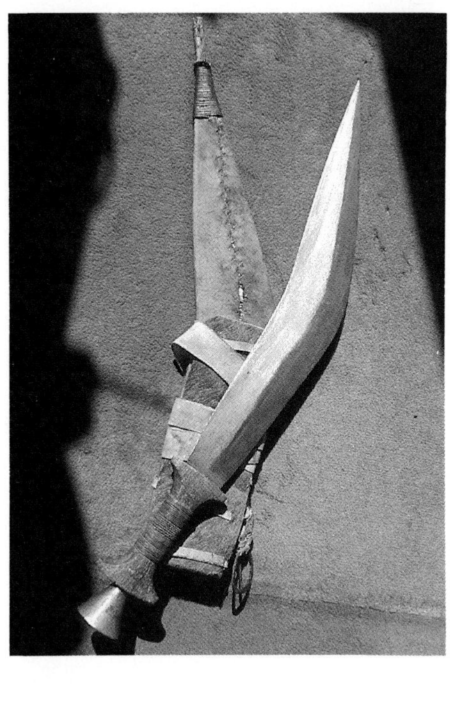

Afar Krummdolch »chubë« mit Futteral.

das glaubte ich wenigstens...

... in Wirklichkeit verlief alles ganz anders...

... Jetzt, da ich an diesem Buch schreiben und von der Zeit in Äthiopien erzählen werde, wecke ich mit Lippenscheibe, Afardolch und dem »Tod des Löwen von Juda« Kindheitserinnerungen. Die alte Chubë-Klinge ist blank – wie frisch geschmiedet. Satt sitzt sie in einer fein verzierten Lederscheide. Versonnen bewundere ich die kunstvolle Arbeit, die natürlich im Laufe der vielen Jahre Staub ansetzte. Nie hatte ich das Futteral genauer untersucht. Langsam ziehe ich den Dolch wieder heraus. Merkwürdig, bisher war mir nie aufgefallen, daß da noch etwas im Leder steckte. Ein Stoffetzen, ein Stückchen Papier? Ich drücke die Scheide zu einem Oval und versuche, das Etwas mit der Dolchspitze herauszustochern. Gefaltetes Papier kommt zum Vorschein: Braun, unansehnlich, verknittert. Ich falte es auseinander, glätte es und entziffere die fein handschriftlich gesetzte Deutsche Schrift:

»12. August 1910. Geschenk des Afar Kahsai auf einer Danakil-Jagd. Die Klinge trennte sechs Geschlechtsteile aus den Lenden feindlicher Krieger. A. Z.«

Welch' späte Botschaft!

Teil 1:
Ambas: Die Zitadelle Afrikas

»Alles, was ich jetzt wollte war, nach Afrika zurückkommen. Wir hatten es noch nicht verlassen, aber wenn ich aufwachte, lag ich lauschend da, bereits voller Heimweh danach.«

(Ernest Hemingway)

Enttäuschung am Fluß

In der Nacht des 12. Oktober 1986 unterbrach ein merkwürdiges Grunzen, dann ein Schnauben, schließlich eindringliches Stöhnen die Monotonie des Flußgurgelns. Kerzengerade saß ich im Zelt und horchte. Ich schlug vorsichtig die Plane zur Seite, der Lichtkegel der Taschenlampe fiel auf Fußabdrücke in den Ausmaßen von Suppentellern. Es war schummrig, so erkannte ich auch ohne Lampe den massigen Leib des Störenfrieds: Ein kapitales Flußpferd, es mochte rund drei Tonnen wiegen und fast vier Meter lang sein. Der Bursche äste an einem Grassaum, vier Schritt vom Zelt.

Jetzt traf das Licht seinen amboßähnlichen Schädel. Ich sah die listigen Augen und das breite Maul, das lebhaft an eine Garageneinfahrt erinnerte. Das Hippo glotzte herüber, eine Grassode hing zwischen den Kiefern, und die mahlten unverdrossen, wie die einer Milchkuh.

Ich ließ den Scheinwerfer kreisen und zählte neun Kolosse. Bis auf die merkwürdigen Geräusche bot sich ein recht friedliches Bild. Ich kroch

In aller Frühe schwimmen die Flußpferde wieder im Omo. Fast 80% ihres Lebens verbringen die Kolosse im Wasser.

auf mein Lager zurück und überdachte die Situation: Unser Zeltplatz wurde immer beliebter. Gestern waren es nur fünf. Wir sollten weiter auf die Sandbank rücken. Es soll tolpatschige Hippokühe geben, die geradewegs ins Zelt marschieren oder sich gar draufsetzen... Es war zwei Uhr. Ich döste ein...

Wenn über dem afrikanischen Wald die Sonne aufgeht, dann bebt das Geäst unter den hektischen Sprüngen der Affen, der Vögel, der gesamten Fauna, es vibriert im Diskant ihrer Stimmen. Leben explodiert. Gierig schmatzendes Leben. Umarmend, schmarotzend, tötend, zeugend und gebärend. Die Tropen, das ist Kampf in allen Etagen – aber auch prächtige, verschwenderische Schönheit; Wildheit der Geräusche, Farben und Sinne...

Ein Colobus weckte mich, er saß im Baum und blökte. Ich sah durch das Dreieck des Zelteingangs und betrachtete den Himmel und den Wald. Gerade blähte das Äffchen seine Backen und ließ den irren Laut aufs neue ab. »Dieser Kopf«, dachte ich, »groß wie eine Pampelmuse, weißer Gesichtsrahmen, weiße Schnauze, sonst rabenschwarz, wie ein Totenschädel.«

Schmetterlinge tanzten am Eingang, torkelnde Farbtupfer. Eine rotbraune, fingerlange Libelle vertrieb sie und stellte sich selbst vor den Eingang. Erstaunlich, wie rasch sie ihre Flügel bewegte! Sie schoß zur Seite und davon.

Mein Blick wanderte durchs Zelt. Kleine schwarze Ameisen hatten eine Straße gebildet und verschwanden in einem Zeltstangenloch über mir. Ringsum lagen halb krepierte Tsetsefliegen, und zwar auf dem Rücken. Berührte man sie, strampelten ihre Beine in der Luft. Fast hätte ich einen Gecko zerdrückt, er saß neben meinem Arm, von der Nachtkühle steif geworden.

Ich beschloß, aufzustehen. Draußen, neben dem Zelt, untersuchte ich die mächtigen, tief in den Sand und Morast gepreßten Fußabdrücke.

»An Land sind Hippos harmlos, aber im Fluß mußt du dich vor ihnen in acht nehmen!« sagte plötzlich eine Stimme.

Ich sah auf und in das breite Grinsen von Adaye Motto.

»Heute Nacht fraßen hier fast ein Dutzend. Mir war verdammt mulmig«, gestand ich.

»Wir campieren auf dem Hippotrail, der ist immer noch sicherer als die Ecke da drüben, bei den Kroks«, dabei deutete Adaye zur anderen Seite der Sandbank.

Wir entfachten die Glut des Lagerfeuers, kochten Kaffee und aßen etwas Brot. Gemeinsam verließen wir die Zelte und schlenderten flußabwärts, dem anderen Ende der Sandbank zu. Die Sonne schickte ihre ersten stechenden Strahlen über die Wipfel und tauchte Sand und Wasser in gleißendes Licht. Und mit dem Licht stürzten sich die ersten verfluchten Moskitos und Tsetsefliegen auf uns. Seit gestern wußte ich, daß die Fliegenklatsche der wichtigste Gegenstand am Mann war. Nicht die Panga oder der Dolch, nicht Revolver oder Gewehr, nein, ganz einfach die Fliegenklatsche, um sich wenigstens einige der blutgierigen Insekten vom Halse zu halten. So gingen wir wedelnd und schlagend, bisweilen fluchend am Fluß entlang. Ein Reiher schwebte im majestätischen Tiefflug vorüber, mit seinen Schwingen streifte er fast die Wasseroberfläche. Da sprang ein kleiner Fisch aus den Fluten, aus Übermut – oder wurde er verfolgt?

Wir kamen an einem umgestürzten Baum vorbei, dessen Krone im Fluß lag. Adaye zog an einem Nylonfaden, ein ziemlich großer Haken kam zum Vorschein, und an dem Haken hingen rot und violett die Reste eines Fischmagens.

»War ein schöner Catfisch dran«, meinte Adaye.

»Hat sich seine Innereien herausgerissen, wahrscheinlich war der Haken zu klein.«

»Möglich. – Oder Kroks haben den Burschen aufgefressen.«

Adaye präparierte die Angel mit einem Fleischstück und warf sie wieder aus.

An einer Schleifspur blieb ich stehen. Sie führte vom Gras her über die Sandbank ins Wasser. Ich kniete nieder und tastete die Kontur ab.

Sei es an Land oder im Fluß, gefräßige Krokodile lauern überall.

»Ein Krokodil?« fragte ich.

»Genau. Schätze, vier Meter lang und eine halbe Tonne schwer. Im Fluß wimmelts von Kroks.«

»Links Hippos, rechts Kroks«, sagte ich.

»So ähnlich, sie haben sich den Fluß in Reviere aufgeteilt, du kannst sie am Geruch ausmachen.«

Dieser Uferabschnitt roch beißend nach Aas.

Krokodile faszinieren mich seit früher Jugend.

Gefräßige Reptilien, deren Art 250 Millionen Jahre alt ist. Eine Panzerechse aus der Urzeit. Am Weißen Nil konnte ich die ersten wirklich großen Exemplare beobachten, seither übten sie auf mich einen unwiderstehlichen Reiz aus. Hier am Omo hatte ich noch keines gesehen. Ob es wirklich so viele gab? »Ich werde ihnen auflauern. Das macht man am besten nachts«, ging es mir durch den Kopf.

Die Sandbank mit ihrem flachen Flußufer war jetzt zu Ende. Steil ragten von Moosen und armdicken Baumwurzeln überwucherte Lavafelsen empor. In vier Metern Höhe bedeckte rote Lateriterde die Felsen, das eigentliche Steilufer schloß sich an, dicht von Bäumen, Gesträuch und Schlingpflanzen bewachsen. Der steile Flußeinschnitt uferte dann irgendwo weiter oben in schier undurchdringlichen Bergwald aus.

Hier in der nordöstlichsten Ecke der Provinz Kaffa befindet sich Äthiopiens dichtester Regenwald, und der Omo hat sich mitten in ihm hineingegraben.

Hörbar zog ich Luft ein. Der Geruch des Waldes, des modrigen Blattwerks, der feuchten Erde, der schwere Duft der Blüten belebte mich. Das Aroma des afrikanischen Waldes am Morgen! Wie anders war die Luft in der Hitze des Mittags oder am Abend. Im Laufe des Tages verändern sich die Gerüche, wie sich die lichtverhältnisse ändern. Die Menschen, weit weg oben in den malariafreien Bergen, vermögen die Tageszeit am Duft der Blumen, am Gesang der Vögel oder an der Farbe der Blätter zu bestimmen.

Wir hatten uns auf einen der schwarzen Felsen gesetzt, die wie Trümmer herumlagen. Mein Blick schweifte über den Fluß, zu den Stromschnellen und den kurzen, glitzernden Wellen. Weiter in die ruhigen Buchten, wo jetzt eine Gruppe von Flußpferden badete. Manchmal sah man nur ihre Nasenhöcker, dann ihre Schädel, schließlich tauchten sie ab... und wieder auf, um schnaubend eine Fontaine in die Luft zu pusten; dabei grunsten sie wie Wildschweine.

... Ich würde vieles dafür geben, wenn ich die Tageszeit am Duft der Blumen, am Gesang der Vögel oder an der Farbe der Blätter bestimmen könnte! »Schön«, seufzte Adaye auf einmal.

Erstaunt sah ich ihn an und entgegnete:

»Ja, sehr schön!«

Gerade kreiste ein Fischadler und ließ sich auf einem Lavaquader nieder. In den Fängen hatte er einen kleinen Wels. Es herrschte völlige Ruhe. Wir saßen am Ufer des Flusses in einer Welt, die mit sich selbst im Einklang stand und die sich seit tausenden von Jahren, ja vielleicht seit ihrer Entstehung nicht verändert hatte. Es gab keinen Laut, keine menschliche Stimme, keinen Maschinenlärm. Genau so, wie ich es lange herbeigesehnt hatte.

»Ich bin Oromo mußt du wissen,« flüsterte Adaye in die Stille. »Ich stamme aus dem Örtchen Abomsa. Meine Eltern und meine Geschwister sind Bauern. Mich hat man in die Stadt geschickt. Ich habe ein College besucht...«

Er machte eine lange Pause und beobachtete einen Fischadler.

»... Es ist komisch, meine Geschwister beneiden mich und mein Leben in Addis, und ich würde lieber aufs Land zurück. Die Stadt ist so laut und so stinkend.«

»Ich verstehe dich, Adaye. Auch ich komme aus einer großen Stadt.«

»Eure Städte sind anders. Sie sind sauber und schön«, sagte er.

Vögel am Omo: Fischreiher und Fischadler mit Beute.

Ich dachte an hunderttausend Menschen zu Hause: Ernste, mißmutige Gesichter, in graue Mäntel gehüllt, die Blicke auf den Boden geheftet, alle in Eile und Hast. Aus U-Bahnen stürzend, Treppen hinaufrennend und drängend sich in volle Busse schiebend. Ich sah sie schimpfend in den warenüberfüllten Supermärkten wühlen. Dann die endlosen Autoschlangen! Gab es wirklich einen Unterschied zwischen unseren und ihren Städten? »Ich glaube, die Städte sind überall gleich«, sagte ich schließlich.

Dann hingen wir wieder unseren Gedanken nach. Allmählich staute sich die Hitze im Tal. Sie flimmerte über dem Fluß wie flüssiges Gas. Ein seltsames Rauschen hob an, kurz darauf sahen wir einen Tukan, der kraftvoll seine Flügel schlug, um sich in der Krone einer Tamarinde niederzulassen.

Langsam, ganz langsam verging der Mittag. Es ist herrlich, in den Tropen Zeit zu haben, zu warten und das Leben ringsum in sich aufzunehmen. Ein Glücksgefühl war es, daß Zeit keine Rolle spielte, Termine nicht existierten. Wichtig war nur zweierlei: Die Gruppe, die irgendwann, heute oder morgen, auf Schlauchbooten den Fluß herunterkam, um mich aufzunehmen und den besten Moment an der Angel abzupassen, um einen Fisch vor dem Zuschnappen eines Krokodils zu bergen.

An den Ästen der im Wasser liegenden Baumkrone tat sich etwas. Einige bogen sich in Richtung Fluß und zuckten zurück. Adaye erhob sich und ging ruhigen Schrittes hinüber zur Angel. Dort mußte etwas Stattliches am Haken kämpfen. Das Flußwasser war braun aufgewühlt, und der Ast mit der Schnur neigte sich so stark, daß er zu brechen drohte. Adaye holte die Angelschnur ein. Am Haken wand sich ein prächtiger, mindestens 15 Kilo schwerer Wels. Mit seinem ganzen Gewicht stemmte er sich gegen die Kraft, die ihn unerbittlich ans Ufer zerrte. Da lag er nun auf dem Trocknen. Wild peitschte er mit der Schwanzflosse, Kiemen und Maul schnappten nach Sauerstoff. Die glibberigen Augen quollen hervor. Über dem saugnapfähnlichen Maul zitterten Hautfäden – ein Schnurrbart, daher der englische Name »catfish« – Katzenfisch.

Adaye zog ein kleines Beil aus seinem Gürtel und zertrümmerte dem Fisch mit einem Schlag den Schädel. Dann entfernte er den Angelhaken und wickelte die Schnur sorgfältig auf. Den Fisch warf er sich über die Schulter. Wir gingen zum Lager.

»Hardy und seine Crew werden staunen, wenn wir sie mit gegrilltem Fisch empfangen«, sagte ich.

»Noch dazu mit einem, der alle satt macht!«

Adaye legte den Burschen vor seinem Zelt nieder, kramte ein Brett heraus, nagelte den Fisch mit zwei Dolchen fest. Gemeinsam trennten wir ihm vorsichtig die zähe, schuppenlose Haut vom Rumpf und säbelten das Fleisch von den Gräten. Die Portionen legten wir in die Pfanne, deren Boden zuvor mit Öl bedeckt wurde. Kaum war das Feuer entfacht, brutzelten die ersten Filets. Appetitlicher Fischgeruch breitete sich aus und lockte Federvieh an, das uns aus respektvollem Abstand beobachtete. Als die Innereien zu ihnen hinüberflogen, stürzten sie sich begierig darauf. Sieger blieb der Fischadler, mit vorgehaltenen Krallen ließ er sich auf das Knäuel pickender Rivalen fallen, packte das Gekröse und entschwand durch die Luft.

Den leicht gedünsteten Fisch legten wir auf einen Grill, salzten ihn etwas – nie hätte ich vermutet, daß Wels so vorzüglich schmecken konnte!

Adaye hielt Siesta, das Vernünftigste an einem heißen afrikanischen Nachmittag.

Mich plagten die Tsetses. Also stieg ich in den kühleren Wald hinein, in der Hoffnung auf Linderung. Nach einer Stunde stand ich oberhalb des Flusses, genau an einem Knie, so daß ich eine weite Strecke stromauf – und stromabwärts überblicken konnte. Dort unten wand er sich durchs heiße Tal. An manchen Stellen war er braun, flüssiger Schokolade gleich, träge und breit. Dann kamen enge Felsabschnitte, die den Fluß durch ein Ventil aus Basalt preßten. Hier war er wild, weißschäumend. In der Ferne glaubte ich bedrohliches Grollen zu vernehmen.

Das war der Omo, Äthiopiens geheimnisvollster und zweitlängster Fluß. Einschließlich Gibé fließt er 1400 km durch eines der unzugänglichsten Gebiete Afrikas, um irgendwo, weit im Süden, im Turkana-See zu enden. Experten behaupten, hier in den Ambas sei er der wildeste aller Flüsse Afrikas, nur wenige hat er ungeschoren hinab ins »Tal des Todes«, in den »Backofen Äthiopiens« gelassen. Mit einer Crew von Naturkundlern hatte ich mich unterhalb von Abelti verabredet. Dort, wo der Omo einen scharfen Knick nach Süden macht. Gemeinsam sollte es ins Land der Mursi und ihren Erzfeinden, den Bumé, gehen.

Wie lange hatte ich auf den Augenblick gewartet, mit dem Boot hinab zu den geheimnisvollen Mursi zu gelangen? Ich stellte mir die Menschen vor, wie sie vor ihren Hütten am Feuer Geschichten von Überfällen, Jagd und Feldarbeit erzählten.

Angestrengt suchte ich den einsehbaren Flußlauf ab. Nichts Bewegliches, nichts Treibendes oder Schwimmendes. Die schwarzen Punkte waren Felsen, die wie Bollwerke dem Wasserlauf trotzten, fest mit dem Flußbett verankert.

Unruhe und große Zweifel beschlichen mich auf einmal. Ich hatte Sorgen, die sich nicht verdrängen ließen. Was befand sich hinter der nächsten Biegung, was hinter der übernächsten? Heute war der 12. Oktober, sie mußten in der Nähe sein. Im Laufe des Tages mußten sie eintreffen!

Nachdenklich trat ich in den Wald zurück, der mich wie dunkelgrünes Gewölbe aufnahm. Geraume Zeit später überkam mich eine wohlige Schläfrigkeit. Ich setzte mich nieder und wollte der Versuchung erliegen, an einen Baumstamm gelehnt, einzudämmern. Eine rotbraune Riesenameise erinnerte mich daran, daß es nicht ratsam ist, im afrikanischen Wald auf dem Boden zu schlafen.

Auf der Lichtung tanzte ein Pulk Schmetterlinge. Herrliche Admirale, deren rote Schrägbänder wie Purpur leuchteten. Und plötzlich flog etwas durchs Geäst. Ein dürres Stück Holz war vor meinen Füßen gelandet. Ich schaute auf, suchte die Baumwipfel ab, entdeckte Orchideen, die zwischen Himmel und Erde balancierten. Etwas Halt gewährten ihnen Astgabeln, aus denen sie auch Nahrung und Kraft schöpften. Der Colobus äugte aus großen Augen. Er mußte die ganze Zeit über beobachtet haben, was sich dort unter ihm abspielte. Aus Neugierde warf er den Ast herab, einen zweiten hielt er in der Hand. Ich hob seinen ersten auf und schleuderte ihn in seine Nähe. Der Affe sprang mit einem gellenden Schrei ins uneinsehbare Blattwerk. Und mit einem Mal hob ein hysterisches Gekreisch an. Ein Rudel Paviane stob aufgeschreckt auseinander. Ich rief von unten, klatschte in die Hände und verfolgte ihre wilde Flucht. Eine Affenjagd, die den Schreihälsen in den Kronen Vergnügen bereitete.

In einem Morastloch schlug ich lang hin. Ich rappelte mich auf und sah den Schlamm an Hose und Hemd, das Hemd war am Ellenbogen aufgeplatzt. Ich mußte laut lachen: Vor vier Tagen saß ich noch am schweren Schreibtisch, hinter Aktenbergen vergraben, hatte Kopfschmerzen vom Lärm und der schlechten Luft. Jetzt war ich in Afrika und rannte mit Affen durch den Wald. Was für ein Kontrast! Ich hatte wieder einmal die Zivilisation gegen die Natur, Schlips und Kragen gegen olivgrünen Drillich, ein weißes Bett gegen den Schlafsack und die Aktentasche gegen den Rucksack getauscht... und das bekam mir verdammt gut.

»Du warst oben in den Bergen?« fragte Adaye.

»Ja, hab' Ausschau gehalten.«

»Und?«

»Nichts!«

»Merkwürdig. Nach meiner Schätzung hätten sie schon gestern eintreffen können. – Werden wohl Probleme mit dem niedrigen Wasserstand haben.«

Adaye warf noch einen Holzscheit in die Flammen, dann sagte er:

»Werden das Feuer die ganze Nacht brennen

lassen, das hält die Hippos auf Abstand.«

Adaye schnupperte gegen den Wind, der Gestank von Fäulnis herantrug.

»Die Kroks da drüben haben gute Verdauung«, meinte er lächelnd.

Er hatte Recht, Krokodile sind Aasfresser und ihre Losung stinkt barbarisch.

Wir nahmen ein bescheidenes Mahl, bestehend aus Fisch und Brot, zu uns. Schließlich stand ich auf und ging ans Ufer, um mich zu waschen. Adaye hatte sich auch ins Zelt begeben. Gut so, denn ich hatte noch etwas vor, was er sicher nicht erlauben würde. Schließlich war er vom Informationsministerium abgestellt worden, um mich sicher der Gruppe zu übergeben. Die Omo-Flußregion ist Sperrgebiet und nur mit Sondergenehmigung bereisbar. Adaye Motto war für den reibungslosen Ablauf verantwortlich, ich hatte ihn als Aufpasser zu akzeptieren.

Mit Taschenlampe und Kamera schlich ich davon. Ein Blick auf die Uhr: In zwei Stunden begaben sich die Hippos an Land, genug Zeit, um die Kroks aus der Nähe zu beobachten. Ihr Revier roch ich jetzt ganz deutlich. Mit der Taschenlampe suchte ich die Sandbank und das Gras dahinter ab: Nichts. Ich wendete mich zum Fluß. Sie schwammen im Wasser. Deutlich erkannte ich die phosphoreszierenden Augenpaare. Ich versuchte, den Abstand zwischen den Augen zu berechnen. War er größer als 20 Zentimeter, dann war es ein großes Tier. Wenn es über 30 Zentimeter maß, war es ein riesiges Vieh. Manchmal tauchten auch gepanzerte Schädel mit Oberkiefer und Nasenlöchern auf. Ich hockte mich nieder, sicher riß eine die Bestien irgendwann mal den Rachen auf. Ich registrierte jede Bewegung.

Nachts auf Krokodilpirsch, im Fluß der gefräßigen Ungeheuer. Verdammt, daß war wie Löwenjagd! Jagdfieber hatte Besitz von mir ergriffen. Jagen mit der Kamera, das war meine Leidenschaft. Eine Bugwelle baute sich auf, das Wasser teilte sich. Im Lichtstrahl glühten die Augen wie brennende Kohlen.

»Maul auf!« wollte ich schußbereit rufen… es blieb mir im Halse stecken. Etwas packte mich an der Schulter, ich fiel zur Seite…

»Mein Gott, Adaye, willst du mich umbringen?«

»Nein, aber du dich!«

»Aber versteh' doch, Kroks im Wasser, so dicht, das muß man festhalten!«

»Warum sagst du mir nicht Bescheid?«

»Was?« fragte ich erstaunt.

»Klar hätte ich dich gesichert!«

Als wir zum Lager gingen, erzählte Adaye allerlei über die Echsen: Unten am Fluß Sobat leben Menschen, die sehen in den Kroks ihre Urahnen. Die Tiere sind tabu, niemand darf sie töten. Man füttert sie und glaubt in ihrer Gunst zu stehen.

Die ungewöhnliche Verehrung der Menschen vom Sobat wird schwer verständlich, wenn man weiß, daß ausgewachsene Kroks zu den gefräßigsten und unheimlichsten Jägern aller beutemachenden Tiere zählen.

Ich hatte von einer Attacke gehört, die ich nie vergessen werde: Sie ereignete sich am Sambesi. Tom Bealer war ein erfahrener Krokodiljäger, er brachte es in mancher Nacht auf eine Strecke von 15 Echsen. Die kleineren, für die teuren Babykrokotaschen, bezwang er mit bloßen Händen.

An einem Abend war Tom unaufmerksam. Er stand bis zu den Waden im Wasser und wusch sich, natürlich hatte er den Fluß im Auge. Doch das Krokodil schoß so plötzlich aus der Tiefe empor, daß er nur einen Schatten und dann den gelben Rachen wahrnahm, der an seinem Bein zuschnappte. Durch einen gewaltigen Ruck wurde er von den Füßen gerissen. Das Krokodil zog ihn in die Tiefe.

Die Urviecher kauen nicht, sie können nur zuschnappen, abreißen und schlucken. Folglich spielt sich ihr Überfall immer gleich ab: Packen, unter Wasser ziehen, festhalten, solange Widerstand geleistet wird. Ist das Opfer ertrunken, wird es in den Bau gezerrt, um es dort in Verwesung übergehen zu lassen. Setzt die Fäulnis ein, reißen sie große Stücke von ihrer Beute ab, saugen und verschlingen das Fleisch.

Krokodilhöhlen sind fürchterliche Orte. Voller Exkremente, Gebeine, Schleim, Gestank und Dunkelheit. Sie werden in Flußufern oder unter Felsvorsprüngen gegraben. Stets liegen die Zugänge unter der Wasseroberfläche, während sich die Höhle selbst oberhalb befindet. Es kann vorkommen, daß Krokodile ihre Opfer in den Bau schleppen, ehe sie völlig ertrunken sind. In der grauslichen Umgebung kommen sie dann noch einmal zu sich. Merken die Krokodile dies, so zerren sie die Beute wieder durch den unterirdischen Gang ins Wasser und liefern ganze Arbeit.

Tom Bealer war nicht nur Jäger, sondern auch Taucher, der lange die Luft anhalten konnte. So geschah es, daß er noch lebend in die Krokodilhöhle gezogen wurde. Als sich die Bestie entfernte, ertastete er sich den Ausgang und tauchte trotz schlimmer Beinverletzung hindurch und erreichte das rettende Ufer. Da er allein gejagt hatte, mußte er sich 30 Meilen zum nächsten Kral schleppen. Tom überlebte, wahrscheinlich als einzigster, der je einer Krokodilhöhle entkommen konnte. Doch Tom mochte nicht mehr leben. Ein Jahr nach dem Vorfall schoß er sich eine Kugel durch den Kopf. Er war wahnsinnig geworden.

Wieder am Feuer, fand ich keine Ruhe. Die Krokodile hatten mich aufgewühlt. Auch Adaye wollte sich noch nicht ins Zelt begeben. Wir redeten noch eine ganze Weile über Kroks – bis sich die Hippo-Kolosse aus dem Wasser wuchteten und allmählich von Süden her an uns heranfraßen.

Licht, Sonne, der Tag brach an. Wir waren immer noch allein. Ich schlürfte heißen Kaffee, um den schlechten Geschmack der Nacht loszuwerden.

Von Adaye keine Spur. »Er wird Holz sammeln gegangen sein«, dachte ich und überlegte, wie lange wir noch warten mußten, bis Hardy mit seinen Leuten erscheinen würde. Ich hatte immer noch das dumpfe Gefühl, daß etwas vorgefallen sein mußte.

Da erschien Adaye. Er schulterte einen mächtigen Krokodilschädel, der von Ameisen sauber abgefressen worden war.

Adaye Motto erscheint mit einem Krokodilschädel, aus dem er einen Zahn herausbricht.

Pustend legte er den Schädel nieder. Er war gut erhalten, im Kiefer steckten mehrere weiße Zähne.

»Den nehm' ich mit, in Adami Tulu gibt es ein kleines Museum, da freut man sich über Mitbringsel.«

Adaye hockte sich zu mir, wir untersuchten den Schädel und stellten fest, daß das Krokodil schon recht lange tot war. Filigrane Knochenteile zerbröselten bereits. Adaye entfernte vorsichtig einen Eckzahn mit dem Messer, betrachtete ihn eine Weile, dann gab er ihn mir und sagte:

»Nimm den Zahn als Andenken an unsere Tage am Omo. Vielleicht bringt er dir Glück, das wirst du brauchen auf der Reise – Croc!«

»Croc?«

»So nenn' ich dich jetzt, weil du so hinter ihnen her bist, und weil ich mit deinem Namen nichts anfangen kann.«

»Okay, klingt ja ähnlich«, lachte ich.

Ich bohrte ein Loch durch den Zahn und hängte ihn mir mit einer Schnur um den Hals. In Afrika wird man abergläubisch, ob man will oder nicht, und so schob ich manches Pech auf den Zahn von Adaye Motto, trotzdem trage ich das verdammte Ding heute noch.

Das Unglück kam zwei Tage später.

Der Tag verging in seiner spannenden Eintönigkeit, auch der nächste und der übernächste. Die Stimmung war gereizt, denn ich fühlte, daß die ganze Omo-Expedition eine grandiose Pleite geworden war. Wir saßen wieder am Feuer, aßen Fisch und ranzten uns an.

»Noch heute brechen wir auf. Es geht zurück nach Addis, Croc. Hörst du, nach Addis!«

»Noch einen Tag, Adaye. Nur noch einen. Hardy kommt, auf ihn ist Verlaß!«

Aber ich glaubte selbst nicht mehr daran.

»Das redest du seit Tagen. Jetzt ist Schluß, außerdem muß ich zurück.«

Ich warf das Messer in den Sand und sprang auf.

»Was glaubst du wohl, was ich nicht alles investiert habe, mein Lieber: Zeit, Geld, das Theater mit euren Behörden. Und da kommt der Aufpasser und sagt Schluß – aus!«

Ich ließ ihn sitzen und ging erregt ein Stück am Ufer entlang. Ich war wütend und deprimiert zugleich. Was war nur geschehen, 100 km flußaufwärts? Was, wenn sie sich nur verspätet hatten und morgen eintrafen? Wäre ich nur eine Woche früher in Addis gewesen, wir hätten gemeinsam starten können!

Ich schaute hinüber zum Fluß und verfolgte das Wasser gen Süden. Weit dort unten lag mein Ziel, meine Sehnsucht – der schwärzeste Teil des Schwarzen Erdteils, das Afrika meiner Träume. Ich war traurig und enttäuscht.

»Brechen wir auf, Adaye. Wir haben hier nichts mehr zu suchen«, sagte ich.

Wir bauten die Zelte ab, luden uns das Gepäck auf den Rücken, dann traten wir den steilen Trampelpfad zu Adayes Landrover an, der oben auf einer buschbewachsenen Bergkuppe stand. Zwei Tage später würden wir wieder in Addis Abeba sein.

»Addis Abeba, die »Neue Blume«, keine wirkliche Stadt, mehr ein chaotisch ergreifendes Gemenge vieler Ethnien – eine Ansammlung Dörfer auf der Suche nach einem Zentrum – und doch Mittelpunkt des modernen Äthiopiens.«

(Georg Gerster)

Ratlos in einer fremden Stadt

Wir hatten sie wieder erreicht, die Etage des Hochplateaus inmitten der Ambas, 2500 m über dem Meer, bedeckt mit hunderttausend Wellblechdächern. Von Entoto aus verschleierte Eukalyptusgrün braunes Dachblech, das immerhin ein Gebiet von der Größe Paris' einnahm. Beim Näherkommen teilten sich triste Vororte und repräsentative Gebäude, Gotteshäuser Straßen, Plätze. Sie zeigten den Stadtkern an: Die Afrikahalle, Stefanos-Kirche, Africa Avenue, Revolution Square.

Addis Abeba stand noch im Zeichen des zehnten Jahrestages der Revolution. Spruchbänder rankten sich über Straßen oder an Triumphbögen. Hammer und Sichel, die Nationalfarben Grün, Gelb und Rot auf Schritt und Tritt. Porträts der marxistisch-leninistischen Heroen rahmten Mengistu Haile Miriam, das Staatsoberhaupt, an den Hauswänden oder Schautafeln ein. Markige Sprüche vom »Aufbruch in eine neue Zeit«, der viel strapazierte Slogan »Frieden-Freundschaft-Solidarität« prangte in meterhohen Lettern von Dächern und Fassaden. Wer Äthiopiens Hauptstadt aus Kaisers Zeiten her kannte, den beschlich

Addis Abeba: Noch ganz im Zeichen der Revolution. Auf dem Banner läutet Staatschef Mengistu die neue Zeit ein.

ein bedrückendes Gefühl. Spätestens am Platz der Revolution, im Angesicht überlebensgroßer Konterfeis von Lenin, Marx und Mengistu der »Dreifaltigkeit der Gottlosen«, kapierte man, daß dies ein anderes Addis, ein anderes Äthiopien war.

Im Ras-Hotel, in der Churchill Avenue, beim schalen Bier: Meine Stimmung war auf dem Nullpunkt. Allein in der fremden Stadt – und wie sollte es weitergehen?

Im Informationsministerium war es ungemein schwierig gewesen, etwas über den Verlauf der Omo-Expedition zu erfahren.

»Gestrichen worden«, hatte es lapidar geheißen. Schließlich hatte Adaye Motto herausbekommen, daß einer seiner Vorgesetzten versäumt hatte, die Information weiterzugeben, und so kam es, daß wir uns als Nachhut dennoch auf den Weg gemacht hatten.

Adaye hatte mir geraten, die N. T. O. (National Tourist Organisation) in der Jomo Kenyatta Avenue aufzusuchen und eine Rundreise zu buchen.

»Die haben keine schlechten Angebote: Nazareth, Dire Dawa, Harrar, Tana-See. Auf eigene Faust kommst du aus Addis nicht heraus. Die greifen dich gleich an der Stadtgrenze«, hatte er gemeint.

Eine staatlich beaufsichtigte Gruppenreise zu ausgewählten Schauplätzen? Herrje, so hatte ich mir meine Äthiopienreise nicht gedacht!

Ich verbrachte noch einen gastlichen Tag in seinem Haus und als sich dann unsere Wege endgültig trennten... um sich doch sehr viel später einmal wieder zu begegnen, war ich fast traurig darüber. Das Ras-Hotel war mir von Adaye empfohlen worden. Mittlere Preislage, auch von Europäern frequentiert und das Wichtigste: flohfrei.

Ich schaute mich um; an der Bar hingen wieder die beiden Engländer, mit denen ich bereits Kontakt aufgenommen hatte. Sie waren in ähnlich vertrackter Lage wie ich: Sie kamen aus der Stadt nicht heraus. Es waren Journalisten, und ihr Blatt hatte sie an die Brennpunkte geschickt: Asmara, Lilibela, Axum. »Fliegen Sie nach Äthiopien«, hatte ihnen der Chefredakteur auf den Weg gegeben, »und liefern Sie den Leuten Storys, die ans Herz gehen. Rütteln Sie die Satten auf, berichten Sie über Dürre und Hunger, daß ihnen kein Steak mehr schmeckt. – Keine Reiseberichte – Facts meine Herren, mit dem Brandeisen geätzt, ihr habt die Schreibe, ich gebe euch die Chance. Die Welt ist gierig auf das, was in Äthiopien passiert!«

Der abessinische Löwe, einst das Symbol der Macht äthiopischer Kaiser, ist im Hochland ausgestorben. Ein ausgestopftes Exemplar ziert das Foyer des Ras Hotels, meiner Bleibe.

Jetzt saßen Tom, der Texter, und Henry, der Bildreporter, in Addis. Den Vorschuß hatten sie im Ras versoffen. Brennpunkte? Keine Chance, dort hinzukommen. Die Regierung will nicht mehr, daß westliche Reporter das Elend ausschlachten. Die Ministerien haben die Notstandsgebiete abgeriegelt. Autos kann man sich nicht leihen, außerdem gibt es keinen Sprit.

»Nichts mit 'ner Big Story«, sprach ich Tom an, der Notizblock und Bleistift zur Seite schob.

»Ich schreibe meine Big Story hier«, grinste Tom, »und ich wette, die ist genau so gut, wie die vor Ort gemachte.«

Ich gucke verwundert:

»Wie vereinbart ihr das mit eurer Berufsehre?«

»Bestens, viele machen es ebenso. Ab und zu frage ich 'nen Transall-Piloten aus dem Norden, und Henry ist auf Vorzimmermiezen spezialisiert. Die Marschrichtung ist doch klar. Wir schütteln Politik, Chaos, Hunger im Shaker. Heraus kommt der Genre für die konservativen- oder der linken Blätter.«

Henry schaltete sich ein:

»Streng genommen kannst du die ›Linie‹ zu Hause zusammenschreiben. Nur das Lokalkolorit käme etwas zu kurz.«

»Ich arbeite für den linken ›Observer‹, meinte Tom jetzt, »der findet die Zustände zwar bedauernswert, aber Mengistu gar nicht so übel. Also laß' ich weg, daß er als Halboromo – Vater Oromo, Mutter amharisches Straßenmädchen – Minderwertigkeitskomplexe hat und vor lauter Mißtrauen seine Minister nach Waffen durchsuchen läßt.«

»Ist das wahr?« frage ich.

»So wahr, wie wir hier sitzen. Das schnappt man bei den Vorzimmerdamen in den Ministerien auf. Die Angst vor einem Umsturz raubt dem Präsidenten den Schlaf«, meinte der Textreporter, »und sein zweites Trauma ist der Bürgerkrieg.«

»Im Norden Eritreas? Den hat er doch unter Kontrolle«, sagte ich.

»Weit gefehlt Mann, es kriselt an allen Fronten: Eritrea, Tigre, Somalia, Sudan, die Oromo fühlen sich nach wie vor unterdrückt. ILF, IPLF, AMC, OLF, TLF und wie sich die konkurrierenden Separatisten nennen... dazu die Hungersnot im Nordabschnitt«, sagte Tom.

Ein junger Mann mit hochrotem Kopf kam an die Bar gestürmt.

»Ein Bier!« rief er dem Barkeeper zu, dann verstaute er seine Kamera.

»He, Terry, warum so aufgeregt?« fragte Henry.

»Ich hab' den Scoop, Jungs!«

»Vom Scoop träumen wir alle, Terry – laß hören«, sagte Tom.

»Mit dieser Information schaff' ich den Durchbruch!«

»Als Baby-Starreporter, wie schön für dich – laß endlich hören«, frotzelte Henry.

Terry war Australier, für ihn bedeutete Äthiopien die große Chance und der erste Auslandseinsatz. Er war 25 Jahre alt, gut aussehend und wahnsinnig ehrgeizig, außerdem, wie die meisten Newcomer im Auslandsgeschäft, verdammt naiv. Als er erfuhr, daß Addis die Endstation sei, hätte er sich am liebsten aus dem Fenster gestürzt.

»Na, was ist, Terry?« bohrte Henry.

Terry schaute irritiert zu mir herüber und fragte mißtrauisch:

»Was ist das für einer?«

»'n Deutscher, schreibt Bücher, keine Konkurrenz«, beruhigte Henry.

»Ach du heiliger Strohsack«, dann stürzte er das Bier hinunter und legte los:

»Äthiopien ist mit einem Jahreseinkommen von umgerechnet 80 Dollar pro Kopf das ärmste Land der Erde. Preise von Grundnahrungsmitteln haben sich um 120 Prozent erhöht. Das Militärbudget wurde von 30 auf 62 Prozent angehoben. Äthiopien ist der größte Exporteur von Flüchtlingen, weltweit leben 3,5 Millionen im Exil. Massenflucht auch in Regierungskreisen: 25 Botschafter, 42 weitere Diplomaten, drei Minister, sieben Generäle, drei Kommissare und sechs Regionalgouverneure haben sich abgesetzt. Und jetzt kommt's: Der harte Kern um Mengistu treibt

Mißbrauch mit den internationalen Hilfsgütern. 40% der Nahrungsmittel wird den Sowjets als Abzahlung der vier Milliarden Dollar für Waffenlieferungen übergeben. 20% der Hilfsgüter wird an Ägypten für weitere Waffen verkauft. Wenn tatsächlich 40% an die Hungernden gelangt, ist das viel. In den Provinzen Begemder, Tigre, Wollo werden Zwangsdeportationen geplant. Mengistu beabsichtigt die Auflösung des Dergue (Militärrats)«, sprudelte es aus Terry hervor.

Tom und Henry hörten gelangweilt zu. Es entstand eine Pause, dann meinte Tom:

»Bis auf die Dergue-Auflösung – kalter Kaffee. Und wen interessiert der Militärrat?«

»Okay, vieles ist gerüchteweise bekannt, aber ich hab' die Beweise, Unterlagen, Dokumente – das ist der Knüller!«

»Was heißt Knüller?« warf Henry ein.

»Vor zwei Jahren war Starreporter Jim Bexter hier in Addis an 'ner ganz heißen Sache: Seine Fäden reichten bis auf den Schreibtisch des Finanzministers. Im September '84 feierte Mengistu zehnjähriges Bestehen des sozialistischen Äthiopiens. Dazu ließ er 10000 Gäste kommen, und Bexter wußte, was das Gelage dieser oberen 10000 kostete. Stell' dir vor, 200 Millionen Dollar! Allein die 500 Flaschen Whisky machten 25000 Dollar aus. Allein in Wollo waren an diesem Jahrestag 100000 Menschen am Verhungern. Und nun das Schönste, der Knüller war gar kein Knüller, denn kaum ein Blatt nahm Notiz davon.«

Terry schaute jetzt recht betreten drein.

Wir tranken noch einige Biere zusammen, dann wünschten die Engländer ihrem Kollegen viel Glück und verdrückten sich auf ihre Zimmer.

Am übernächsten Tag waren die Reporter verschwunden. Ich war wieder allein. Wechselte mit diesem und jenem belanglose Worte. Zwischendurch streifte ich durch die Stadt, wurde auf dem Informationsministerium vorstellig – nun schon zum sechsten Mal – legte immer wieder meine Empfehlungsschreiben vor, beteuerte meine unpolitischen Absichten. Hoffnungslos, warum sollte es mir auch besser gehen als den vielen Berichterstattern. Ich kam aus dieser Stadt einfach nicht heraus.

Das Warten auf irgendeinen Zufall, die vage Hoffnung auf eine Chance zermürbten allmählich. Ich merke es ganz deutlich, wenn ich allein im Zimmer war und die kargen vier Wände wie eine Zelle wirkten. Ich saß in der verdammten Stadt, in dem verdammten Raum wie im Gefängnis. Als nichts anderes kam ich mir vor wie diese elenden Kakerlaken, die nachts die Wände hochkrabbelten und doch immer wieder abstürzten.

Ich saß in der Scheiße, ich wußte es und wollte es doch nicht wahrhaben...

Morgen, spätestens übermorgen, werde ich zur Organisation gehen und das tun, was mir jeder riet. Ich werde eine Pauschaltour buchen, nur um endlich aus dem »Gefängnis« herauszukommen. Ich war soweit, die Behörden hatten mich weichgeklopft. Ich zog mich an und ging hinunter ins Restaurant. An meinem Tisch, der eine Art Stammplatz geworden war, saß eine junge Frau. »Vorsicht«, dachte ich, »die sieht ja gefährlich schön aus.« Ich vertiefte mich in die Speisekarte und bestellte Spaghetti. Nudeln haben die Italiener während der kurzen Besatzungszeit ins Land gebracht. Sie schmeckten gut.

Ich fühlte, daß sie mich beobachtete. Wenn es die süße Sünde gab, dann saß sie mir gegenüber: Diese Augen! Dieser kastanienbraune Teint, diese schwarzen Locken und was ich von der Figur erhaschen konnte!

»Sie sind Geschäftsmann?« fragte sie auf einmal.

»Wie man's nimmt«, antwortete ich mit vollem Mund.

»Ich tippe, daß Sie aus Westdeutschland stammen.«

»Richtig.«

»Wir mögen die Westdeutschen gern, lieber als die Ostdeutschen.«

»Kann ich mir vorstellen«, dachte ich, »des Geldes wegen«, sagte aber:

»Danke, das hört man gern.«

Sie sprach ein sehr gutes Englisch. Hatte sicher

eine höhere Schule besucht. Es entwickelte sich eine zwanglose Konversation. Sie hatte ein fast vornehm zurückhaltendes Wesen. Lächelte beim Sprechen, so daß sich der Blick an ihre geschwungenen Lippen und die makellos weißen Zähne heftete. Sie war zweifellos von gewisser Bildung. Kannte die Geschichte ihres Landes und hatte ein ungefähres Bild von zeitgeschichtlichen Problemen in Europa. Dazu ihr Aussehen, man konnte ins schwärmen geraten. Sie hieß Sara. Nach einer Weile sagte sie, daß sie an der Addis Abeba Universität Philosophie im letzten Semester studiere. Sie möchte Journalistin werden. »Auch das noch«, dachte ich, für solche Frauen hatte ich eine besondere Schwäche.

Natürlich bestellte ich ihr ein paar Drinks. Sie hatte klare Vorstellungen von dem, was sie wollte: Gin Tonic, Chivas, Remy Martin. Einen Moment dachte ich, daß sie die Drinks eine Idee zu sicher, eine Idee zu rasch konsumierte. Aber ihr Charme zerstreute die Skepsis.

Wir plauderten über Gott und die Welt, Epikur, Thales, Hegel, Kant, über die großen Vorhaben der Regierung, an deren Verwirklichung sie am Ende auch nicht recht glaubte. Schließlich schlug sie vor, daß ich sie doch nach Hause begleiten möge, oder einfachheitshalber könnte sie ja mit auf mein Zimmer kommen.

Ich war nicht wirklich erstaunt, auch nicht enttäuscht. Sara war ein Produkt der Zeit, ein Mädchen, das aus der Situation das Beste machen wollte. Die Zeit war brutal, auch die Stadt war es. Addis rief die Männer. Sie strömten in die Stadt.

Ihre Frauen durften oder konnten nicht folgen. Es entstand ein Überschuß an Männern in der Stadt und an Frauen in den Dörfern. Eines Tages folgten die Frauen. Aber für sie gab es keine Beschäftigung, denn längst saßen die meisten Männer arbeitslos auf der Straße. Die von der Natur durch gutes Aussehen bevorzugten Frauen machten sich in den Bars selbständig. In auffallender Kleidung, mit viel Make-up zurechtgemacht, boten sie sich an. »Wir lieben euch, für euer Geld«, hieß es, und rasch war die Schüchternheit verloren. Auch jetzt, unter dem sozialistischen Regime, bildete die große Schicht der sogenannten »freien Frauen« ein soziales Problem. Ernstzunehmende Mißstände, die klar machten, wie sehr die gesellschaftlichen Strukturen aus den Fugen gerieten. Sie ließen die Hilflosigkeit und Verzweiflung ahnen, die viele ergriff, die sich aus der Sicherheit der Stammeswelt ins Bodenlose einer Welt ohne Glauben und Moral gestoßen fühlten. Probleme, die ihre Ursache auch in der neuen Politik, der Vereinfachung, der Gleichmacherei hatten: Der Zerfall der Heiratsbräuche in äthiopischen Städten beispielsweise trug zur inneren Unrast und Unzufriedenheit der Menschen bei.

Trotz weitgehender sexueller Freiheit, die im Lande herrschte, kann man behaupten, daß die Prostitution in der Definition »Verkauf von sexuellen Diensten zur Erhaltung des Lebensunterhalts« im alten Afrika nie existierte und erst mit der Kolonialisierung oder im Kontakt mit Europa eingeführt wurde.

In den festgegründeten Familiengemeinschaften, die alle wirtschaftlichen und sozialen Funktionen regelten, gab es weder den sexuell frustrierten Mann, der sich Liebesdienste erkaufte, noch die wirtschaftlich auf sich allein gestellte Frau, die sich ihren Lebensunterhalt damit verdienen mußte. In den polygamen Gesellschaften hatte der Mann ohnehin genügend Gelegenheit zu sexueller Betätigung.

Ich hatte Sara noch einen Drink bestellt und fand es spannend, nach einigen zaghaften Ansätzen, mit ihr über das Problem sprechen zu können. Auch als sie merkte, daß es mit uns nichts werden würde, redete sie mit erstaunlicher Offenheit über sich und das Thema. Sie wußte um die Risiken, die sie, so gut es ging, einzugrenzen versuchte, stets ihr Ziel vor Augen, einmal den Sumpf hinter sich zu lassen, um tatsächlich Journalistin zu werden. Der Traum ließ sich nur mit Geld für die Ausbildung verwirklichen. Das Geld besaßen die Weißen, und an das mußte sie heran, selbst wenn sie sich ihnen verkaufte. Eine andere

Möglichkeit sah die Halbwaise Sara nicht. Ihr Vater war im Krieg gegen Eritrea gefallen, die Mutter schlug sich mit sechs jüngeren Kindern als Teff-Bäuerin in Afdem durch. Für die ersten Semester legten die Freunde zusammen, dann versiegte die Geldquelle. Staatliche Förderung gab es auch nicht. Was blieb der schönen Sara übrig?«

»Alles fing mit einigen Gläsern Bier an«, sagte sie, »er hieß Jim und war Amerikaner. Am nächsten Tag schenkte er mir einen schönen seidenen Schal. Ich hatte Jim wirklich sehr gern. Jedesmal wenn wir zusammen waren, gab er mir so viel Geld, daß ich selbst gut leben und noch etwas meiner Mutter schicken konnte. Dann war Jim plötzlich verschwunden, und ich beschloß, selbst die Initiative zu ergreifen.«

Wir nippten nachdenklich an den Gläsern.

Unverhofft erhob sie sich, lächelte noch kurz, dann entfernte sie sich. »Sara. die Gazelle«, dachte ich und trat wenig später auf die Straße... beschloß mir die Beine zu vertreten.

Wollte mein Hotel vorerst nicht sehen, hatte Angst vor meiner Zelle, Angst vor der Leere und der verdammten Untätigkeit. Nach einer Weile hielt ich inne. »Solltest ein Bier trinken«, dachte ich und betrat das »Ethiopia«.

Und endlich kam die Chance! Sie hieß Tekle Abdal. Er war Reporter, tätig für die staatliche Tourismus-Kommission in Addis und beauftragt, »Kulturelles über Land und Leute« für einen Prospekt zu liefern. Sein Problem bestand in einer defekten Kamera und uralten Filmen. An der Bar führte der Zufall zwei Problemfälle zusammen, die sich gemeinsam lösen ließen.

Nach einigen Bieren taten wir uns zusammen. Tekle Abdal hatte die Beziehungen, ich Kamera und Filme. Noch in der Nacht wurden wir ein Team. Vielleicht das einzige kapitalistisch-kommunistische »Reporterteam« Äthiopiens – wenn das nur gut ging! Wir stiegen um auf Schnäpse, die zerstreuten alle Bedenken.

»Was soll nun werden?« fragte ich aufs Geratewohl.

»Was werden soll? Ganz einfach, auf dem Office besorg' ich dir 'ne Lizenz und dann gehts

Viel Arbeit und Mühsal ist das Los der meisten Äthiopierinnen. Täglich schleppt die alte Frau ihr Brennholz in die Stadt.

Hoch zu Roß blickt Kaiser Menelik II. über die Stadt. Ihn, den Helden der siegreichen Schlacht von Auda gegen die Italiener, wagten selbst die neuen kommunistischen Machthaber nicht vom Sockel zu reißen.

los. Bus, Eisenbahn, zu Fuß – kreuz und quer durch Äthiopien.«

»Dire Dawa, Harrar, zu den Afar, Tana-See, Gondar?«

»Na klar!«

»Auch Labibela?«

»Gut möglich.«

Ich wollte nicht glauben, was der mittelgroße Amhare in dem gutsitzenden braunen Safarianzug da erzählte und musterte ihn genau. Ich schätzte Tekle Abdah auf Mitte Dreißig. Seine Hautfarbe war nicht dunkler als die des Anzugs. Den scharfen Gesichtszügen nach zu urteilen, hätte er auch aus Arabien stammen können. Er besaß buschige Brauen, und die Augen darunter verrieten Intelligenz, vielleicht auch etwas Schlitzohrigkeit. Irgendwie mochte ich ihn, selbst dann noch, als er vom Barhocker glitt und sagte:

»Halte dich bereit, Croc. Ein Uhr p.m. geht's los. Ich werde dein Auge und dein Ohr sein.- Und übrigens, die Lizenz kostet 20 Birr. Am besten gibst du mir die gleich.«

Ich gab ihm zwei Zehner-Scheine, gleich 32 Mark. Als er draußen war, faßte ich mich an den Kopf: »Wie konntest du nur so blöd sein! Da hat dich eben einer sauber 'reingelegt.«

Oben in meiner »Zelle« überfiel mich ein Gefühl von Skepsis und Vorfreude. Ich lag da, malte mir aus, was der mit »kreuz und quer durch Äthiopien« meinte: Die Sahelstadt Harrar, das Zentrum der Muslime,die Fahrt mit der Djibouti-Eisenbahn; die stolzen Afar der Steppe, der Afrikanische Graben, Debre Libanos, die Stadtgründung des heiligen Tekle Haimanot; der blaue Nil und seine Wasserfälle; der Tana-See mit seinen geheimnisvollen Inselklöstern. Dann die alte Kaiserstadt Gondar. Lalibela – wir müssen Lalibela sehen! Und wir sollten uns durch die Ambas von Simien nach Axum durchschlagen. Das ist Katastrophengebiet und Niemandsland, wo sich reguläre Truppen und Aufständische bekämpfen... konnte es endlich losgehen? Ich mußte die Zeit nutzen, wollte endlich unterwegs sein. Der Weg ist das Ziel, sagen die Nomaden.

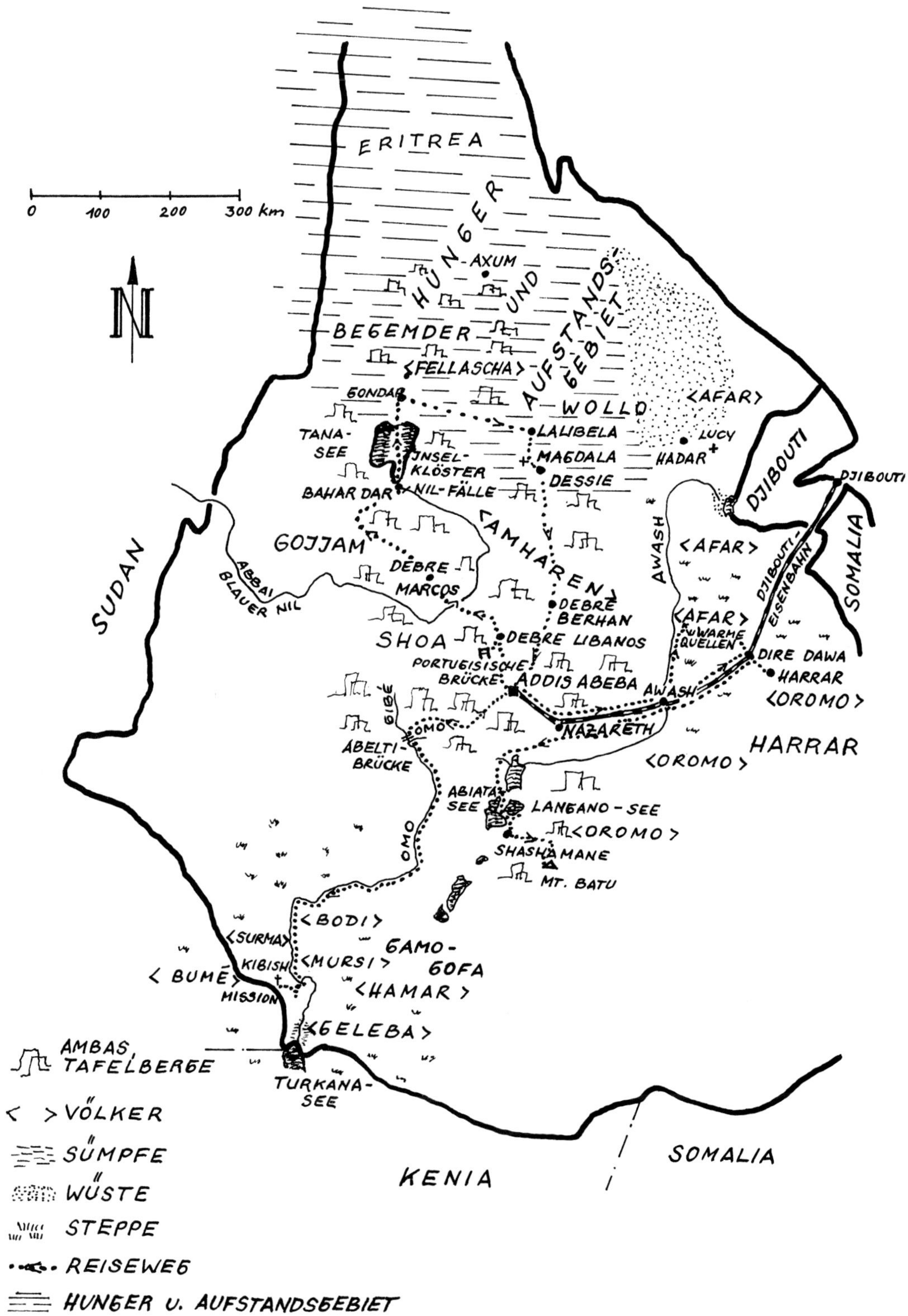

ERITREA
HUNGER UND AUFSTANDSGEBIET
0 100 200 300 km
N
AXUM
BEGEMDER
<FELLASCHA>
GONDAR
WOLLO
<AFAR>
TANA-SEE
LALIBELA
MAGDALA
LUCY
HADAR
INSEL-KLÖSTER
DESSIE
BAHAR DAR
NIL-FÄLLE
DJIBOUTI
DJIBOUTI
GOJJAM
<AMHAREN>
AWASH
<AFAR>
SOMALIA
SUDAN
ABBAI BLAUER NIL
DEBRE MARCOS
DEBRE BERHAN
DJIBOUTI-EISENBAHN
<AFAR>
WARME QUELLEN
SHOA
DEBRE LIBANOS
DIRE DAWA
PORTUGIESISCHE BRÜCKE
ADDIS ABEBA
AWASH
HARRAR
<OROMO>
GIBE
OMO
NAZARETH
ABELTI-BRÜCKE
HARRAR
<OROMO>
ABIATA-SEE
LANGANO-SEE
<OROMO>
OMO
SHASHAMANE
MT. BATU
<BODI>
<SURMA>
GAMO-GOFA
KIBISH
<MURSI>
<BUME>
MISSION
<HAMAR>
<GELEBA>
TURKANA-SEE
KENIA
SOMALIA
AMBAS, TAFELBERGE
< > VÖLKER
SÜMPFE
WÜSTE
STEPPE
REISEWEG
HUNGER U. AUFSTANDSGEBIET

»Es zieht herauf in mein Land ein mächtig Volk ohne Zahl. Das hat Zähne wie Löwen und Backenzähne wie Löwinnen. Das verwüstet meinen Weinberg...«

(Prophet Joel, Altes Testament)

Auf dem Weg nach Harrar

Mittags erschien Tekle Abdal mit einem prallgefüllten Rucksack und wedelte mit einem Stück Papier. Die Reiseerlaubnis! Sie kam überraschend, ich hatte nichts vorbereitet.

Zwei Stunden später saßen wir eingekeilt im klapprigen, vollgestopften Überlandbus in Richtung Dire Dawa. Ich genoß die Fahrt aus den Bergen hinunter ins freie Land, genoß den Blick über die hügeligen Felder, auf denen die Bauern mit Holzschaufeln den Drusch im Wind in Spreu und Korn trennten, ja ich genoß selbst kratertiefe Schlaglöcher, staubig, stickige Luft im rüttelnden Bus. Endlich war ich unterwegs, nur das galt.

Wir rumpelten zwei Tage lang in Richtung Osten.

Auf der serpentinenreichen Hochstraße nach Harrar ereignete sich dann ein sonderbar schauriger Zwischenfall. Den steilen Hängen wurden mühsam errichtete Terrassenfelder abgetrotzt. Eine kulturelle Errungenschaft aus dem benachbarten Jemen. Wie eine Ansammlung von Bienenkörben gruppierten sich Tukule zu Gehöften, so eng an terrassierte Abhänge geschmiegt, daß sie im nächsten Augenblick abzustürzen drohten. Karge Feldmosaike breiteten sich auf den Schultern der Harrar-Berge aus und gestalteten das einheitliche Graubraun in einen changierenden Flickenteppich.

Plötzlich geschah es: Fingerdicke Insektenleiber klatschten an die Windschutzscheibe und hinterließen einen schmierigen Brei. Im Nu verfinsterte sich der Himmel. Der Fahrer trat auf die Bremse und fuhr rechts heran. Die Luft war vom Surren und Brummen erfüllt. Eine lebende Wolke aus Millionen von Körpern wirbelte heran. Ein Bauer im groben Baumwollumhang stürzte aus dem Fahrzeug, in den Hagelsturm der fliegenden Monster. Er griff um sich, dann hielt er Heuschrecken in beiden Händen.

»Khid! Khid! Khid!« stieß er aus.

»Er beschwört die »Zähne des Windes«, das Land zu verlassen«, sagte Tekle.

Tausende waren nun in den Bus eingedrungen und ließen aus den Passagieren eine trampelnde, fluchende, umsichschlagende Menge werden. Die Heuschrecken flogen mir ins Gesicht, verfingen sich in den Haaren, Leiber rutschten ins Hemd und zuckten auf der Haut. Ein gewaltiges Naturereignis, abstoßend und erregend zugleich. draußen rannten jetzt Menschen aufgeregt durcheinander und lamentierten. Tierleiber bedeckten das letzte bißchen Grün der Zweige, der Hirserispen, der Gräser. Sie nagten, hingen, zerrten in Bündeln an den Stielen der Pflanzen, wie gefräßige Wäscheklammern. »Lebendige Teppiche des Teufels«, nennen die Sahelbewohner die Überfälle der Wüstenheuschrecken. Im Alten Testament sind Heuschreckenplagen der Ausdruck für den Zorn Gottes.

Der Himmel wurde klar. Der Sturm war vorüber. Wir klaubten die Krabbeltiere zusammen und warfen sie aus den Fenstern.

»War nicht so schlimm«, beruhigte mich Tekle, »eine kleine Meute nur«.

Er hatte recht, für wirklich große Schwärme von 30 und noch mehr Milliarden Insekten, war es zu trocken, die Pflanzen nicht grün genug. Landwirtschaftlich verheerend und für die Menschen bedrohend wirkten sich Heuschreckenplagen im Frühjahr aus.

Als 1958 60 Milliarden Freßmaschinen in einer 150 Quadratkilometer großen Wolke über Ostafrika herfielen, wurden pro Tag 120000 Tonnen Grünfutter verschlungen. 1978 war ein verheerendes Heuschreckenjahr für Äthiopien und andere Sahelstaaten. Mit Hilfe einer internationalen Organisation (DLCO/EA) zur Bekämpfung der »Schistocerca gregaria«, so der wissenschaftliche Name der Wüstenheuschrecke, versucht Ostafrika der Plage Herr zu werden. In den frühen 80er Jahren war Addis Abeba Sitz der DLCO/EA, nur fand in jener Zeit Krieg gegen die Somali und Eritreer und nicht gegen die Heuschrecken statt. Als sie das letzte Mal in Äthiopien einfielen, fraßen sie in 24 Stunden 4000 Tonnen Weizen – mehr als das Eigengewicht der Individuen zusammen; eine Menge, von der eine Million Menschen während derselben Zeit hätte satt werden können. Die chemische Keule hatte die Heuschrecken dann doch besiegt: Hochgiftiges HCH, Dieldrine und andere schwer abbaubare organchloride Substanzen, natürlich auch für den Menschen toxisch und krebsfördernd. Ein Übel wurde mit einem anderen erschlagen. Lange danach litt der geschundene Mensch stärker an den Vergiftungen als unter den Heuschrecken.

Jahrelang ist die Dürre der schlimmste Feind der Bauern. Regnet es endlich und grünen dann die Felder, werden aus den harmlosen Hüpfern, die lange Zeit vereinzelt auf winzigen Vegetationsinseln am Rande der Wüste lebten, »schnelle Brüter«. Eine gewaltige Bevölkerungsexplosion wird ausgelöst. Die Folge ist ein Massenexodus zu den nächsten Futterplätzen. Für die Bauern der Anfang einer neuen Katastrophe.

Nach dem Regen zeugen die Wüstenheuschrekken bisweilen 14 Stunden lang, dabei steckt das Weibchen nach der Befruchtung ihren säbelförmigen Legebohrer in den Sand und versteckt bis zu 100 Eier. 14 Tage später, bei Trockenheit erst nach Wochen, schlüpfen die Larven und verwandeln sich durch häufiges Häuten rasch vom Hüpfer zum Flügeltier. Bereits flügellos machen sie sich auf die Wanderschaft, formieren sich zu Legionen und erobern fressend immer neue und ergiebigere Futterplätze. Sind ihnen Flügel gewachsen, fallen sie viele 100 km weiter in Kulturland ein. Unter der Last großer Schwärme können Palmen mit peitschenartigen Knall zerbersten, und die Erde ist knietief von krabbelnden Leibern übersät.

Trotz Beobachtungs- und Warndiensten, trotz Radar- und Satellitenüberwachung, trotz Schädlingsgiften wie Dieldrinen, vielen Flugzeugeinsätzen: die Wüstenheuschrecken vollführen ihre Raubzüge so wie vom Propheten Joel im Alten Testament, als einer Art Augenzeugen bericht – etwa 300 Jahre vor Christus – zu Papyrus gebracht:

»Es zieht herauf in mein Land ein mächtig Volk und ohne Zahl. Das hat Zähne wie Löwen und Backenzähne wie Löwinnen. Das verwüstet meinen Weinberg und streift meinen Feigenbaum ab, schält ihn und verwirft ihn, daß seine Zweige weiß dastehen... Vor ihm her geht ein verzehrend Feuer und nach ihm eine brennende Flamme. Das Land ist vor ihm wie ein Lustgarten, aber nach ihm wie eine wüste Einöde, und niemand wird ihm entgehen... Sie sprengen daher oben auf den Bergen, wie die Wagen rasseln, und wie eine Flamme lodert im Stroh, wie ein mächtiges Volk, das zum Streit gerüstet ist.«

»Mohammed sei gepriesen, der Prophet.
Er hat die Botschaft Allahs der Menschheit verkündet.
Mohammed sei gepriesen, der Prophet.«

(Koran)

Die Hochburg des Islams

1527 verwüstete ein kaiserliches Heer die Stadt Harrar. Der Islam ist damit in Äthiopien ins Mark getroffen worden. Harrar war nämlich das Zentrum eines blühenden Handelsstaates und der islamischen Mission.

Voller Wut und Haß formierte sich von Harrar aus ein furchtbarer islamischer Widerstand, während sich die äthiopischen Herrscher jener Zeit in inneren und äußeren Auseinandersetzungen verzehrten. Die Streiter Allahs sollten so vehement durchs Lager fegen, daß das christliche Kaiserreich dem Untergang geweiht wäre, käme nicht fremde Hilfe aus Europa.

Doch vorerst waren nur Klagelieder über die Bedrohung des Islam in Harrar zu vernehmen. Bis eines Tages das Jammern von der aufputschenden Kampfesstimme eines Ahmed Ibn Ibrahim, genannt »Gran, der Linkshänder«, übertönt wurde. Noch heute wird Gran in Harrar als religiöser Führer, Patriot und Feldherr verehrt.

Es heißt, seine Mutter, eine Muslime aus Harrar, sei unterwegs gewesen, um den kaiserlichen Tribut zu zahlen. Am Abend traf sie einen christlichen Mönch, und gemeinsam erfreuten sie sich der Einsamkeit. Als der Mönch in sein Kloster zurückkehrte, entdeckten seine Mitbrüder, daß sich der Schleier einer muslimischen Frau in seiner Kapuze verfangen hatte. Kurzerhand schlugen sie ihn mit Knüppeln tot. Die Muslime gebar in Harrar einen Sohn. Der wuchs zu Gran, dem Linkshänder heran. Als junger Mann erfuhr er von dem Ende seines Vaters und er beschloß, ihn in einem heiligen Krieg zu rächen. Gran zeichnete Kraft, List und Klugheit aus. Ein charismatischer Führer, dem die Massen folgten und zu höchsten Ehren trugen.

Nachdem er sich als Sultan mit den Türken verbündet hatte, stürmte er mit seinen Horden durch die Danakilwüste in das kühle Hochland und warf sengend, mordend vor sich nieder, was sich ihm in den Weg stellte. Das Land dampfte weit und breit im Blut der Niedergemachten. Wie fliehendes Wild jagte der Somali-Führer Gran, der »Attila Ostafrikas«, den Christen-Kaiser Claudius im eigenen Reich umher. Kirchen, Ortschaften, darunter Axum, wurden zerstört und gebrannntschatzt, die Kaiserfamilie aus ihrer Felsenburg Antotto bei Addis Abeba vertrieben.

Damals wurden die nur mit Lanzen und Schwertern kämpfenden Äthiopier zum ersten Mal mit türkischen Feuerwaffen konfrontiert. Der unbekannte Gewehrknall versetzte die Soldaten so sehr in Angst und Schrecken, daß sie Reißaus nahmen. In höchster Not wandte sich Claudius an die Portugiesen. Nach anfänglichem Zögern wurde ein Hilfsheer entsandt, das sich mit den aufgeriebenen kaiserlichen Truppen in Tigre vereinigte. Gran überrannte die Allianz. Christofero da Gamma, ein Verwandter von Vasco da Gamma und Befehlshaber der Portugiesischen Soldaten, wurde getötet. Dann kam die Wende: Gran starb, in den Hinterhalt gelockt, am Tana-See. Dort konnte Claudius auch endlich die wilden Horden Allahs stoppen und sogar vernichtend schlagen.

Harrar blieb jedoch bis heute das religiöse Zentrum der Muslims in Äthiopien.

Wir befanden uns etwa 1800 m über dem Meer. Die Stadt schmiegte sich, von mächtigen Mauern umgeben, wie eine Trutzburg an den Südhang des Harrar-Gebirges, das den Afrikanischen Graben und das Danakil-Tiefland von der Somalitafel trennte.

»Hinter den Mauern leben die Haraghi, die Nachkommen der Urbevölkerung. Die Gründung Harrars liegt allerdings im Dunkeln. Wahrscheinlich ist es eine südarabische Kolonie von Händlern gewesen, die direkt übers Meer kamen«, sagte Tekle.

Wir näherten uns dem Shoa-Tor. Ich hatte vieles über Harrar gehört und wollte unbedingt die Altstadt kennen lernen.

»Man berichtete mir von einer eigenen Sprache der Haraghi. Was hat es damit auf sich?« fragte ich.

»Das Harari ist eine besondere semitische Sprache, die innerhalb der Stadtmauern gesprochen wird. Man nennt sie ›die Sprache der Stadt‹. Die zugezogenen Oromo, Somali und Araber sagen respektvoll ›die Sprache der Bürger‹.

Kaum hatten wir die meterdicken Mauern durchschritten, nahm uns das orientalische, lebensfroh-bunte Treiben der Altstadt auf. Wir besaßen keinen Plan, hatten keine Orientierung, ließen uns einfach vom Strom der Menschen mitreißen. Es schien, als strebten Gassen und Gäßchen, Mensch und getriebene Haustiere nur einem bestimmten Punkt zu. So war es auch.

Flüsse ergießen ihr Wasser ins Meer oder in Seen, die Straßen von Harrar schwemmten alles, was sich auf ihnen befand ins Zentrum, auf den großen Moslem Markt. Die weiß, blau und gelb getünchten Hauswürfel traten zurück und gaben ein prächtiges wirres Bild frei: Weißgekleidete Männer, in bunten Schleiern und Samthosen stekkende Stadtfrauen, dann Bäuerinnen in grobe braune und graue Baumwollgewänder gehüllt. Bunt wie Ostereier kleideten sich die Haraghi- und Quttu-Frauen. Sie gelten als die schmuckfreudigsten Äthiopierinnen und begründen den Ruf, daß Harrar die malerischste Stadt des Landes ist. Zu den alteingesessenen Haraghi gesellten sich seit dem 16. Jahrhundert die Quttu-(Galla)-Oromo. (Die Bezeichnung »Galla« ist ein Schimpfwort und bedeutet »Primitive«, das Volk selbst nennt sich »Oromo«.)

Mädchen mit Stirnbändern, Ohrringen, Armreifen, Blumen im Haar; Hennafarbe auf Fingernägeln, leuchtende Umschlagtücher; gemalten Schönheitsflecken auf Wange und Stirn, stellten eine wahre Augenweide dar. Auch die Nase wurde durch allerlei exotische Gerüche der angenehmen und unangenehmen Sorte gereizt. Die Damen vor uns dufteten betörend. Tekle erklärte, daß dies von den Haaren herrühre. Nach dem Waschen räuchern Quttu-Frauen ihren Krauskopf mit der aromatischen Rinde einer Eichenart ein.

Man kaufte und verkaufte, feilschte und begutachtete an den Ständen, unter Zeltplanen oder einfach zwischen Warenbergen am Boden. Schwunghafte Geschäfte trieben die Stoffhändler mit dem heimischen Shama, Samt und Brokat. Doch um vieles profitabler waren die Schwarzmarktgeschäfte mit den Schmuggelwaren aus Djibouti: Radios, Kassettenrekordern, Plastikartikeln für jeden Einsatz, sogar Fernsehapparaten – alles, was in Addis auf dem Index stand oder das fünffache kostete. Weiße Hemden, der Traum eines jeden jungen Mannes, kamen aus Taiwan über Djibouti und kosteten in Harrar nur 20 Birr.

Eicha Mohmed kaufte jeden Tag auf dem »Super-Markt« ein. So nannte sie den Markt von Harrar, der ihr alles bot: Gemüse, Obst, Hirse und andere Getreidearten, auch Genußmittel, wie Kaffee und Tschad. Eicha fragte nach dem Weizenpreis. Eine Konservendose voll (die Maßeinheit für Schüttgüter auf dem Markt) zu 1,50 Birr war recht teuer.

Die Waren gingen durch viele Hände, jeder wollte mitverdienen. Folglich waren die Preise hoch. Am Stadtrand bereits wurden vielen Bauern ihre Waren von Zwischenhändlern abgekauft. Die Aufkäufer belieferten die Großhändler, bei denen

Das bunte Treiben bestimmen die Quttu- und Haraghi-Mädchen in ihrer malerischen Kleidung.

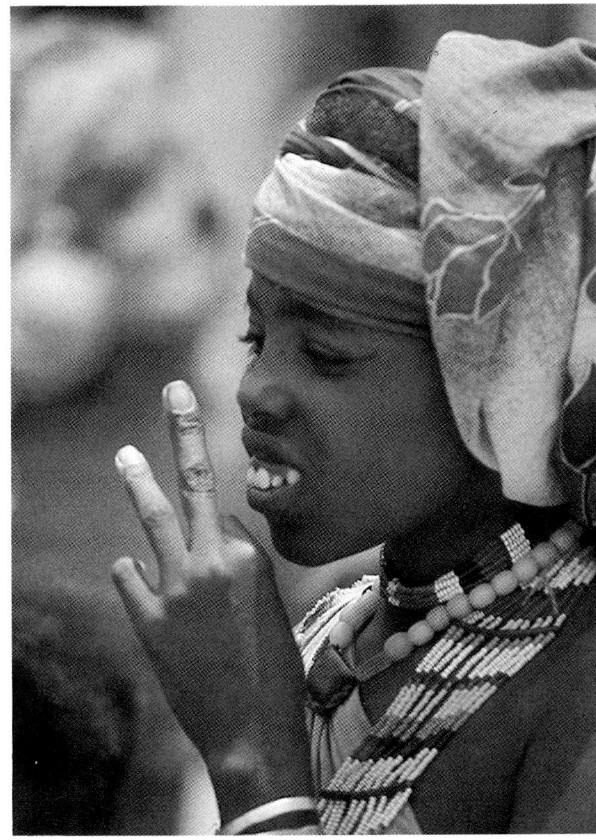

Ein müder Händler auf dem Markt von Harrar.

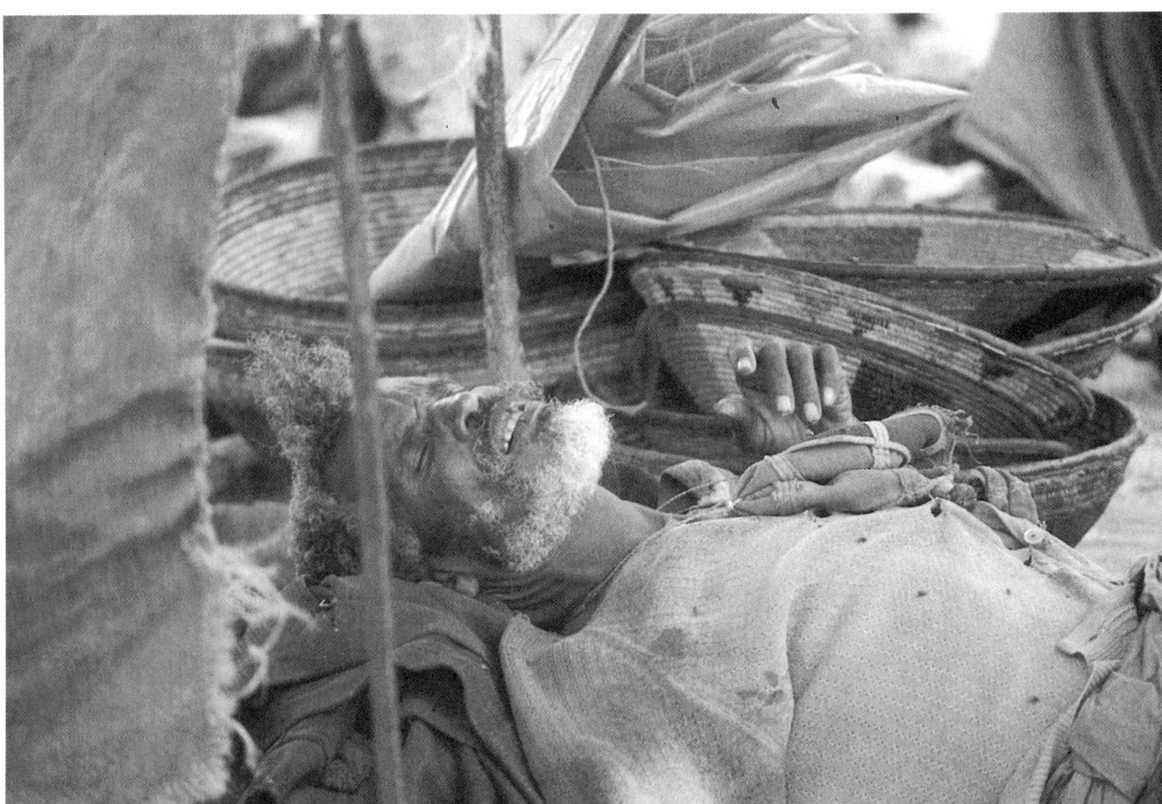

wiederum die Kleinhändler einkauften. So gelangte die Ware erst nach der dritten Stufe an den Verbraucher.

Vor dem Eisenbahnbau ging der gesamte Handelsverkehr zwischen den Märkten an der Küste und Äthiopiens Hochland durch Harrar. Und ohne Übertreibung war der Ort einst einer der wichtigsten Umschlagplätze Afrikas. Im 18. Jahrhundert verkauften die eintreffenden Sklavenkarawanen bis zu 20000 Menschen pro Wochenmarkt.

Die Djibouti-Eisenbahn durch Dire Dawa nabelte Harrar ab. Eine wirtschaftliche Entmachtung, die vom christlichen Kaiser Menelik II gewollt war.

Tekle sprach etwas arabisch und konnte mit Eicha einige Worte wechseln. Sie war verheiratet, hatte aber, wie es in Äthiopien üblich ist, als Nachnamen den Namen ihres Vaters beibehalten.

Eicha trug keinen Schleier und durfte ohne Begleitung einkaufen. Die Frauen von Harrar lebten etwas freier als ihre Geschlechtsgenossinnen in anderen islamischen Gesellschaften.

Wir verließen das Marktgeschehen und wandten uns nach Norden. Nach einigen hundert Metern entdeckten wir den Ras-Makonnen-Palast, den der Gouverneur vor der Jahrhundertwende als Residenz für Menelik II erbauen ließ. Menelik, damals noch König von Shoa und im Begriff, dem Reich geschichtliche Bedeutung und Ausdehnung zu verschaffen, nahm 1887 die Stadt ein und bestellte seinen Vetter Ras Makonnen, den Vater des späteren Kaisers Haile Selassie, zum Generalgouverneur.

Der Palast stellte immer noch ein repräsentatives Bauwerk dar, mit künstlerischen Schnitzereien an Türen und Fensterrahmen, wenngleich er im Zweiten Weltkrieg von einer Bombe getroffen wurde.

Tekle Abdal schaute plötzlich auf und suchte den Bergrücken im Norden ab.

»Etwa in dieser Richtung liegt das Makonnen-Mausoleum«, meinte er.

Ich hielt die Hand vor die Augen und sah eine unscheinbare Unterbrechung der Silhouette.

»Ist da nicht Haile Selassie geboren?«

»Ganz recht, Selassie der Unselige. Er hat uns zum Gespött der Welt gemacht, ausgebeutet und erniedrigt.«

»War er so anders als sein Vorgänger?« fragte ich.

»Ein unwürdiger Vertreter der salomonischen Dynastie.

Vor den Italienern ist er weggelaufen. Brachte sich in England in Sicherheit. Sein Name sollte aus der äthiopischen Geschichte gestrichen werden.«

»Nun, er kam mit britischen Truppen zurück und bestieg den Thron.«

Tekle wurde etwas ungehalten:

»Addis wurde von den Briten befreit und die setzten ihn wieder als Kaiser ein.«

»Ich erinnere mich an den Besuch des Negus in Hamburg. Ende der 50er Jahre. Es war ein überwältigender Staatsbesuch: Der kleine asketische Mann, in blütenweißer Uniform, über und über mit Orden besetzt. Dann der weiße, goldbesetzte Tropenhelm, versehen mit der Quaste einer Löwenmähne und...«

»Oberflächlicher Pomp, daß war sein Lebensinhalt«, unterbrach mich Tekle, »ich habe ihn in einem seiner fünf Rolls-Royce auf einer Inspektionsfahrt durch Addis erlebt. Ab und zu wurde die Scheibe heruntergedreht. In gönnerhafter Gebärde warf er Kleingeld unters Volk. Im Staub hinter ihm prügelte man sich um diese Cents halb tot. In Wollo verreckten Tausende während der Dürre, er aber hatte Milliarden illegal auf Schweizer Konten geschafft. Und das Schlimmste war, daß er den internationalen Hilfsorganisationen verbot, tätig zu werden!«

Für Tekle war das Thema beendet. Seine Augen funkelten und ich lief Gefahr, ihn ernstlich zu verärgern, würde ich weiter diskutieren.

In der schlimmsten Mittagshitze erreichten wir den Kamelmarkt im Norden Harrars, außerhalb der Stadtmauern. Die Wüstenschiffe lagen meist wiederkäuend im Staub und beäugten in der ihnen angeborenen stoischen Arroganz das Leben

Ein Wüstenschiff auf dem Kamelmarkt von Harrar.

ringsum. Ein Junge versuchte, eines der Tiere zum Aufstehen zu bewegen, da es einen Käufer gefunden hatte. Selbst den dreinschlagenden Knüppel ignorierte das Vieh. Schließlich bugsierten es drei Männer unter lautem Protestgebrüll auf die Beine. Mein Gott, war das Wüstenschiff dürr! Der Brustkorb zeichnete sich ab wie die Spanten eines ausgeschlachteten Schiffes.

»Was kostet so ein Klepper?« fragte ich.

»Schätze 1000 Birr«, meinte Tekle.

»1700 Mark? Der bricht doch jeden Augenblick zusammen!«

»Irrtum, wenn der Bursche gesund ist, braucht er nur frisches Futter und ’n paar Eimer Wasser, dann marschiert er schwer beladen 80 Kilometer pro Tag quer durch die Danakilwüste.«

Was wäre der Sahel ohne Dromedare? Erst dies genügsame Großtier ermöglichte den Menschen, tief in die Sahara einzudringen. Dromedare sind die am besten ans Wüstenleben angepaßten Säugetiere. Der Höcker bildet eine Fettreserve, in dem auf bio-chemischem Wege Fett zu Flüssigkeit »verbrannt« wird. Wasserverlust durch Harn wird minimiert, das heißt, dickflüssig konzentriert.

Tekle schob einem Dromedar, das gerade mit Genuß Akaziendornen von vier Zentimeter Länge, bessere Nähnadeln, verspeiste, die Lippen herunter.

»Schau her, das hier hat ein prachtvolles Gebiß, man könnte es getrost kaufen!«

»Wäre für den Besuch bei den Afar ganz angebracht«, sagte ich.

Wir wenden uns ab von dem scharfen Geruch, den gluckernden, rülpsenden Lauten und dem klagenden Gebrüll der Tiere und schauten in die vor Hitze flimmernde Ebene, in die Afar-Senke. Ins Land der stolzen Afar-Nomaden, der »Freien«, wie sie sich selbst nennen. Der schlanken kriegerischen Hirten mit den Krummdolchen, die sie auf Freiersfüßen blitzschnell dem Feind an die Lenden setzen, um abzutrennen, was sie bei der Braut vorzuzeigen haben, um als würdiger Bräutigam zu gelten.

Da unten, im Hitzedunst der Steppe, lockte das Abenteuer, lockten die Afar, die stolzen Nomaden, immer von Widersachern bedroht gewesen: Seßhafte Gallas im Süden, Amharen im Westen. Permanente Auseinandersetzungen mit den Nachbarn hatte sie aggressiv gemacht. So gelten sie noch heute als das kriegerischste Volk Äthiopiens. Vor dem Zweiten Weltkrieg stuften Völkerkundler eine Expedition zu den Afar als Selbstmordunternehmen ein.

Ihre Volksgruppe bewohnt zwei voneinander abweichende Lebensräume: Im Norden sind es die von Kamelen und vom Salz lebenden Danakil, und am Awash sind es die Rinderherden haltenden Afar. Der Regierung sind alle Afar ein Dorn im Auge. Sie sollen deportiert und seßhaft gemacht werden. Nomaden sind unberechenbar und schwer kontrollierbar. Doch sie wollen nur eines: Die Freiheit.

Tiefgebückt und schnaufend arbeitete sich eine Gruppe Somalifrauen den Hang hinauf. Auf den Rücken trugen sie Knüppel und Äste, die sie im Umkreis von zig Kilometern gesammelt hatten. Sie werden das Holz auf dem Markt verkaufen. Seitdem die Regierung das Schlagen von Bäumen strikt verboten hatte, war Brennholz rar geworden.

Es war halb zehn Uhr, geworden. Tekle machte den Vorschlag, vor das Stadttor zum Hyänen-Mann zu gehen. In Harrar liebte man die Hyänen und den alten Mann, der sich ihrer des Nachts annahm. Außerhalb der Stadt waren sie als Gesundheitspolizei von großem Nutzen. Sie hielten die Umgebung frei von Unrat, das war wichtig. Ihr häßliches Aussehen störte die Leute von Harrar nicht.

Vor der Stadtmauer wehte ein warmer Wind aus dem Ogaden heran. Es war stockdunkel. Ab und zu blitzte eine Taschenlampe auf. Vorsichtig näherten wir uns einem Mann, der im Sand saß, eingerahmt von zwei großen Körben Fleisch: Der Hyänen-Mann.

Allmählich erkannte ich, daß viele Schaulustige gekommen waren. Selbst Fahrzeuge wurden halbkreisförmig aufgestellt. Es roch nach Aas. Und trotz der Menschenansammlung lag eine gewisse Spannung in der Luft.

Tekle beugte sich zu dem Mann herunter und tuschelte mit ihm. Nach einer Weile meinte Tekle:

»Es werden nur wenig Hyänen kommen. Die Kubaner hätten viele abgeknallt.«

Harrar war Sitz einer berühmten Militärakademie, Äthiopiens »Westpoint«. Dort waren zur Zeit russische und kubanische Militärarbeiter stationiert. Die Kubaner litten unter der Langeweile des Sahelorts und vertrieben sich ihre Zeit mit der Jagd. Der Hyänen-Mann fingerte eine Fotographie aus seiner Tasche. Im Streichholzlicht waren zwölf erschossene Tiere zu erkennen. Er habe ihnen allen ein Grab geschaufelt und Kakteen darauf gepflanzt. Wenn er einmal stürbe, so wolle er bei seinen Hyänen begraben werden.

»Fluch über die ungläubigen Kubaner!« zischte er.

Psst, jetzt wurde es ernst. Ganz nah machte sich

Der Hyänen-Mann sitzt mit einem Korb voll Fleisch vor der Stadtmauer und wartet auf das Nahen der Aasfresser. Die Augenpaare der Hyänen leuchten schon in der Dunkelheit.

Knurren bemerkbar, und aus der Ferne erscholl hysterisches Gelächter. Im diffusen Taschenlampenlicht erkannte ich drei Tiere, die unschlüssig hin und her huschten. Der Hyänen-Mann griff in den Korb und packte eine Keule, die er in die Dunkelheit schleuderte. Schatten sprangen aus der Nacht, bissen ins Fleisch und verschwanden. Mit Fleischbrocken pflasterte der Hyänen-Mann eine Gasse bis vor seine Füße. Fiel etwas Licht in die Steppe, ergab sich eine schaurigschöne Szene: Im Hintergrund balgten sich die Burschen um die Beute, dabei mußte es recht wild zugehen – den knackenden, knirschenden und schmatzenden Geräuschen nach zu urteilen. Davor hatte sich eine Meute hungriger unschlüssiger Tiere aufgebaut, deren Augen wie Positionslampen glimmten. Ab und zu rannte eine Hyäne im charakteristischen »Paßschritt«, mit eingeklemmten Schwanz, vor an den Futterplatz, schnappte zu und verschwand, nicht ohne sich noch einmal von ihrer häßlichsten Seite gezeigt zu haben: Dem abfallenden, buckligen Hinterteil.

Der Hyänen-Mann fütterte nun ein stattliches Rudel. Streifenhyänen (Hyaena hyaena) waren es, mit bulligen Köpfen, großen Ohren, kräftigen Kiefern und einem Gebiß, das den Oberschenkelknochen eines Zebras durchzubeißen vermochte.

Die Fütterung dauerte etwa eine Stunde, dann waren die Fleischkörbe leer, und die Hyänen – sicher noch nicht restlos satt – trollten sich in die nächtliche Steppe. Dem Hyänen-Mann wurde ein Obulus überreicht, damit er sich wenigstens Fleisch für die nächste Fütterung besorgen konnte.

In der Stadt gab es keine freien Zimmer mehr. Also legten wir uns wie zwei arme »Lazarusse« vor den Stadtmauern in den Sand. Zu dem anfänglichen Gefühl von Freiheit unter afrikanischem Himmel am Rande der Wüste gesellten sich sehr bald arge Bedenken. Näher als uns lieb sein konnte, wurde plötzlich aberwitziges Hyänen-Kichern hörbar. Ich hatte von Fällen gehört, da bissen dreiste Burschen Schlafenden die Backe weg. Und in Kenia sollen einem Schwarzen glatt beide Hinterbacken samt Hose weggerissen worden sein. Streifenhyänen können durchaus angriffslustig werden, was der Vorstellung widerspricht, sie würden nur feige um lebende Beute schleichen.

Irreführend war, daß die listigen Burschen ihre Stimmen veränderten. So war es für uns unmöglich, ihren Standort nach den Rufen auszumachen. Als die Unruhe größer wurde, beschlossen wir, es nicht darauf ankommen zu lassen, sondern schoben abwechselnd Wache. Die Nacht hatte nichts mit Tropenromantik zu tun. Gegen Morgen froren wir wie die Schneider. Dann plärrte der Muezin vom Minarett, und um 6 Uhr glotzten wir in die Mündung einer Schnellfeuerpistole. Dem Soldaten konnte man ansehen, daß er sich bereits über die Prämie freute, die es für entsprungene Sträflinge geben mochte. Nicht zu fassen war für ihn, daß unsere Papiere in Ordnung waren. Folglich machte er Anstalten, uns mit vorgehaltener Waffe durchs Stadttor zum nächsten Polizeirevier zu treiben.

»Verdammt«, knurrte Tekle, »das müssen wir verhindern, wenn die Polizisten schlecht gelaunt sind, werden wir glatt für eine Woche eingebuchtet.«

Was tun? Ich versuchte es mit Bestechung. Für 15 Birr war er bereit, seinen Schießprügel lässig an die Schulter zu hängen. Fröhlich pfeifend schritten wir zu dritt durchs Stadttor, im Menschengewühl trennten wir uns mit Handschlag. Tekle riet, die Stadt zu verlassen, der Vorfall hatte ihn jetzt doch mißmutig gestimmt.

Ich hatte von einem Heinz Mayer, einem Deutschen, gehört, der irgendwo in Harrar ansässig sein sollte. Mayer galt als Äthiopienspezialist mit abenteuerlicher Vergangenheit. Der Mann interessierte mich, ich beschloß, ihn zu suchen. Tekle war von dem Vorhaben nicht angetan, half mir aber doch.

Die Suche bestand darin, daß wir uns in ein Straßen-Café am Rande des Marktes setzten und jedem Halbwüchsigen erzählten, daß wir den Deutschen Heinz Mayer sprechen wollten, und der möge sich hier einfinden. Ich stellte mir einen Hünen von Mann um die fünfzig vor, gekleidet wie Laurence von Arabien, blaue Augen, vorstehendes Kinn, Narben im Gesicht, ungemein selbstsicher, vielleicht etwas verschlagen. Immerhin soll er in Waffengeschäfte verwickelt worden sein, und ums Haar hätte ihn die Revolutionsregierung hingerichtet. Wahrscheinlich war er irgendwann desertiert, drüben aus der Fremdenlegion in Djibouti. Bevor er sich in Harrar niedergelassen hatte, soll er jahrelang bei den Afar am Awash gelebt haben. Ja, sogar eine Afar zur Frau haben. Ob er sich bei den Nomaden versteckt gehalten hatte? Ich war auf den Mann gespannt.

Zwei Stunden später erschien ein unscheinbares Männlein, hager, ausgemergelt; es steckte in einem verschlissenen, viel zu großen schmutziggrauen Anzug. Um sein rechtes Auge zuckte es nervös. Linkisch trat er an den Tisch und schob sich einen Stuhl unter den Hintern.

»Heinz Mayer?« fragte ich.

Er nickte eifrig.

»Hab' Sie mir anders vorgestellt«, gestand ich.

Er blickte versonnen zum Markt hinüber.

»Dreißig Jahre Afrika machen einen alten Mann aus dir«, sagte er in näselndem, nicht mehr ganz flüssigem Deutsch.

»Leben Sie schon lange in Harrar?« erkundige ich mich.

»Viel zu lange! – Und ihr, wo kommt ihr her?«

»Aus Hamburg«, antworte ich.

»Hamburg«, seufzte er, »unglaublich, Hamburg.«

Er fuhr sich matt über die schweißbedeckte Stirn. Die Haut seines Schädels war weiß und sah brüchig aus, wie Pergament. Er starrte vor sich hin. Dann schien es, als setzte er zu einem Kraftakt an und fragte:

»Wo soll's hingehen?«

»Zum Awash, zu den Afar...«

»Ach ja, zu den Afar?« murmelte er, »was wollt ihr bloß bei den Afar, sind sie für euch Afrika? Haltet euch fern von Afrika! Afrika bekommt euch nicht.«

Ich wollte wissen warum. – Keine Antwort.

Der Mann sah krank aus. Sehr krank.

Wir bestellten ihm einen Tee. Ungeduldig stellte ich Fragen nach seinem Leben, nach den Afar. Aber er nickte nur noch oder grunzte, tat, als hätte er sein Gedächtnis verloren. Ab und zu nuschelte er das Wort »Tod« und »Gefängnis«, und es kam ein müdes Flackern in seine Augen. War das Heinz Mayer? Ich wußte es nicht. Am Tisch saß das Zerrbild eines Abenteurers. Oder war das ein Mann, der zuviel gesehen und zuviel erlebt hatte – mehr, als er imstande war zu verkraften? Ich war mir mit einem Mal ganz sicher: Afrika hatte an seinem Körper und an seiner Seele gezehrt. Wie hatte es Jacques Richard-Molard nach vielen Jahren Afrika empfunden? »Der Kontinent überwältigt in dem Maß, wie er sich der Logik entzieht, er packt durch seine Maßlosigkeit und verbraucht uns rascher!«

Grußlos erhob sich der Mann, als er den Tee ausgeschlürft hatte, und wendete sich der Straße zu, die er unendlich langsam hinunterwanderte. Mitleidig schauten wir ihm nach. Tekle schüttelte den Kopf.

»Warten in irgendeiner tieferen Schicht die fossilen Knochen eines eher anthropoiden (menschenartigen) Affen oder eines eher pithekoiden (affenartigen) Menschen, wie wir sie bisher noch nicht kennen, darauf, von einem heute noch nicht geborenen Paläontologen entdeckt zu werden?«

(T. H. Huxley)

Lucy, der älteste Twen der Erde

Wieder in Dire Dawa, wanderten wir einige Kilometer durch die Halbwüste in Richtung Harraouah. Der Boden war praktisch unbewachsen. Steine und Felsen lagen umher. Soweit das Auge reichte, eine Landschaft, in der man vor Traurigkeit sterben könnte. Und aus dem wolkenlosen Himmel schickte die Sonne ihre vernichtenden Strahlen. Die ausgedörrte Erde dröhnte unter dem Hitzehammer wie ein Membran. Wir standen am Rande des Afar-Dreiecks, das sich vom Nordosten Äthiopiens bis zur Golfküste in Somali erstreckte. Dieses riesige Delta – teilweise 120 m unter dem Meer und mit Seen durchsetzt, die einen Salzgehalt von 30 Prozent aufweisen – besteht aus Bruchzonen, die wie Narben die Wüstenlandschaft durchfurchen. Sie zeugen von einer ungeheuren Kontinentalverschiebung, die vor etwa 225 Millionen Jahren begann, das Gesicht der Erde zu verändern.

Im Sommer steigt die Temperatur im Schatten bis auf 60° Celsius. Vulkane bilden im Zentrum ganze Gebirgszüge, und aus breiten Felsspalten quillt Lava. Für normale Menschen, schrieb der Geologe Haroun Tazieff, ist dieses Gebiet »eine der abschreckendsten Regionen der Erde«. Das gilt nicht für Erdwissenschaftler. Für sie gab es in den letzten Jahren kaum ein spannenderes Reiseziel. Warum? Attraktiv für Geologen und Paläontologen ist das Afar-Dreieck, weil es den Schnittpunkt dreier Bruchzonen der Erdrinde bildet. Das ostafrikanische Grabensystem (Rift Valley) stellt dabei den wichtigsten Bruch dar.

Wir haben es mit einem dreizackigen Stern besonderer Erdstrukturen zu tun, die Zeugnis darüber abgelegt, daß die Erde unter ihrer dünnen Kruste immer noch höchst aktiv ist. Erdbeben, Vulkanausbrüche bis tief ins Rift Valley hinein beweisen dies. 1912 stellte der Geophysiker Alfred Wegener die kühne Theorie über die »wandernden Kontinente« auf. Ihn überraschte, daß die Südspitze der arabischen Halbinsel genau in den Winkel paßt, den das äthiopische und das Somali-Plateau miteinander verbindet.

Gesichert scheint, daß sich Arabien vor vielen Millionen Jahren von Afrika löste und weiter stetig auseinanderdriftet. Für die Erdwissenschaftler bietet sich in dem »gottverlassenen Dreieck« eine hervorragende Chance, Vorgänge in voller Entwicklung zu beobachten, die seit Urzeiten das Antlitz der Erde gestaltet haben.

Kaum 100 Kilometer nördlich unseres Standpunktes, im südlichen Abschnitt dieses Dreiecks, in der »Afarwüste« bei Hadar, kam es am 30. November 1974 zu einer Sensation: Dr. Donald C. Johanson*), ein führender Paläoanthropologe lei-

* *Dazu sein Buch »Lucy, The Beginning of Humankind«, S. 11–16, Verlag Simon and Schuster, New York, 1981; Deutsch R. Piper & Co. Verlag, München, 1982.*

tete im Niemandsland umherziehende Nomaden eine wissenschaftliche Expedition, die die karge Erde nach Fossilien absuchte. Sein Forschungsgebiet waren hominide Urzeitausgrabungen. Überreste ausgestorbener Vorfahren des Menschen oder ihrer nahen Verwandten. Ihn interessierte die Frage nach der Evolution des Menschen. Eigenen Worten nach wurde Johanson an jenem Morgen von einem »drängenden Gefühl« gepackt, mit seinem Kollegen Tom Gray hinaus zur Fundstelle Nr. 162, etwas außerhalb des Camps, zu fahren.

Bis in die Mittagsglut hinein untersuchten Johanson und Gray den Boden. Gefunden hatten sie ein paar Zähne eines ausgestorbenen Wildpferdes und das Bruchstück vom Schädel eines prähistorischen Schweines.

Tom Gray wurde es zu heiß, er wollte aufhören. Auch Johanson wandte sich zum Gehen, plötzlich entdeckte er etwas am Hang auf halber Höhe. Und damit begann der Dialog zweier Wissenschaftler, dem später der nüchterne Bericht einer der spektakulärsten Funde der Paläoanthropologie folgen sollte:

»Das ist das Fragment eines hominiden Arms«, sagte Johanson.

»Das kann nicht sein. Er ist zu klein. Er muß von irgendeinem Affen stammen.«

Die Männer knieten nieder und besahen sich die Knochen genauer. Johanson schüttelte den Kopf. »Es ist ein Hominide.«

»Weshalb glauben Sie das?« fragte Gray.

»Sehen Sie doch das Stück rechts neben ihrer Hand. Auch das ist hominid.«

»Mein Gott!« rief Gray.

In unmittelbarer Nähe lag ein Teil eines Hüftknochens.

»Mein Gott!« rief Gray wieder, »sehen Sie sich das an – Rippen.«

»Ich kann es nicht glauben«, sagte Johanson, »ich kann es einfach nicht glauben!«

Die beiden Wissenschaftler hatten ein fast vollständiges Skelett entdeckt.

»Mein Himmel, Sie müssen es aber glauben! Es liegt doch hier vor uns, hier an dieser Stelle!« Gray stieß einen Freudenschrei aus.

Trotz Hitze sprangen die beiden Männer begeistert auf heißem, steinigen Boden umher, umarmten sich, schwitzend und atemlos.

»Es war nicht einfach, einen kühlen Kopf zu behalten«, erinnerte sich Johanson, »wir konnten leicht etwas zertreten. Außerdem mußten wir uns von der Richtigkeit unserer Hypothese überzeugen.«

Es konnte sich auch um mehrere Skelette gehandelt haben, und die Knochen waren vielleicht durcheinandergeraten. In Ruhe mußte später festgestellt werden, ob und wie alles zusammenpaßte. Zwei Bruchstücke eines Kieferknochens wurden eingesteckt, die Fundstelle markiert, dann gings im kochendheißen Landrover dem Lager zu.

Später versammelten sich alle Expeditionsteilnehmer an der Fundstelle, die rasch in Sektoren unterteilt wurde. Das Gelände wurde nun systematisch abgesucht. Eine Arbeit, die drei Wochen in Anspruch nahm. Dann aber stand fest: Mehrere hundert Knochen und Knöchelchen ergaben etwa 40 Prozent eines Individuums. Was mochte es für ein Individuum sein? Die vorläufigen Untersuchungen waren zu vage. Bisher hatte man kaum etwas Ähnliches entdeckt.

»Im Lager lief ein Band mit dem Beatle-Song ›Lucy in the Sky with Diamonds‹, und irgendwann gaben wir dem Skelett den Namen Lucy«, erinnerte sich Johanson.

Die wissenschaftliche Bezeichnung des Fundes lautete allerdings nüchtern: AL 288/1.

Später, nach abgeschlossenen Analysen in den USA, unter Hinzuziehung weiterer Experten, sensibler Geräte (z. B. des Massenspektrometers zur Altersbestimmung von Proben) und umfangreichen Vergleichsmaterials, stellte sich folgendes heraus: Bei Lucy handelte es sich um ein weibliches Skelett. Kreuzbein und ein vollständig gefundener Beckenknochen ließen den Schluß zweifelsfrei zu. Ebenso sicher war, daß es sich um einen hominiden Knochenbau handelte. Lucy ging also aufrecht wie wir. Nach den Schätzungen von Johanson starb die Frau Ende zwanzig – dies ließ sich an ihren Weisheitszähnen, die Gebrauchsspuren zeigten, feststellen – dennoch konnte sie nur wenig mehr als 105 Zentimeter groß gewesen sein.

Nun zur eigentlichen Sensation, dem Alter des Fundes: Lucy ist mit 3,5 Millionen Jahren das älteste und best erhaltenste Skelett eines aufrecht gehenden menschlichen Vorfahren, das die Wissenschaft bisher finden konnte!

War es Dr. Johanson gelungen, das lang gesuchte »missing link«, das »fehlende Glied« in der unendlich komplizierten Evolutionskette vom Affen hin zum Menschen, entdeckt zu haben? Befand sich im brütenden, menschenfeindlichen Sand der Danakilwüste, ausgerechnet dort, wo die Erde noch aktiv und in Bewegung ist, die Wiege der Menschheit?

Nach dem epochemachenden Fund in der Olduvai-Schlucht Tansanias, oder dem im Omo-Mündungsgebiet vermutet die Wissenschaft, das unsere Ursprünge Wurzeln in Ostafrika haben müßten. Nach Lucy nun ist mit großer Sicherheit anzunehmen, daß die Menschheitswiege tatsächlich in Ostafrika, exakter im Nordosten Äthiopiens steht. Also mag man sich fragen: »War Adam schwarz?« Das ist nicht zu beantworten, denn die Menschenrassen entwickelten sich erst viel, viel später, etwa vor 50000 Jahren.

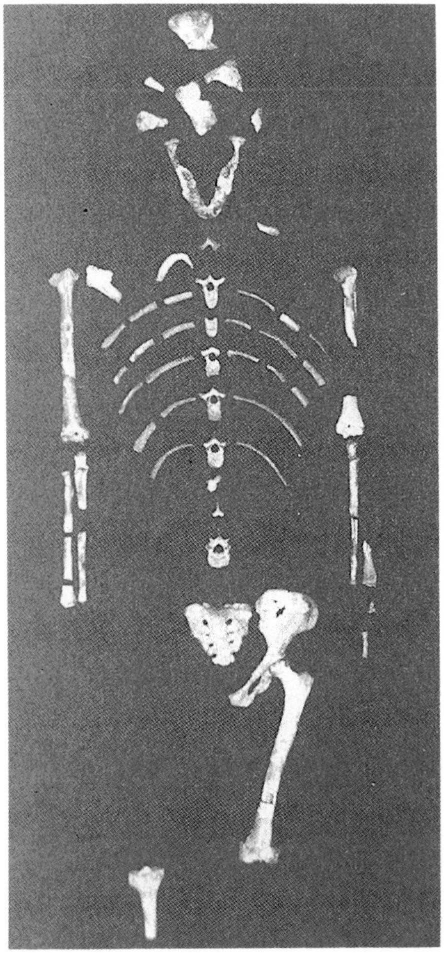

Lucy, das Skelett des ältesten Twens der Welt.

»Durch das immerwährende Nippen an den Erscheinungen rechts und links vom Schienenstrang gerät der Eisenbahnfahrer in den wundervollen Zustand zwischen Durst und Rausch...«

(Alfred Polgar)

»The Smuggler's Train«, Fahrt mit der Djibouti-Eisenbahn

Morgens um vier war Dire Dawa gewöhnlich ausgestorben, tot. Selbst streunende Hunde hatten sich ein Plätzchen gesucht und schliefen. Aber im Nordwesten der Stadt, am Bahnhof, schien heute Morgen der Teufel los zu sein. Eine wogende Menge riegelte den Bahnhofsplatz hermetisch ab somit auch den Weg zum Fahrkartenschalter. Vielleicht tausend, vielleicht noch mehr Menschen warteten da auf einen Zug, der nur einen Bruchteil aufnehmen konnte.

Ich sah es als hoffnungsloses Unterfangen an, als Tekle Anstalten machte, sich ins Gewühl zu stürzen und in Richtung Bahnhofshalle vorzukämpfen.

»Früher nahm der Zug alle mit. Ein Kurzzug transportierte über tausend Fahrgäste. Die meisten hingen außerhalb am Wagen. Jetzt werden nur noch dreihundert mitgenommen«, sagte Tekle.

»Warum?«

»Am 16. Januar 1985 gab's ein schlimmes Zugunglück, dabei kamen siebenhundert Menschen um.«

»Ach du liebe Zeit«, rief ich.

»Es hieß, der Zugführer sei zu schnell gefahren, im Tschad-Rausch, dabei wurde die Schmalspurbahn aus der Kurve getragen und stürzte einen Abhang hinab.«

Die Leibermasse gab unter massivem Schubsen nach. Langsam aber stetig drückten wir uns vorwärts.

»Was kann denn sonst noch auf der Fahrt passieren?« stieß ich aus. Gerade bekam ich einen Ellenbogen in den Solar plexus.

»Nicht viel«, rief Tekle zurück, »höchstens, daß der Zug ab und zu entgleist. Die Afar graben nämlich die Schwellen aus und verkaufen sie.«

»Was?«

»Die Schwellen werden ausgegraben. Die sind aus Eisen, mußt du wissen. Die Termiten fressen die Holzschwellen auf.«

»Wenn's weiter nichts ist«, dachte ich und schob stärker, um den Anschluß zu halten.

Nach einer Stunde drückten wir die letzten Personen vom Fahrkartenschalter. Ich mußte gestehen, in diesem Moment war es vorteilhaft,Europäer zu sein. Als ich an die Scheibe klopfte, machte der Bahnhofsvorsteher auf.

»Zweimal mit dem Expreßzug erster Klasse bis Awash. – Hier meine Reiseerlaubnis.«

Zu diesem Satz hatte mir Tekle geraten. Weiße durften nur Expreß und erster Klasse fahren, sonst erregten sie Argwohn. Außerdem war stets die Reiseerlaubnis der Sicherheitsbehörde von Addis vorzulegen, sonst gabs keine Tickets, das galt für alle Verkehrsmittel. Es funktionierte. Der Beamte stempelte zwei Fetzen Papier, als hätten wir reserviert.

»50 Birr«, sagte er.

Die Umstehenden feixten sich eins. Daraus schloß ich, daß der Fahrpreis gut bemessen war. Als er die Scheine hatte, schob er die »Fahrkarten« durch. Eine Tür tat sich auf, wir gerieten in einen extra Raum, in dem auffallend gut gekleidete Äthiopier saßen. Ich war der einzige Europäer. Endlich wieder Luft zum Atmen! Es mußte sich hier um eine Art VIP-Kammer handeln. Ein Teeverkäufer erschien und bot ›morning tea‹ und Gebäck an. Ich kam mir wie in einer Lufthansa-Lounge vor. Den Expreßzug erwarteten wir um 6 Uhr, mit etwas Glück konnten wir um 13 Uhr in Awash sein. Immerhin sieben Stunden für 250 km. Wenn es stimmte, daß die Diesellok mit etwa 70 km durch die Savanne stampfte, dann mußte auch der »Expreß« viele, ausgiebige Stops machen. Wie lange mochte erst der nachfolgende Bummelzug brauchen?

Ein Horn, voll wie eine Schiffssirene, schreckte uns hoch. Es folgte ein Fauchen und Rattern, dann quietschten die Bremsen eine Ewigkeit. Der Djibouti-Expreß stand am Bahnsteig. Wir sprangen auf und ergatterten uns einen Fensterplatz in der dritten Klasse, dort, wo sich pralles Eisenbahnleben bot. Eine Vorhut aus dem Bahnhof riß Türen und Fenster auf. Schon flogen die Gepäckstücke durch alle Öffnungen, wahllos zwischen Gänge und Gestühl. Wir hoben schützend die Hände über den Kopf. Gerade landete ein gakkerndes Bündel, Beine und Flügel wirbelten wie toll. Unmöglich festzustellen, wieviel Hühner da, an den Beinen zusammengebunden, herumquirlten. Jutesäcke wurden gehievt, über fremde Köpfe balanciert, irgendwo fallengelassen. Den Säcken folgten Stoffballen, verschnürte Pakete, Plastikkanister, Eimer, gestapelte Tücher. Draußen bugsierten drei Mann eine schwarze Ziege aufs Dach. Sie war gefesselt worden. Ihre Augen traten aus dem Kopf, sie blökte in Todesangst. Eine Gruppe Soldaten warf Gepäckstücke hinterher. Auf dem Dach rumpelte es gehörig.

Der Waggon erinnerte an einen Viehtransporter, besäße er nicht rechts und links des breiten Gangs Holzpritschen. Nach dem Gepäck folgten die Menschen. Einige wählten den direkten Weg durchs Fenster. »Wie 1948 auf deutschen Bahnhöfen«, kam's mir in den Sinn. Selbst nach einer Stunde hatte sich das Chaos nicht gelegt.

Allmählich wurden aber die Plätze eingenommen, Kinder bis zwölf oder darüber auf Schöße gezerrt. Erwachsene ohne Platz standen zwischen dem Gepäck wie Fragezeichen. Das Horn erscholl, dreimal, laut und warnend. Die Szene entwirrte sich. Packer sprangen aus dem Wagen, abschiednehmende Passagiere aufs Trittbrett. Die Diesellok S.L.M. Winterthur, gut 30 Jahre alt, ruckte an. Jetzt lösten sich die Fliegenden Händler von den Waggons. Letzte Abschiedsgrüße, Umarmungen, eine Litanei von guten Wünschen. Mußte man für immer auseinandergehen? Ich deutete nach draußen, zur großen Menge der Zurückgebliebenen.

»Sind die alle nicht mitgekommen?«

»Die meisten mögen Verwandte und Freunde der Reisenden sein. Bei uns geht man nicht allein zum Bahnhof.«

Im Morgengrauen und mit erstaunlich wenig Verspätung ratterte der Expreß aus Dire Dawa. Der Schienenstrang führte am Fuße der Harrar-Berge durch karge Steppe, Sand und Geröll. Eine halbe Stunde später wurde es in unserem Abteil gemütlich wie in einem Negerkral. Aus irgendeiner Richtung drangen strenge Gerüche an meine Nase. Der Nachbar? Es war ein Afar. Er hockte auf einer Zweierbank in der Mitte als dritter kerzengerade saß er da, und ich wette, daß es die erste Bahnfahrt seines Lebens war. Seine Bekleidung bestand aus einem kunstvoll geschlungenen Baumwoll-Schultertuch und einem kiltähnlichen Rock, der, wenn auch spärlich, seine Oberschenkel bedeckte. Ich rücke etwas ab, da mich sein Krummdolch in die Seite piekste.

Frauen begannen mit Korbflechtarbeiten, Kinder kramten Eßwaren aus Schüsseln und Töpfen. Einige Familien rührten die Speisen an oder kneteten Teig durch. Von Zeit zu Zeit warf man sich Obst zu. Ich versuchte, mit meinem Gegenüber

Ein militärischer Zugbegleiter schnarcht im Abteil...

...und auf allen Bahnhöfen patroullieren Soldaten. Die Zentralregierung muß auf der Hut sein, da die Guerillas plötzlich und überall zuschlagen können.

Wenn die Djbouti-Eisenbahn hält, wird sie augenblicklich von fliegenden Händlern umringt.

ins Gespräch zu kommen. Sehr mühsam. Er sprach nur amharisch, ich nur englisch. Wir versuchten es mit Zeichensprache und lachen. Sein Nachbar griff die Konversation auf. Nach einer Weile erzählte dieser aus der Zeit der Bahnfahrten vor dem großen Unfall.

»Es war kurz nach der Ausfahrt von Nazareth, als eine Frau auf dem Zugdach ihr Kind zur Welt brachte. Der Zugführer hörte davon, beschleunigte das Tempo und fuhr gleich bis Addis durch, wo er Mutter und Kind gesund ablieferte.«

Wir schauten aus dem Fenster. Draußen schob sich majestätisch schön die Sonne über die Berge, und augenblicklich wurde es heiß.

»Ja, ja,« meinte der Reisende, »das Fahren mit der Djibouti-Bahn ist doch komfortabel geworden.«

Ich brauchte etwas Bewegung und vollführte das akrobatische Kunststück, aus der Wagenmitte, vor in die erste Klasse zu gelangen. Dort reiste man etwas geordneter. Die meisten Gepäckstücke waren ordentlich in den Gepäckträgern verstaut, und die Sitze besaßen eine Andeutung von Polster. Natürlich war jeder Platz besetzt. Die militärische Zugbegleitung befand sich auch hier. Sie bestand aus acht Soldaten. Mit Kalaschnikows, Feldflaschen und Handgranaten waren sechs ausgerüstet. Zwei Soldaten schulterten Gewehre mit aufgepflanzten Bajonetten. Schließlich konnte die Guerillas überall zuschlagen. Ein junger Soldat schnarchte zusammengerollt auf dem Fußboden. Ich konnte nicht widerstehen und drückte auf den Auslöser.

»Das hätte Gefängnis bedeuten können«, meinte Tekle später.

Ich hangelte mich zurück in unsere Klasse.

Vorn am Zug prüft der Lokführer die Qualität des Rauschmittels Tschad.

Hupen, quietschen, bremsen... Hurso wurde erreicht. Im Nu waren wir von Händlern umringt, die Wasser, Säfte, Obst, Tschad und allerlei Krimskrams anpriesen. Verlockend appetitlich standen Körbe mit Orangen, Mangos, Bananen in Reih und Glied. Ich kaufte Bananen. Eine Gruppe von Frauen wollte Melonen, groß wie Medizinbälle, losschlagen; tatsächlich wurde ein solches Monstrum durchs Fenster gepreßt. Wir vertraten uns einen Moment die Beine vor dem Zug. Es gab keinen Bahnsteig, auch keinen Bahnhof. Nur eine Wellblechbude und planierten Sandboden. Vorn an der Lok prüfte der Lokführer die Qualität des Tschad. Ich stieß Tekle an. Er grinste. An dem zweiten Waggon von vorn beugte sich gerade ein Kamel ins Abteil und fraß Grünzeug aus einer Einkaufstasche.

Zwei Soldaten stützen eine alte Frau, die herzzerreißend wimmerte. Sie schien Leibschmerzen zu haben. Gepäck wurde ihr als Lager zurechtgelegt. Auf der anderen Seite des Zuges hatten sich viele Menschen im Staub niedergelassen. Allmählich begriff ich die Massen der Wartenden überall. Für die meisten Menschen in Afrika war eine Bahnreise ein teures und besonderes Ereignis. Die Sorge, den Zug zu verpassen, trieb sie schon Stunden vor der Abfahrt oder Ankunft zum Bahnhof. Wenn man nichts besaß, so hatte man doch noch Zeit in Afrika.

Der Zug hupte. Wir sprangen auf. Langsam rissen sich die Wagen von ausgestreckten Armen los. Federvieh, Hunde und Ziegen schreckten hoch und hasteten von den Schienen. Angepflockte Kamele gerieten in Panik... Bald wog uns das monotone Rattern in Schläfrigkeit. Die Hitze war schweißtreibend und stickig. »Manchmal biegen sich die Schienen bei extremen Temperaturen und dann entgleist der Zug«, erklärte der freundliche Reisende schräg vor mir. Draußen huschten vertrocknete Bäume, blattlose Büsche, ab und zu Kakteen vorbei, die Gegend war öde. Auf dieser geraden Strecke fuhr der Zug sicher 70 km pro Stunde. Hitze und Gestank quälten mich. Schlucke aus der Feldflasche brachten etwas Linderung. An den Fensterrahmen des Abteils sammelte sich Staub an. Der graubraune Alkalisand war derart fein, daß er durch alle Spalten und Ritzen drang. Man glaubte, er kröche selbst bei geschlossenen Lippen in den Mund.

Der Zug wurde langsamer, das Gelände stieg an. In einer großen Linkskurve wurde ein Bergrücken genommen. Krals standen in der Ferne, davor Kamele, die an verdorrtem Gras rupften. Das Land schrie nach Wasser! Am flimmernden Horizont eine Reitergruppe, sie tanzte über der heißen Erde, ohne sie zu berühren.

Im Waggon hatte sich Müdigkeit breitgemacht. Gesten wurden matt, Gespräche gedämpft, bis sie verebbten. Reisende ohne Platz kippten aneinander und verschmolzen zu einem vielgliedrigen Schlafpolypen, der jeden Raum ausfüllte. Auf einmal wurde es lebendig. Ein Junge war auf die Fensterbank geklettert und pinkelte gegen den Wind. Zum Glück weckte die Dusche nicht alle Schlafenden. Der Junge war in großer Not, denn die Toiletten waren zu oder verstopft. Überhaupt war Notdurft verrichten ein besonderes Problem auf der Fahrt. Die Routiniers schwärmten an den Haltestellen aus und hockten sich in die Steppe.

»Weißt du eigentlich, warum der Zug ›Smuggler's Train‹ genannt wird?« fragte Tekle und besah sich die Gepäckberge.

»Keine Ahnung. Aber gefragt habe ich mich auch schon«, sagte ich.

»Warte es ab, spätestens nach der nächsten Station wirst du was erleben.«

Von hinten arbeiteten sich zwei Schaffner heran. Sie waren noch nicht ganz auf unserer Höhe, als sie auf mich einredeten. Ich lächelte sie freundlich an, was sie richtig wütend machte.

»Was ist denn los mit mir?« dachte ich. Auf ihre Aufregung konnte ich mir keinen Reim machen.

»Du sollst in die erste Klasse gehen«, klärte mich Tekle auf. »Sie behaupten, für Europäer sei es verboten, in der dritten Klasse zu reisen«, und etwas leiser ergänzte er, »die wollen nicht, daß ihr das Chaos seht, besonders nicht das, was noch kommt.«

Es half nichts, die beiden warfen mich raus. Ich murmelte etwas von Apartheid, fügte mich aber. Und so kam zu einem Stehplatz in der ersten Klasse. Der Zug hielt in Afdem. Ein Blick aus dem Fenster reichte, um zu erkennen, daß dies ein Notstandsgebiet war. Der Bahnhof eine Wellblechbude. Beginn und Ende des Dorfs markierten – wie übrigens in vielen Ansiedlungen – Holztürme, auf denen bewaffnete Soldaten Wache schoben. Solche Wehrdörfer sollten die Bewohner vor Rebellen aus dem Norden schützen. Aber auch die Kooperation zwischen Aufständischen und Bauern unterbinden. Magere Kinder rannten schreiend am Zug auf und ab. Ein Greis auf einem schaurig dürren Esel hielt die Hand zum Betteln auf. Er bekam etwas zugeworfen, doch das merkte er nicht. Ich erschrak, als plötzlich Rippen, darauf ein Stahlhelm, an der Tür erschienen. Beides gehörte zu einem Alten, der bis auf die Knochen abgemagert war. Er sah verzweifelt aus. In seinem Schädel bewegten sich die Augen wie zwei flakkernde Lichter.

Der Ort Afdem war von Verfall und Fäulnis gezeichnet. Es roch nach verbranntem Abfall. Im Sand lagen Knochen. Daneben zerfetzte Plastikeimer, Blechdosen, wahllos verstreut Autoreifen... die ganze Skala von Abfällen technischen Fortschritts. Ein schlimmer Ort, kam es mir in den Sinn. Es war, als habe sich die geschundene Menschheit Afrikas an diesem Ort eingefunden. Warum nur hielt der Zug an einem solchen Ort?

Unübersehbar die Opfer von Kinderlähmung, vor allem mit Mißbildungen an den Beinen. Dann die Gesichter ohne Nasen, ohne Lippen, und die Körper ohne Finger, gar ohne Hand. Gesichter, die ich nie mehr vergessen werde. Konturenlose Klumpen mit dicken Knoten im Gesicht, aus den Kiefern ragten Zähne wie rostige Nägel. Mein Gott, dann wieder der Alte mit dem Stahlhelm und den irren Augen, er bewegte sich vor dem Fenster wie eine Marionette... Es schnürte mir die Kehle zu. Was kann ein Mensch an Leid ertragen. An diesem schlimmen Ort kam ich mir vor, als müsse ich mich für das Gesundsein entschuldigen.

»Nicht weit von hier befindet sich eine Lepra-

Der alte Mann ohne Finger lebt in der Leprastation von Afdem. Er hofft auf Almosen der Reisenden.

Aus dem hinteren Teil des Abteils arbeiten sich Zöllner vor und requirieren alles was nach Schmuggelware aussieht.

station«, sagte Tekle, der an mich herangetreten war.

Ich setzte mich beklommen auf einen Jutesack und merkte, daß viele Reisende ein unangenehmes Gefühl hatten, daß ihnen die Menschen da draußen bereiteten. Ich stand wieder auf. Am Ende des Zuges wurden die Tore eines Güterwaggons aufgezogen, Helfer sprangen in den Wagen und luden weiße, pralle Säcke heraus. Die Säcke waren besonders gekennzeichnet. Es waren Hilfsgüter einer internationalen Organisation.

Afdem verließen wir eine Stunde später. Tekle hatte einige Männer in Zivil mit großen schwarzen Säcken beobachtet, die in den Waggon der dritten Klasse eingestiegen waren.

»Paß mal auf, was jetzt passiert«, sagte er.

Was geschah, war unbeschreiblich. Zuerst ging eine angstvolle Unruhe durchs Abteil. Kein Kind lachte, kein Fahrgast redete. Alle blickten schamvoll stumm auf den Boden. Dann die ersten Befehle. Nichts rührte sich. Die Befehle wurden schärfer.

»Die Zöllner fragen nach unverzollter Ware«, erklärte Tekle.

»Und?« frage ich.

»Das ganze Abteil ist voll davon, genau wie die Abteile vorher. – In Dire Dawa gibt es den größten Schwarzmarkt Äthiopiens. Man nennt ihn Taiwan-Markt. Du kannst kaufen was das Herz begehrt. Aber es riecht nach Kamel.«

»Riecht nach Kamel? frage ich.

»Der ganze Kram wurde auf Karawanen, am Zoll vorbei, eingeschmuggelt. Und zwar über die grüne Grenze aus Djibouti.«

»Waren, deren Einfuhr verboten ist, oder die in Addis das Mehrfache kosten?«

»Genau. Und die Leute kaufen die Waren dennoch in Mengen, im Glauben, unentdeckt zu bleiben, oder wenigstens den einen oder anderen Artikel durchzubekommen.«

Im Abteil dritter Klasse wurden die Zöllner jetzt handgreiflich. Sie rissen Gepäckstücke auf, schüttelten deren Inhalt heraus, hielten die Gegenstände hoch und stopften alles, ohne großes Federlesen zu machen, in die großen schwarzen Säcke: Hemden, Hosen, Röcke, Schuhe, Stoffballen, Radios, Uhren, Fotoapparate... wurden kassiert, berechtigt oder unberechtigt, die Zöllner scherten sich nicht darum. Pralle, volle Säcke wurden nach hinten geschleppt und neue leere herangebracht. Wer sich die Filzerei nicht gefallen ließ, wurde mit Schlägen traktiert oder im Polizeigriff ruhiggestellt. Bei der Leibesvisitation flogen die Knöpfe herum wie Popkorn. Unter Hemden und Blusen traten andere Hemden und Blusen – und wieder andere zum Vorschein, oder Stoffe, die man sich um den Leib gewickelt hatte. Aus den Taschen der Männer, auch der Jungs, kollerten Armbanduhren, Wecker, Schmuck. Eine Frau am Fenster bekam einen Schreikrampf und war im Begriff, einen Zöllner mit Fingernägeln zu traktieren. Sie wurde aus der Masse der übrigen Fahrgäste gezerrt und in den hinteren Waggon gebracht.

Der Zug schleppte sich wieder einmal einen Berg hoch und fuhr kaum mehr als 20 km langsam. Ein stämmiger Mann um die 40 war dran. Sein Gepäck war um die Hälfte geschrumpft. Jetzt wurden Hosen- und Jackentaschen inspiziert. Ein äußerlich schmächtiger Zöllner beförderte eine Armbanduhr zutage. Vom Stämmigen wurde sie ihm wieder entrissen. Ein Handgemenge entstand, Fäuste flogen. Blut lief dem Stämmigen aus der Nase. Ein zweiter Schlag traf ihn am Hals. Er brüllte auf.

»Lege dich nie mit Zöllnern an, die sind verdammt gut ausgebildet«, sagte Tekle, »wenn der nicht Ruhe gibt, fliegt er raus.«

Tatsächlich, der Stämmige wollte nicht kuschen. Keine zwei Minuten später hatte man ihn aus dem fahrenden Zug geworfen. Es gab wenige, denen die Nerven durchgingen, die meisten flüchteten sich in Fatalismus.

Vor der nächsten Haltestelle hatten die Zöllner die erste Klasse erreicht. Nur zwei Männer erschienen in der Tür.

»Guten Tag, haben Sie etwas zu verzollen?«

Unaufgefordert reichte ich ihnen meine Reiseerlaubnis. Tekle und ich schüttelten den Kopf.

Das wurde akzeptiert. Zwei andere Fahrgäste gaben Kleinigkeiten an und lösten sie durch einen Geldbetrag ein. Damit war die Kontrolle in der ersten Klasse erledigt.

»Andere Klassen, andere Menschen«, sagte Tekle.

»Und andere Behandlung«, bemerkte ich.

Der Zug legte sich mit ziemlicher Geschwindigkeit in eine Kurve. Im Tal, vor der markanten Gebirgskulisse, lagen Wrackteile von Waggons, ausgeschlachtet, wie ein Kamelgerippe fern der Oase. War hier vielleicht der Zug abgestürzt?

Kurz vor Awash bekam ich einen Platz neben einer jungen Äthiopierin. Ich bot ihr Pfefferminz an. Sie war überrascht, nahm sich gern ein Stück und revanchierte sich mit Türkischem Honig. Wir plauderten miteinander. Sie hatte in Dire Dawa Verwandte besucht. In Addis war sie verheiratet, aber noch kinderlos. Ihr Mann besaß ein Buchgeschäft, in dem sie verkaufen half. Da sie außerdem Schreibmaschine schreiben beherrschte, half sie an drei Tagen in der Woche bei Ethiopin Airlines aus.

»Am liebsten würde ich nur bei der Fluggesellschaft arbeiten«, sagte sie.

»Wollen Sie denn keine Kinder haben?«

»Ich weiß nicht recht. Zwei Brüder starben im Krieg gegen die Somali. Die Zeiten sind unsicher geworden in Äthiopien.«

Gerade hatte der Schaffner einen Schwarzfahrer ausfindig gemacht und zerrte ihn im wahrsten Sinne des Wortes aus dem Unterteil des Wagens hervor. Die Aktion spielte sich im Wagen vor uns ab, durch das Fenster konnten wir alles beobachten.

»Muß interessant für Sie sein, mit der Eisenbahn durch Äthiopien zu fahren«, meinte sie.

»Oh ja«, sagte ich, »bei uns ist das Bahnfahren langweilig geworden.«

Sie kicherte in sich hinein, dann fragte sie:

»Warum fahren Sie mit der Eisenbahn? Von Dire Dawa nach Addis fliegt man in einer knappen Stunde.«

In Äthiopien reiste man, weil man reisen mußte, in Familienangelegenheiten, um Geschäfte zu tätigen, um der Not gehorchend irgendwo sein Glück zu versuchen. Wie sollte ich der Frau erklären, warum ich von Dire Dawa aus mit der Eisenbahn fuhr?

»Ich fahre mit dem Zug, um möglichst viel von Äthiopien zu sehen.«

»Ist das für Sie wichtig?«

»Eine gute Frage«, dachte ich, war mit der Antwort nicht ganz sicher und schwieg.

Nach einer Weile sprach ich in das Rattern der Räder wie zu mir selbst:

»Ja, es ist wichtig, sehr wichtig sogar!«

Unsere Endstation, Awash, erreichten wir fast planmäßig. Ich schaute noch einmal aus dem stehenden Wagen, hinaus auf die Menschen, für die diese Eisenbahn die einzige Möglichkeit darstellte, eine größere Entfernung zurückzulegen. So hatte ich ein Stück Alltag Äthiopiens erleben können, Alltag auf dem Schienenstrang, der für mich zum Abenteuer wurde.

»Durch das immerwährende Nippen an den Erscheinungen rechts und links vom Schienenstrang gerät der Eisenbahnfahrer in einen wundervollen Zustand zwischen Durst und Rausch, wie sonst allein die Liebe erzeugt, ehe sie die ruhende Form der Beziehung angenommen hat«, schrieb einst Alfred Polgar.

»Tiere schauen und deinen eigenen Garten mit Kohl aller Art bestellen. Wie ein Eremit leben. Ein Leben so frei wie der Wind leben. Und alle Gräser, Blumen und Bäume auf diesem Berg sind für dich da.
Du kannst die Blüten, die Rinde und die Wurzeln als Heilmittel verwenden. Du wirst gegen alles ein Mittel haben, sogar gegen die Ungewißheit.
Wenn du nur die richtige Mischung hast.«

(Daiachew Worku, Äthiopischer Dichter)

Ein Marsch in die Berge

Ein Baufahrzeug brachte uns von Awash in den Süden hinab nach Adaba zu Füßen des 4307 m hohen Mount Batu, Äthiopiens zweithöchster Berg. Im Ort verproviantierten wir uns und wählten den direkten Weg in die Berge. Wilder Kaffee, Feigenbäume, Bananenstauden begleiteten uns auf den Pfaden ins Hochgebirge.

Eine beschwerliche und lange Wanderung stand bevor. Trotz einer genauen Karte war nicht auszuschließen, daß man sich in dem dünnbesiedelten Bergland verirrte. Wir treckten Stunde um Stunde. Leicht nach vorn geneigt, um der Last des

Um nach Adaba am Fuße des Mt. Batu zu gelangen, fuhren wir den ganzen Tag über durch das Rift Valley. Die Seen in der Sohle des afrikanischen Grabensystems bilden eine eindrucksvolle Szenerie. Gerade treibt ein Hirte seine Rinder am Ufer des Abiata-Sees entlang. Im Hintergrund tummeln sich Pelikane und andere Seevögel.

Rucksacks entgegen zu wirken. Anfangs sahen wir noch Kolibris an bunten Aloeblüten, Papageien, Tauben, auch Affen, hielten Ausschau nach Buschböcken und Füchsen. Tekle meinte, es gäbe auch Leoparden in den Bergen. Gut möglich. Der Baumbestand war uralt und dicht, wie ein Urwald.

»Bis 1920 war das gesamte Hochland so dicht bewaldet wie hier«, sagte Tekle und machte eine ausladende Handbewegung, »heute existiert nur noch ein knappes Viertel des Waldes.«

Nach weiteren Stunden des Marschierens sahen wir keine Tiere und hörten keine Vogelstimmen mehr, unsere Gespräche waren verstummt. Wir setzten Fuß vor Fuß. Erste Ermüdungsanzeichen machten sich bemerkbar. Schuhe drückten, die Last zog, der Rücken schmerzte. Aber wir gönnten uns keine Pause. Durst löschten wir während des Gehens. Das Ziel, der Batugipfel, lag weit oben im wabbernden Nebel, und dazwischen zwei Tagesmärsche, dichter Wald, dann kalte kahle Hochebene.

Am Nachmittag konnten wir nicht mehr. Wir warfen die Last vom Rücken und streckten uns im Gras aus. Ich zweifelte an dem Sinn der Gewalttour. Wir waren zwar beide keine Stubenhocker und einigermaßen fit, aber was wir uns zugemutet hatten, konnte auch ins Auge gehen: Ohne Führer, Proviant, der gerade drei Tage reichte, Wasser besaßen wir von einem Bächlein zum nächsten. Wie lange gab es noch Bächlein und Tümpel?

»Was schätzt du, wann sind wir oben?« fragte ich.

Er öffnete die Augen und sah mich müde an:

»Übermorgen.«

»Wenn wir uns nicht verlaufen!« sagte ich.

»Rauf verlaufen wir uns nicht. – Ich war vor zwei Jahren schon mal oben. Der Abstieg hat's in sich, da muß man höllisch aufpassen.«

»Was ist das Besondere am Batu?«

»Besondere?« fragte er, »es ist ganz einfach ein gewaltiger Berg in einer gewaltigen Landschaft!«

Ohne etwas zu essen, ohne uns zu waschen, schliefen wir ein. Nachts wachte ich auf, fror und spürte meine geschundenen Füße. An den Fersen hatten sich dicke Blasen gebildet. Kein Wunder, so einen verrückten Marsch hatte ich lange nicht mehr gemacht. Am Himmel trieb der Wind Wolken vor den Mond. Fahl und kalt flutete sein Licht auf unser Lager. Hämisch grinsend erschien mir der Mond in dieser Nacht. Unruhig schlief ich wieder ein, bis ein böser Traum den Schlaf restlos nahm. Ich sah zwei bis aufs Skelett abgemagerte Gestalten, die am Fuße eines unerreichbar hohen Berges durch totes, menschenleeres Gebiet irrten. Sie irrten über Hügel und immer wieder über Hügel, doch der Gipfel des hohen Berges narrte die beiden, bis sie erschöpft zusammenbrachen...

Schweigend machten wir ein kleines Feuer, wärmten uns, setzten einen Topf Wasser auf. Am nahen Bach erfrischten wir uns.

»Auf geht's!« rief Tekle in den taunassen Morgen.

Ohne Frühstück, mit leerem Magen, schmerzenden Gliedern und Blasen an den Füßen hasteten wir Wege bergan. Wege, die bald keine mehr waren, bestenfalls Ziegen- oder Hasenpfade. Was war los mit Tekle? Was trieb ihn zu diesem Gewaltmarsch? Mir ging es um die Natur, um das Leben ringsum, die Schönheit der Bergwelt. Er aber schien seine Kondition unter Beweis zu stellen. Wollte er's mir zeigen? Den Stadtonkel so richtig in Grund und Boden marschieren? Allmählich stimmte mich die ganze Bergbesteigung nachdenklich.

Ich blieb zurück und studierte die Karte.

»Weiter, Croc!« rief er, »oder willst du warten bis ich wiederkomme?«

»Wir hätten vorher dem rechten Pfad folgen müssen,« sagte ich.

»Wir folgen diesem, keinem anderen! Oder warst du schon da oben?«

Wir marschierten den ganzen Vormittag und den ganzen Nachmittag. Tekles Kondition machte mir Angst. Und das er es darauf anlegte, mich fertig zu machen, brachte mich in Rage. Hegte er einen tiefsitzenden Groll gegen die Weißen, hatte ich ihn unbewußt gekränkt? Gern hätte ich mit ihm darüber gesprochen. Ich brauchte Anhaltspunkte. Doch er schwieg, wie der Wald ringsum. Die Frage nach dem Grund quälte mich von Stunde zu Stunde mehr, ja stärker, als die körperliche Pein des Marsches. Wir rasteten. Er wandte sich ab und blickte zu den Bergen hinauf.

»Weiter!« hieß es. Meine Glieder schmerzten wie Feuer. Ich hatte schon verrückte Märsche durchgezogen: Zu Auca-Indianern im Urwald Ecuadors. Einen anderen mit Jim Cocrane, als wir einem angeschossenen Elefantenbullen in Kamerun nachsetzten. Dann Märsche auf Schneeschuhen in Alaska und ganz früher einen Aufstieg auf den Kilimandscharo. Doch gab's zu diesem einen Unterschied: Ich war früher stets darauf vorbereitet gewesen. Hatte schon Wochen vorher zu Hause trainiert und mit Strapazen aller Art gerechnet. In Äthiopien rechnete ich mit einer wilden Flußfahrt auf dem Omo, mit Wanderungen sicher auch, aber nicht mit Gewaltmärschen durch die Ambas. Schließlich verbrachte ich 10/12 meines Daseins als biederer Angestellter am Schreibtisch in Meereshöhe...

»Weiter, wird's bald!« mahnte Tekle.

»Dein Ton gefällt mir nicht. – Ich bin kein Gipfelstürmer!«

»Willst wohl schlapp machen?«

Das war der Grund, er wollte es dem Gelegenheits-Abenteurer, dem Knaben aus Deutschland, der herumreiste, um eine Welt zu finden, die noch wild war, dem wollte er's zeigen!

Mit einem Ruck stand ich auf den Beinen. »Nun gut, Tekle«, dachte ich, »die Herausforderung wird angenommen.«

Ich stellte mir den Gipfel des Batus vor. Eine kahle, vom Wind gepeitschte Kuppe, ohne Schnee. Ein Berg wie jeder andere. War er ein lohnendes Ziel für einen Gipfelsturm, als Zweikampf ausgetragen? Ich hatte Zweifel. Aufgeschlossen ging ich jetzt neben ihm.

»Machen wir uns den Berg zum Abenteuer!« sagte ich.

»Abenteuer? Du bist doch am Ende, du hinkst ja schon.«

»Abwarten«, sagte ich.

»Wetten, daß ich vor dir auf dem Batu bin!« sagte Tekle.

»Die Wette gilt, ich halte 500 Birr dagegen!«

Am Himmel trieben wieder Wolkenfetzen. Der Gipfel war nicht sichtbar. Die Luft wird verdammt dünn sein da oben. In dünner Luft bekam ich starke Kopfschmerzen, das hatte sich damals am Kilimandscharo herausgestellt. Dennoch, meine Chance war nicht schlecht. Vom Langstreckenlauf her wußte ich, daß ich meinem Körper eine Menge zumuten konnte. Er funktionierte einwandfrei, wenn manch anderer mit Kreislaufkollaps ausfiel.

Von der Statur her waren wir und nicht unähnlich. Man könnte Tekle als drahtig bezeichnen. Mit Gewißheit, so bildete ich mir ein, besaß er nicht den eisernen Willen, den man für den Kampf am Berg brauchte. In Tekle flackerte bestenfalls ein Strohfeuer, es war nur eine Frage der Zeit, wann es verglühte. Auf gleicher Höhe marschierten wir bis in die Dämmerung hinein. Nieselregen durchnäßte die Kleider. Es gab kein Nachtlager, kein romantisches Lagerfeuer unter afrikanischem Himmel. Wir kauerten unter Bäumen, in Regenhäute gewickelt, jeder unter einer anderen. Wir waren Rivalen, die sich musterten. Immer auf der Lauer, die Schwäche des Gegners zu nutzen. »Er hat einen großen Vorteil«, überlegte ich, »er kennt den Weg.« Wenn er sich nachts davonmachte, sah es für mich schlecht aus. Ob er das könnte? Brachte er es fertig, mich in der Wildnis alleine zu lassen? Ich knabberte an einem Stück Fladenbrot und trank kaltes Wasser. »Vor dem Äthiopier mußt du auf der Hut sein«, waren meine letzten Gedanken, dann schlief ich ein.

»He, wach auf, es geht weiter«, Tekle rüttelte mich an der Schulter.

Ich erhob mich. Alles schmerzte. Der Rucksack drückte wie ein Ambos. Mit hängenden Schultern und gesenktem Kopf, den Blick auf den Boden geheftet ging es weiter. Schritt für Schritt, Stunde um Stunde durch die verdammte Wildnis der Berge. Einem Weg nach, den es nicht mehr gab,

Der Batu-Aufstieg entartete zu einem Gewaltmarsch, schließlich zu einem Zweikampf.

Ein typischer Vertreter der äthiopischen Bergflora ist die Euphorbie, die in erstaunlicher Höhe anzutreffen ist.

einfach nach oben. Der Baumbestand lichtete sich. Akazienhaine nahmen uns auf. Wenig später durchschritten wir eine Wachholderzone, die mir wie ein Märchenwald erschien. Unsere Höhe mochte um 3800 m betragen. Dünner werdende Luft machte sich durch Kurzatmigkeit und pfeifende Lungen bemerkbar. Ansiedlungen schoben sich bis auf 3500 m Höhe an den Batu heran. Vieh weidete noch höher. Den Wachholderbäumen und Zypressen folgten Lobelien, Fackellilien, dann Erika und dazwischen weite Flächen grünen Grases. Eine Nebelwand hüllte uns ein, schweigsam schritten wir durch eine feuchtkalte Waschküche. Wind von Norden frischte stark auf. Wir überquerten eine Schotterstraße, dann kam ein Sattel. Nun sahen wir ihn, den kegelförmigen Gipfel, mit Felsen bespickt die rechte Flanke. Auf dem höchsten Punkt erkannte ich eine Ruine. Oder eine Gipfelhütte? Wir schritten immer noch nebeneinander. Wenn Tekle davoneilen wollte, schloß ich auf oder

umgekehrt. Der Bursche war zäh wie Ochsenleder! Was in ihm brannte war kein Strohfeuer, das war ein Scheiterhaufen, auf dem er mich sehen wollte. Mein Gott, mir war als hätte ich Bikila Abebe zum Gegner, den äthiopischen Wunderläufer und Goldmedaillen-Gewinner im Marathon. Ich war fix und fertig. Der Schmerz fraß in den Knochen. Jeder Schritt war eine Tortur. Ohnmächtige Wut befiel mich. Zwecklos, ich hatte mich auf ein Abenteuer eingelassen, dem ich nicht gewachsen war. Meine schlaffen Muskeln konnten der Anstrengung nicht widerstehen. In Afrika den Naturburschen spielen wollen kann gefährlich sein. Ich gehörte an den Schreibtisch und wollte es nicht einsehen...

Der Gipfel rückte heran, unendlich langsam zwar, aber immerhin. Mein Schädel schmerzte. Seite an Seite wurden die Schritte gesetzt. Jeder wartete auf den Endspurt des anderen.

Jetzt packte ich die Riemen und trat durch, zog Tekle davon, es war leichter als vorgestellt. Schmerzen waren wie weggebrannt. Die Beine bewegten sich roboterhaft. Dreihundert Meter vor dem Gipfel hatte ich Tekle abgehängt. Noch gehörte ich nicht zum alten Eisen. Aus dem Stand einen Gewaltmarsch über drei Tage gegen einen jungen Hochländer durchstehen, das konnte sich sehen lassen.

»Wenn dein Äußeres in Fetzen geht und du trotzdem durchhältst, dann erlebst du ein neues Erkenntnisstadium. Eine Dimension tut sich auf, die dir zeigt, das Großes in dir steckt«, sagte einst Jim Cocrane. Wie recht hatte er!

Es war wie im Rausch und so leicht – 200 m unter dem Gipfel. Plötzlich tanzte der Gipfel. Weiße Kreise schossen vor den Augen. Es zuckte grell im Hirn. Die Beine gehorchten nicht mehr, ich brach zusammen...

Etwas Flüssiges lief mir in den Kragen. Ich kam zu mir und merkte, daß Tekle meinen Kopf hielt und mir Wasser einflößte.

»Tut mir leid, Croc«, sagte er, »dein Spurt war gut, aber die Höhe, ich hätte dich warnen müssen.«

»Schon gut«, sagte ich und kam auf die Beine. Er stützte mich. Gemeinsam betraten wir den Gipfel. Der Wind fegte mit irrer Kraft. Nebel- und Wolkenfahnen wurden über die Kuppe gejagt. Wir suchten hinter einer Steinwand Schutz, die zu einem verfallenen Gemäuer gehörte. Einst vielleicht ein einsamer Unterschlupf für Pilger, eine Erimitage? Wir schauten über das zerklüftete Land und atmeten tief und gierig die dünne Luft ein. Ein Gefühl wie auf einer Insel im Wolkenmeer durchströmte mich.

»Schau hier, auf dem Schotterweg könntest du mit einem Fahrzeug bis auf den Gipfel fahren«, sagte Tekle.

Weiß Gott, da führte ein Weg herauf, der sich aber in entgegengesetzter Richtung im Tal verlor.

»Der Pfad führt nach Robe im Osten, wir müssen wieder nach Nordwesten zurück.«

Vor dem Schwinden des Lichts wankten wir, uns gegenseitig stützend, hinab ins Tal.

Drei Tage und Nächte vergingen. Es gab keinen Anhaltspunkt, kein Dorf. Wir mußten uns verirrt haben. Über Hügel und durch Täler suchten wir einen Weg. Unser Proviant war am Ende. Der Hunger wütete im Magen wie eine grimmige Faust. Tekle hielt nach Beeren Ausschau. Er fand einige, die wir in fiebriger Hast verschlangen. Bei mir hinterließen sie nur beißende Bitterkeit im Mund. Am Vormittag des vierten Tages quälten wir uns über ein riesiges Plateau. Die Vegetation wurde tropischer. Ich hoffte, Bananen zu finden. Blattstauden in Mengen, aber keine Bananen.

Tekle änderte die Richtung, er war immer noch in guter Verfassung und ertrug die Tortur mit der Duldsamkeit eines tibetanischen Mönchs.

»Hier sind Menschen in der Nähe«, sagte er auf einmal.

So war es. Erst sahen wir Kinder und dann Hütten. Hinter einem Viehgatter standen drei Tukuls, wir stolperten darauf zu. Die Menschen, die aus den Eingängen traten, waren uns die liebsten, denen wir je begegnet waren!

Zwei Tage erholten wir uns bei den freundlichen Oromo-Bauern. Großeltern, Eltern und Kinder

Bei Bauern einer kleinen Oromo-Ansiedlung kommen wir wieder zu Kräften.

Oromo-Mädchen sind stolz auf ihre phantasievolle Haartracht.

bildeten eine kleine Gemeinschaft, einen Sippenkral. Die Großeltern räumten in ihrem Tukul ein Plätzchen frei, wo wir uns niederlegen durften. Koda, die Frau des Großvaters, war beim Essen kochen.

Wir stürzten uns auf Musa Ensete und Geflügelfleisch. Die Gier bezahlte ich durch Magenkrämpfe, schließlich mußte ich mich übergeben. Der Körper hielt nur etwas flüssige Kost. In der rauchigen, dunklen Hütte schliefen wir kurz darauf einen totenähnlichen Schlaf. Wieder zu Kräften gekommen, stellten wir fest, daß wir Adaba verfehlt hatten und weit oberhalb des Ortes, in der Nähe von Dodola, auf eine Siedlung gestoßen waren.

»Noch weiter südlich und wir wären in der Hochsteppe Welemel herumgeirrt und die ist praktisch unbewohnt,« sagte Tekle. Ich beobachtete das Familienleben; beglich meine verlorene Wette. Über den Vorfall verloren wir kein Wort mehr.

Der Großvater machte sich als Putzer nützlich. Seine Hütte war von außen etwas ramponiert. Um sie auszubessern, rührte er Lehm und Kuhdung an und verschmierte das Holzgeflecht. Sein Sohn Bore war ins Viehgatter geklettert und molk eine Kuh, die eher noch ein großes Kalb darstellte. Den Strahl fing er mit der Hand auf, trank die Milch und bespeite die Kuh vom Kopf her.

»Dieser Oromo-Stamm bespuckt Kühe, die die erste Milch geben, in der Hoffnung, daß sie immer und reichhaltig produzieren«, sagte Tekle.

»Jeder nach seinem Gusto. Die Dinka im Sudan stimulieren ihre Rinder, indem sie ihnen tief in den After greifen.«

Abuta erschien mit einem Tonkrug auf den Schultern. Fellfetzen verschlossen die Öffnung. Im bauchigen Inneren des Behältnisses befand sich Honig. »Bienenbäume«, Akazien mit Bienenröhren aus Flechtwerk in den Ästen, sind ein

Wahrzeichen für die ländliche Szene überall in Äthiopien. Eine volle Bienenröhre wird auf dem Markt für 20 Birr (30 Mark) verkauft. Je nach Gebiet wird Honig mit Wasser verdünnt, unvergoren als berz getrunken, oder aber – besonders in Bale mit Geso-Blättern als Fermentierhilfe zu tagg, einem bekömmlichen Honigwein, verarbeitet. Honigwein spielte in der Geschichte Äthiopiens eine wichtige Rolle: Es war das Zeremonialgetränk der Könige. Damit wird verständlich, daß die Biene als »Königstier« und nahezu heiliges Tier verehrt wurde. Im Totenkult der Herrschenden orakelten Priester mit Hilfe von Bienenschwärmen.

Abuta setzte den Krug ab, entfernte das Fell. Mit ihrem Finger beförderte sie ein Stückchen Wabe mit Honig heraus. Sie schmeckte daran, um mir zu zeigen, daß es sich bei dem Inhalt um etwas besonders Gutes handelte. Tekle kaufte Abuta einen Teil des Honigs ab und ließ ihn in eine Kalebasse füllen.

»Für die Afar«, sagte er.

Dann rüsteten wir zum Aufbruch.

»Wer Durst hat, vergißt alles andere. Durst und Hunger machen stark, jeden Angriff abzuwehren, auch wenn es hoffnungslos erscheint.«

(Afar-Weisheit)

Afar – Im Land der schweigsamen Männer

Wir entdeckten sie an den heißen Quellen. Um die drei schlanken, fast hageren Männer nicht zu stören, verharrten wir hinter Dumpalmen und paßten eine günstige Gelegenheit der Kontaktaufnahme ab. Doch die Männer hatten uns längst bemerkt. Sie schwammen ans Ufer, nahmen ihre Baumwollbekleidung (maro) auf, banden sich die Krummdolche (chubë) um die Hüften, ein

Junger Afar an der heißen Schwefelquelle, die eine Gruppe Dumpalmen speist.

Gewehr wurde vom Ast abgehängt, ohne sich um uns zu kümmern, verschwanden sie im Palmenwerk der Oase.

»Finstere Gesellen«, bemerkte ich, »besonders der Ältere mit dem Gewehr.«

»Das bringt das Leben als Nomade mit sich. Wer immer um seine Existenz kämpfen muß, ist Fremden gegenüber mißtrauisch«, sagte Tekle.

Wir traten an die Quelle, die, eingerahmt von Palmen und Schilf, einen tiefen, klaren Teich bildete. Es roch nach Schwefel. Wir waren den ganzen Tag über durch die Steppe gewandert, um die Oase zu erreichen. Ein herrlicher Anblick, dieser erfrischende Quell, von leuchtendem Grün eingerahmt. Wir beschlossen, uns erst einmal zu erfrischen und dann nach dem Lager der Afar zu suchen. Trotz der hohen Temperatur, ich schätze sie auf 35° Celsius, war das Wasser ungemein erfrischend. Ungestört schwammen und tauchten wir, bis auch der hartnäckigste Staub aus den Poren gewaschen war.

Außerhalb der Oase breitete sich nach Osten und Norden hin das riesige dürre Steppengebiet von Erer Gota aus; das, folgte man der Richtung weiter, in die Danakilwüste überging. Im Rücken, mehrere Kilometer hinter uns, befand sich der Awash, einer der größten Flüsse des Landes. Das Meer erreicht er nie, im Wüstensumpf von Asayta verdunstet er.

Die Oase, von den schwefligen Quellen am Leben erhalten, führte uns allerlei Tiere vor, die sich normalerweise in der Weite der Steppe unauffindbar verlaufen würden: Strauße, Trappen, Kudus, Wasserböcke und Oryx-Antilopen. Früher jagten die Afar der Steppe den berühmten schwarzmähnigen Löwen. Doch der ist heute selten geworden.

Wir wandten uns gen Nordosten und folgten der deutlichen Spur einer Rinderherde. Hinter einer Bodenwelle tauchte eine Gruppe halbrunder Hütten auf, die sich aus mehreren geflochtenen Binsenmatten zusammensetzten. Rindvieh weidete in offener Formation, sich selbst überlassen. Ziegen und ein paar Kamele »ästen« abseits der Rinder. Der Kral machte einen fast trügerisch friedlichen Eindruck. Wir näherten uns den Hütten auf 500 Meter, dann ließen wir uns im Sand nieder. Wie sollten wir uns den Leuten am geschicktesten nähern? Die Vorgehensweise mußte durchdacht sein. Schließlich waren die Afar keine harmlosen Buschmänner oder Pygmäen. Die Menschen waren mir fremd, anders als üblich, hatte ich mich mit ihren Sitten und Gebräuchen nicht intensiv genug vertraut gemacht. So etwas kann zum Verhängnis werden. Tekle schien auch ratlos. Zwar war er früher einmal bei Weldiya mit ihnen in Berührung gekommen. Doch es sei jedes Mal ein besonderes Ereignis, dessen Ausgang ungewiß ist, meinte er. Immerhin handelt es sich bei den Afar um Genitaljäger, die diese Sitte noch nicht abgelegt hatten. Junge Männer auf Brautschau, hieß es, hatten bei den Mädchen nur Chancen, wenn sie die Geschlechtsteile mindestens eines Feindes vorweisen konnten. Feinde waren Amharen, Oromo, Issas oder auch Nachbarstämme des eigenen Volkes, die die Viehtränke streitig machten. Getötet wurde mit dem Speer, dem Gewehr oder dem Krummdolch. Die »Trophäe« wurde fachgerecht geborgen, indem vom Kinn her ein Hautstreifen über Brust und Leib aus dem Körper geschnitten wurde, an dessen Ende das Geschlechtsteil hing.

Bei der Umworbenen erschien der Krieger mit Genitalien, die er sich um die Stirn band. Dabei war eine Wertigkeit von Bedeutung: Die »Trophäe« eines Afar einer anderen Sippe zählte wenig im Vergleich zu denen der Amharen oder Oromo. Am begehrtesten waren die Hoden der »Farang«, der Fremden, damit waren die Weißen gemeint.

Teilnehmer dreier großer Expeditionen, die die Danakilwüste im 19. Jahrhundert durchforschen wollten, fielen in die Hände der Afar und wurden umgebracht. Gibt es Gründe für die grausame Sitte? Die Ethnologen sind sich nicht recht einig. Die einen behaupten, die Afar glauben, mit der Erbeutung des Zeugungsorgans die Kraft des getöteten Feindes übertragen zu bekommen.

Plausibler ist eine andere Erklärung, die der Auslese. Die Wüste gestattet nur einer beschränkten Zahl von Menschen eine, wenn auch karge Existenz. Eheschließungen bedeuten Nachkommen. Für neues Leben müssen Opfer gebracht, Platz gemacht werden, so will es das harte Gesetz der Wüste.

»Ich werde zu den Hütten gehen, um dort den Honigtopf zu deponieren«, sagte Tekle.

»Laß es mich lieber tun. Auf euch sind sie, durch die vielen Querelen an den Grenzen, nicht gut zu sprechen.«

Ich nahm die Honigkalebasse und ging so natürlich wie möglich zu den Hütten. Wird wohl keiner von den Burschen auf Freiersfüßen sein. Nichts rührte sich. Wie ausgestorben wirkte der Kral. In der Ferne blökte ein Rind. Mit Sicherheit wurde ich genau beobachtet.

Da – ein Augenpaar, das sich gleich wieder zurückzog. Den Honigtopf stellte ich an die erste Behausung, dann schlenderte ich zurück.

Im Sand sitzend warteten wir ab und dachten über das stolze Volk der Wüste nach: Rassisch sind die Danakil – so hießen sie landläufig nach ihrem Lebensraum der Danakil-Wüste – ein osthamitisches Hirtenvolk von etwa 120000 Menschen. Sie selbst nennen sich, wie bekannt, Afar (die Freien). Während sie in der Wüste vom Salzhandel, ihren Kamelen und Ziegen leben, sind es hier die Rinder, die sie ernähren.

Wir mußten viel Geduld aufbringen. Es war die einzige Möglichkeit, ungezwungen mit ihnen in Kontakt zu kommen und dann, so hofften wir, etwas von ihrem Alltag mitzuerleben. Die Zurückhaltung, ja Feindseligkeit allen Fremden gegenüber war mir bekannt. Die harten Lebensbedingungen und die Bedrohung von außen durch andere Völker, die ihnen ihre Weideplätze und Quellen streitig machten, hatten die Afar kriegerisch gemacht.

Als erster berichtete der Engländer Louis M. Nesbitt in dem Buch »Zum Höllenloch der Schöpfung« über das Leben der Nomaden. Seine Expedition begleiteten 1928 zwei Italiener und fünfzehn Äthiopier. »Ein wahres Himmelfahrtskommando«, wie er bald feststellte: Drei amharische Begleiter wurden getötet. Nesbitt verlor zehn seiner fünfundzwanzig Kamele und drei Mulis durch Erschöpfung und Wassermangel.

Von dem Engländer stammen auch die ersten Berichte über den Brauch der Afar, männlichen Feinden die Lenden zu verunstalten.

Gerade wurde die Kalebasse von einem Kind untersucht und mitgenommen.

»Wir warten noch eine Halbe Stunde, wenn sie uns kein Zeichen geben, Ziehen wir uns zurück«, sagte ich.

»Der ganze Weg – zwei Tage – umsonst?« fragte Tekle.

»Ich glaube, wir sollten sie nicht stören, wenn sie nicht gestört werden wollen.«

Sie wollten uns sehen! Zwei Männer traten aus dem Kral und hielten direkt auf uns zu. Große, schlanke Gestalten. Ich beobachtete sie. An den Füßen trugen sie Sandalen, die mit dünnen Lederriemen geschnürt wurden, vor dem Bauch das Futteral mit dem Krummdolch. Ihre Körper kleideten helle Baumwollgewänder. Beide schulterten lange Hirtenstöcke, die ihre übergeschlagenen Arme stützten. Kaffeebraun war ihre Hautfarbe, die Gesichter scharf geschnitten, ähnlich arabischen. Auffällig war ihr Narbenschmuck: Einen zierten breite waagerechte Schnitte auf der rechten Wange. Den anderen eine V-förmige Narbe zwischen den Augenbrauen. Ihr Kraushaar trugen sie mittellang, es stand ihnen wie ein dichter Kranz um den Kopf. Mit ernsten Mienen traten sie heran. Tekle erhob sich, grüßte mit der Hand und sagte auf amharisch:

»Dehna walu, sime Tekle no«, (guten Tag, ich heiße Tekle).

Spannende Minuten vergingen.

Mit unbewegtem Gesicht sagte der Ältere das Wort: »Hakeem«. Und deutete auf mich.

»Awo« (ja), sagte Tekle schnell.

Die Mienen wurden im Nu freundlicher. Man reichte uns die Hand. Wir sollten mitkommen.

»Wir haben großes Glück, der Alte scheint

Die »Burra«, das Basthüttendorf der Afar.

etwas Amharisch zu verstehen«, sagte Tekle.

»Sag mal. ›Hakeem‹ heißt doch Arzt, hast du mich etwa als Arzt ausgegeben?«

»Für die Afar sind alle Weißen Ärzte, und Wehwehchen gibt's immer zu kurieren.«

Wir betraten die »Burra«, das Basthüttendorf. Vor den Eingängen war mit einem Mal Leben. Man redete auf uns ein, zeigte Gegenstände, wie Holzkämme mit langen Zähnen, Messingarmreifen und Halsbändern aus Leder mit aufgereihten bunten Perlen. Wir erkannten in dem älteren der beiden Afar den Mann, den wir beim Baden gestört hatten. Seinem Auftreten nach war es der Sippenchef. Er schien der einzige zu sein, der etwas Amharisch verstand.

Als die große Aufregung vorüber war, trat der Dorfchef zu uns und machte verständlich, daß ich in eine bestimmte Hütte schauen sollte. Die Hütte war mit einer Matte abgedunkelt worden. Auf dem Boden lag ein Mädchen, das sich im Fieberanfall schüttelte. Schweiß rann in Strömen von ihrer Stirn. Sie war bei Bewußtsein. Ich sah mir das Mädchen näher an.

»Malaria oder Thyphus, würde ich sagen, da können wir nichts machen«, meinte ich.

»Wir müssen helfen, sonst sind wir unsere edelsten Körperteile los!«

Hinter uns stand der Afar und wollte Taten sehen. Es gab eine Möglichkeit, das Fieber herunterzubekommen, aber ob es auf die Dauer half? Zum anderen war ein Penicillinschock nicht auszuschließen. Ich gab ihr 1000 Einheiten in Tablettenform, wassergelöst.

»Das reicht nicht,« sagte Tekle, »du mußt auch etwas für die Zuschauer tun.«

Ich hatte nicht bemerkt, daß sich die ganze Sippe am Eingang drängte, um mitzubekommen, was da unter den Händen des weißen »Doktors« geschah. Natürlich mußte eine gute Behandlung mit Hokuspokus untermalt werden.

Wir durften uns jetzt zu den Männern ans Feuer setzen. Der Dorfchef hieß Gupha, er hockte sich mit einigen Männern dazu. Abseits der Hütten molken die Frauen Ziegen. Von Westen wurde Rindergeblöke und Hundegekläff herangetragen. Hirten trieben die Herde zusammen. Die Männer saßen schweigsam da und starrten ins Feuer.

Nach und nach erfuhren wir, daß es vor knapp 14 Tagen an der Quelle einen Kampf gegeben hatte. Eine andere Sippe von weither hatte, ohne mit dem Chef zu verhandeln, ihr Vieh ans Wasser getrieben. Das bedeutete Krieg. Im Streit um die Tränken müssen manche jungen Afarhirten ihr Leben lassen. Zum Glück zog sich die fremde Sippe nach einem kurzen Schlagaustausch zurück und wanderte weiter nach Süden. So glimpflich geht der Streit nicht immer ab. Ausgehungerte, durstige Sippen kämpfen bis zum letzten Mann, oder, wenn es gut geht, verhandeln sie und zahlen einige Rinder an den, der zuerst an der Wasserstelle lagert.

Gupha sagte, daß das Gras sehr schlecht sei. Seine Sippe werde bald weiterziehen müssen. Immer auf der Suche nach besserem Weidegrund, das war das Los der Nomaden. Alle drei bis vier Monate ziehen Afar um.

Der Sippenchef bestimmt wann aufgebrochen wird. Den Afar von Erer Gota ging es vergleichsweise gut. Sie hatten Zebu-Rinder, und der Markt, um alle paar Wochen eine Ziege, manchmal auch ein Rind zu verkaufen, war nicht allzu weit entfernt. Zwei Tagesreisen, dann konnte man seinen Vorrat an Sorghum (Mohrenhirse), Dörrfleisch oder Tee auffrischen.

Da hatten es die Stämme im Danakilgebiet schwerer. Sie zogen mit Kamelen durch die Wüste, mußten oft Monate darben oder »stachen« bei 50 Grad im Schatten das Salz der Seen, um es zu verkaufen.

Man erzählte sich eine alte Afar-Geschichte: »Früher, als die Erde noch eben war und es weder Felsen noch Steine gab, da gab es keine Reichen und Armen, alle Menschen waren gleich glücklich. Heute gibt es Arme und Reiche und die Menschen sind unglücklich geworden. Denn als Gott einmal unzufrieden war, ließ er die Erde beben. Da fielen Steine vom Himmel und mit den Steinen die Reichen. Seit es aber Steine und Felsen gibt, ist das Land ungleich. Das gute Land gab Gott den Reichen. Das steinige Land aber den Armen.« – Eine Ungerechtigkeit, aber die Afar hatten sich damit abgefunden.

Es gab Tee. Schwarzen, heißen Tee. Iajos, der Sohn des Sippenchefs, goß ihn im hohem Bogen in verbeulte Aluminiumgefäße. Iajos trug ein Hemd. Er kaufte es, wie irgendwann einmal die Aluminiumtassen, auf dem Markt. Besuch von Händlern bekommen die Afar in der Steppe nicht. Wahrscheinlich haben die zu große Angst vor deren grauslichen Sitten.

Iajos bemerkte, daß ich mich für seinen Krummdolch interessierte. Er zog ihn aus der Scheide und reichte ihn mir. Ich betrachtete die scharfe, beidseitig geschliffene Klinge, den handlichen mit Leder umwickelten Griff. Ich dachte an zu Hause, an den chubë den ich vom Großvater bekommen hatte. Wie oft mochte Alfred Zintgraff an den Lagerfeuern der Afar gesessen haben? Ich

Fremden gegenüber sind die Afar reserviert. Nur wenn man sie gut kennenlernt, zeigen sie ihr heiteres Gemüt.

schämte mich meiner anfänglichen Angst vor diesen freundlichen Menschen. Wie ungleich gefährlicher war es für Zintgraff vor rund siebzig Jahren, mit den Afar zusammenzusein? Ich gab Iajos den Dolch zurück und fragte naiv:

»Wieviel hast du damit entmannt?«

Tekle übersetzte umständlich mit Hilfe des Alten. Iajos lächelte verlegen und sagte:

»Niemanden.«

Nun erhob sich der Alte und ging in seine Hütte. Kurz darauf erschien er mit Lederbändern, an denen kleine Kugeln und kurze Enden baumelten. Er drückte mir das getrocknete Gekröse in die Hand. »Galla!«, sagte er geringschätzig. Tekle meinte erstaunt:

»Das muß ein besonderer Galla gewesen sein. Es heißt nämlich, daß die Afar die Trophäen vergraben, wenn sie sie ihrer Auserwählten gezeigt haben.«

Afar-Knaben bekommen den chubë übergeben, wenn sie in die Pubertät kommen, kurz nach der Beschneidung. Spätestens bis zur Hochzeitsnacht sollen sie gelernt haben, damit umzugehen. Sie suchen einen Feind – vorzugsweise aus dem Stamm der Issa. Iajos war noch zu jung, seine Tapferkeit würde er erst später unter Beweis stellen müssen.

Allmählich wurden die Schatten der Hütten länger, und mit einem Inferno an Farbe versank die Sonne in der Steppe. Bis spät in die Nacht hinein saßen wir am Feuer. Schweigsam, dem Spiel der Flammen folgend oder in kurze Fragen und Antworten vertieft. Wir erfuhren von der Jahrhunderte alten Feindschaft zwischen Afar und Issa. Zwar sind beide Volksgruppen Muslims, doch der »heilige Krieg« um Weideland und Wasserstellen ist stärker als das Band der Religion. Der Glaube an Allah sitzt bei den Afar nicht so tief. Im Shola-Baum verehren sie ihre Ahnen, und im rituellen Tanz befragen sie das Orakel.

Wir weilten einige Tage bei der Gemeinschaft, und es war eine friedvolle, herrliche Zeit. Amina, die Tochter des Chefs, erholte sich erstaunlich gut. Sie erschien, wenngleich auf schwachen Beinen, vor der Zelthütte und zeigte sich ihren Freundinnen. Das förderte unser Ansehen sehr. Heute glaube ich, daß sie einen normalen Malaria-Anfall hatte, der sich auch ohne mein Zutun gelegt oder verschlimmert hätte. Nun gut, wir genossen große Freiheit im Dorf, nur Fotographieren duldete man nicht. In diesem Punkt waren sie ganz Mohammedaner: »Allah möchte eben nicht, wenn das Bild genommen wird.« Wir akzeptierten das Verbot, um gutes Einvernehmen nicht zu gefährden.

Abends am Feuer lauschten wir ihrem fremden Idiom, es ging um Geschichten der Vorfahren, um den ewigen Kampf ums Weideland; die Jungen, die vom Hüten der Ziegen zurückkamen, hörten den Älteren andächtig zu. Das Geschichtenerzählen nimmt einen breiten Raum im Leben der Nomaden ein.

In der Nacht sang Iajos ein Lied von der Liebe und den Rindern, ein Lied voller Poesie, das ich mir übersetzen ließ: »Ein helles Zelt wird mein

Mädchen haben, mein Mädchen wird eine braune Haut haben. – Einen roten maro (Wickelrock) trägt sie gern. Sie wird gern einen roten maro tragen. – Freut euch, die Rinder sind da. Wir haben viele Rinder. Freut euch mit mir...«

Verse, Lieder und Sagen über die Mädchen, das Vieh, den Regen und das harte Leben am Rande der Wüste. Alte Dichtkunst, mündlich am Lagerfeuer erzählt und von Generation zu Generation übermittelt.

Dann kam die Nacht ohne Gesang und der Morgen, der das Leben der Sippe veränderte. Die Gemeinschaft rüstete früh zum Aufbruch. Rasch wurden die Behausungen abgebaut. Sie stellten eine Unterkunft zwischen Zelt und Hütte dar und dienten gleichzeitig als Schlaf-, Wohn-, Kinderzimmer und Küche. Die Matten wurden aus Binsen des Awash-Ufers geflochten. Sie ließen sich einfach zusammenrollen und wogen nicht viel. Vom ewigen Wind kam nur soviel durch, daß es im Innern der Hütte stets angenehm kühl war. Das Dach schützte vor glühender Sonne. Somit boten die Mattenzelte ideale Nomadenbehausungen.

Um Schulausfall brauchten sich Eltern und Kinder nicht zu kümmern.

In einer großen Kampagne brachte die Regierung zwar vielen Äthiopiern Lesen und Schreiben nahe, bei den Nomaden scheiterte der Alphabetisierungsversuch bisher kläglich. Ebenso wie eine Staatsfarm am Awash, die von den Afar betrieben werden sollte. Als Ackerbauer Weideland umpflügen und stur hinter einer Pflugschar herlaufen, die von Rind oder Kamel gezogen wird, das war den Nomaden zu dumm. Aber die Versuche, aus dem Fahrensvolk seßhafte Bauern zu machen, gehen weiter. Man setzt auf Aufklärung und Zusammenarbeit und auf die Geschichte.

Völkerkundler haben in der Afar-Sprache Worte entdeckt, die darauf hindeuten, daß sie vor vielen Jahrhunderten einmal Bauern gewesen sein müssen. Sind die Afar im ewigen Streit mit den seßhaften christlichen Bauern des äthiopischen Hochlands weiter und weiter nach Osten, in die Wüste gedrängt worden, bis sie eines Tages nur als viehhaltende Nomaden überleben konnten? Wahrscheinlich, damit ließe sich zumindest die Erbfeindschaft erklären.

Noch etwas zwang die Afar, ihr Los zu überdenken: 1984/1985, im Zenit der zweiten Hungerskatastrophe, starben in den Dürregebieten ihres Stammlandes 300 Menschen pro Tag und insgesamt 95 Prozent ihrer Herden. Schuld war der ausfallende Regen, die trockenfallenden Weideflächen und die versiechenden Wasserlöcher. Die einseitige, nur auf Vieh abgestellte Lebensweise, traf die Afar in der Dürrezeit besonders hart. Weiter denkende Nomadenführer haben die brutale Lektion der Not verstanden und sind zaghaft bereit zu lernen, wie man Bauer wird.

Davon war Chef Gupha weit entfernt. Er wies gerade die Hirten an, die Ziegen- und Rinderherde in Marsch zu setzen. Meckern und Blöken hob an, Mensch und Tier trotteten gen Osten, bis alles in einer gewaltigen Staubfahne verschwunden war. Kamele und Mulis, die den Hausrat, die armseligen Besitztümer transportierten, folgten. Für alle Fälle wurden die Ziegenschläuche mit Wasser und Milch gefüllt. Milch ist ein Hauptnahrungsmittel. Jeder Afar trinkt morgens wie abends etwa vier Liter Milch.

Nun folgte die Sippe. Auch Amina traute sich den Fußmarsch zu. Der Trupp zählte 22 Menschen. Wir blieben zurück und schauten ihnen nach. Wie weit werden sie ziehen, wie lange unterwegs sein? Drei, vier tage bestimmt. Das neue Lager wird Gupha bestimmen. Orientierung? Wind und Sonne weisen den Weg. Karte und Kompaß brauchen Nomaden nicht, sie sind Zugvögel der Erde. Am Ziel werden Mulis und Kamele von ihren Lasten befreit. Der Aufbau der Hütten wird beginnen. Wortlos, jeder kennt die Handgriffe; weiß, was zu tun ist. Nomadenalltag, so lang sie sich erinnern konnten. Viehhüten wird überall das gleiche sein. Vielleicht wird Gupha nach langem Marsch ein Tier schlachten lassen. Dann werden am Feuer Geschichten erzählt. Iajos wird träumen und von seinen Mädchen singen...

»Völker und Reiche sind nichts Ewiges... Sie entstehen und vergehen, und weil sie sind, wandeln sie sich.«

(Golo Mann)

Äthiopiens schwarze Königreiche

Seit zwei Stunden holperte ich in einem alten, übervollen Bus gen Norden – allein. Hinter mir lag Addis, vor mir die Wallfahrtskirche Debre Libanos, im Ort der Klostergründung des heiligen Takla Haimanot. Mein Ziel war der Tana-See. Ich werde dorthin drei Tage brauchen und die geschichtsträchtigen Provinzen Schoa und Gojjam durchfahren. Wo war Äthiopien nicht geschichtsträchtig? Wer einmal in die Zeit der schwarzen Königreiche »eintauchte«, das Wachsen und Schrumpfen der Dynastien verfolgte, die amharischen Christen auf ihren Eroberungszügen nachempfand, wie sie, aus ihren Adlerhorst-Burgen in den Ambas, ringsum die heidnische Welt zu erlösen trachteten – Kreuzzüge auf dem Boden Afrikas! – der verspürt noch heute die vitale Kraft, die im Zeichen des Löwen und des Kreuzes steht. Der Löwe brüllte nicht mehr, der letzte Negus Negesti, König der Könige war tot, doch auf der Fahrt nach Norden wird es wichtige Stationen geben, die Äthiopiens große Geschichte zum Leben erwecken.

Doch zuvor die letzten Tage in Addis: Tekles und mein Weg trennten sich in der Hauptstadt. Ich bedauerte das sehr, waren wir nicht durch dick und dünn gegangen, hatten wir uns nicht als Team bewährt? Gut sogar! Dennoch, Tekle mußte die Reise in den Norden auf ein anderes Mal verschieben, sein Büro brauchte ihn in der Stadt. Schließlich war er früher häufig am Tana-See, in Gondar, sogar in Labilela und Axum gewesen, allerdings vor der Revolution.

Wir waren gestern in seiner Wohnung zusammengekommen und hatten mit Freunden gefeiert. Wir versprachen, in Verbindung zu bleiben. Meine Reiseerlaubnis galt noch vierzehn Tage. Ich mußte mich sputen, bei den Verkehrsverhältnissen verstrich die Zeit rasch. Tekle schärfte mir ein, daß ich mich um Gottes willen rechtzeitig in Addis zurückmeldete. Es gäbe sonst größte Schwierigkeiten.

Langsam rollte der Bus auf den Wendeplatz vor der Kirche Debre Libanos, dann hielt er, und ich tauchte gleichsam ein in Äthiopiens Vergangenheit. Das verdankte ich einem glücklichen Zufall: In Sululta war ein unscheinbarer Mann zu uns gestiegen. Äußerlich einer jener christlichen Pilger, bibelfest und gut zu Fuß. Hatten diese frommen Männer alle Klöster und Kirchen abgeklappert, erhielten sie die Priesterweihe. Weit gefehlt, vor mir saß, wie ich im Aussteigen bemerkte, Tafari Batchi, ein Theologe und Geschichtskenner großen Formats. Er hatte einst Italien, auch England bereist und sprach sehr gut Englisch. Später erfuhr ich, daß Tafari Batchi noch im fortgeschrittenen Alter auf dem »Theological College of the Holy Trinity« in Addis studiert hatte. Er war Priester und Lehrer.

»Kommen Sie, wenn Sie wollen, machen wir gemeinsam einen Rundgang.« sagte der Geistliche.

Wir traten an eine Stätte, die die Ausmaße eines

kleinen Mausoleums hatte.

»Das ist sein Grab. Haimanot ist unsere bedeutendste kirchliche, gewissermaßen auch weltliche Gestalt.« fuhr Tafari Batchi fort und erzählte:

»1268 griff der Oberpriester Tekla Haimanot von hier aus – einst stand an diesem Ort ein von ihm gegründetes Kloster – in das Räderwerk weltlicher Macht und ließ die Kirche an irdischen Gütern teilhaben.«

»Dienst durch Gegendienst«, sagte ich.

»So war es, Haimanot beschwor den Glauben an die salomonische Dynastie, als die einzig legitime Äthiopiens, als eine von Gott erwählte. Er ist der Gründer unseres Nationalepos ›Kebra Negast‹. Noch gibt es viele Äthiopier, die an der Vorsehung des Herrscherhauses glauben und die Revolution der Atheisten als böses Provisorium betrachten. Haimanot war in der Lage, durch die Macht seiner Überzeugungskraft den Zague-König Nakutolaab zu Gunsten eines Nachkommens, jenes salomonischen Prinzen, der zu Beginn der Fellaschaherrschaft nach Schoa geflohen war, zum Abdanken zu bewegen. Den Thron Meneliks I. bestieg der Prinz Tasfa Jes unter dem kaiserlichen Namen Jekuno Amlak. Dieser Regent begründete die Vorherrschaft der Amharen. Kaiser Haile Selassie I. übrigens bezeichnete sich als der 225. in der Nachfolge«.

»Und die Gegenleistung?«

»Haimanot wurde Oberhaupt aller äthiopischen Klöster und ein Drittel des kaiserlichen Grundbesitzes fiel an die Kirche.«

»Gehen wir in die Kirche«, sagte der Priester nach einer Weile.

»Das einstige Kloster wurde von dem Muslim Mohammed Gran zerstört«, sagte er beim Eintreten.

»Gran, der den Einfluß der amharischen Christen fast brach?« fragte ich.

»Ja, wenn die Portugiesen nicht geholfen hätten.«

Wir wandelten durch die Kirche. Ich bestaunte Gemälde aus der Kaiserzeit Meneliks II. In der Bibliothek zeigte mir Tafari Batchi sehr schöne alte Handschriften und bunt bemalte Seiten aus Bibeln und Hagiographien (Beschreibungen von Heiligenleben). Zeichen, die an die phönizische Schrift erinnerten.

Vor der Klosterkirche Debre Libanos steht das Grabmal des großen Tekla Haimanot.

»Das sind Schriftzeichen der Ge'ez-Sprache. Liturgisches Ge'ez-Idiom macht es den christlich gebildeten Amharen, Tigriern und Eritreern möglich, sich zu verständigen, obgleich ihre Umgangssprachen unterschiedlich sind.«

»Womit Befassen sich die Hagiographen?« fragte ich.

»Mit der Darstellung und der Leidensgeschichte Christi!«

»Eine Übersetzung des neuen Testaments?«

»Mehr eine Interpretation seiner letzten Tage, nach der Verhaftung im Garten von Gethsemane«, sagte der Priester.

»Was sind das für Bildfolgen?« fragte ich und deutete auf Kompositionen, auf Ziegenleder, die in sattes Rot und Orange mit Schwarz gehalten waren.

»Die Geschichte vom jüdischen König Salomon und der Königin von Saba, aus deren Vereinigung Menelik II. entstammte, der Gründer des Axum-Reichs.«

»Die Sage von dem Gipfeltreffen zweier mächtiger Herrscher vor 3000 Jahren in Jerusalem?«

»Das Treffen ist nachweisbar, die Liebesnacht entspricht der lateinischen Aeneis. Wie, laut Vergil, der Held Aeneas nach der Zerstörung Trojas die Götter seiner Heimat im Latium ansiedelte, um das werdende Weltreich Rom zu legitimieren, so brachte der junge Menelik die Bundeslade aus dem Tempel von Jerusalem in ein neues äthiopisches Reich. Nach dem Untergang des salomonischen Königstums wurde Menelik der authentische Löwe von Juda. Dieser alttestamentarische Mythos war so mächtig, daß ihn Tekla Haimanot 2268 Jahre später so erfolgreich beschwor.«

Wir blätterten in weiteren alten Werken. Der Priester ließ seinen Finger über eine Passage gleiten und las:

»›Im Namen des Vaters, des Sohnes und des Heiligen Geistes schreiben wir die Geschichte der äthiopischen Kaiser der Reihenfolge nach, wie wir es vernommen haben‹ – Mit dieser Formel eröffnen alle ›Tarike Negest z Aethiopa‹, also Geschichtsbücher, die von äthiopischen Debtera (Priester-Gelehrten) verfaßt worden sind«, erklärte Tafari Batchi.

Wir schritten weiter und gelangten an ein Kunstwerk, daß das kaiserliche Wappen, den Löwen mit Krone und geschultertem Kreuz zeigte.

»Seit jenem Menelik I. nannten sich die äthiopischen Kaiser ›Löwen aus dem Stamme Judas‹, ›König der Könige von Äthiopien‹. Und ihre Dekrete begannen mit dem Satz: ›Gesiegt hat der Löwe aus dem Stamme Juda...‹ – Der gekrönte Löwe versinnbildlichte die Kaiser selbst, ihr Titel ›Löwe von Juda‹ sagt es aus, und das Kreuz erinnerte an den Fortbestand des Christentums in Äthiopien trotz der Ausbreitung des Islams im 7. Jahrhundert.«

Unser Rundgang war zu Ende. Der Priester verabschiedete sich: »Ich bleibe in Delre Libanos bei Freunden. Meine Reise geht erst morgen weiter – dehna hunu (auf Wiedersehen)«.

»Wo führt Sie ihre Reise hin?« fragte ich.

»Oh, hinauf zum Tana-See, in ein Inselkloster.«

Da wir denselben Weg hatten, verabredeten wir uns für den nächsten Tag.

»Dann werde ich auf diese Weise hoffentlich auch etwas aus ihren Land erfahren«, sagte er und ging.

Auf dem Platz vor der Kirche erkundigte ich mich nach einer Mitfahrgelegenheit, um in die Nähe einer alten portugiesischen Brücke zu gelangen, die den Nilnebenfluß Muger überspannte. Eine Stunde später setzte man mich an einem Feldweg ab, der in ein zerklüftetes Tal führte. Kinder der Umgebung erspähten mich, schlossen sich an und zeigten mir den Weg zur Brücke. Als ich das viaduktähnliche, in Steinquadern erstellte Bauwerk zu Gesicht bekam, wurde es gerade von einer Gruppe Bauern auf dem Weg nach Durba überquert. Sie war also noch intakt. Portugiesische Soldaten und amharische Christen hatten

▷

Gerade überqueren einige Bauern die ehrwürdige portugiesische Brücke.

dieses, sowie andere Brückenbauwerke, im 16. Jahrhundert errichtet, als sie von Kaiser Galwdewos (Claudius) zu Hilfe gerufen wurden.

Ich betrat die Brücke allein, die Kinder blieben am Rand des Grabenbruchs zurück. Offenbar war ihnen etwas nicht geheuer. Die mächtigen, teils in sich zusammengefallenen Stützpfeiler wurden von schweren Bohlen lückenhaft überspannt. Als ich mich anschickte, ans andere Ufer zu gehen, wurde ich plötzlich barsch angerufen. Erstaunt sah ich mich um. In den Felsen konnte ich niemanden erkennen. Ich marschierte weiter. Wieder lautes Rufen. Ganze Wortkaskaden hallten von den Bergen. Verdammt, woher kamen die nur? Ich erreichte die Brückenmitte, da krachte ein Schuß. Wohl nicht gezielt abgegeben, dennoch, ich warf mich nieder. Am aufsteigenden Pulverdampf erkannte ich zwei Zivilisten, die sich hinter einem Felsbrocken verschanzt hatten. »Shiftas, berüchtigte äthiopische Banditen, die einst das ganze Land terrorisierten,« kam es mir in den Sinn. Ich kroch an einen Pfeiler und wartete ab.

Nun lösten sich die Gestalten aus dem Felsengestein und stiegen herab. In Gedanken war ich all meine Habseligkeiten los. Doch es sollte anders kommen. Die recht zerlumpten Männer, der eine mit Flapper, der andere mit Turban, schulterten die Gewehre und schritten über die Brücke. »Die sehen ja wie Bilderbuchstrauchdiebe aus«, dachte ich und war gespannt auf das, was sich ereignen würde. Als wir uns gegenüberstanden, grinsten sie breit und machten mir verständlich, daß ich mich ausweisen möge. Nach dem Studium von Paß und Reiseerlaubnis durfte ich weiter und auf die andere Seite gehen.

Die beiden waren Milizionäre. Seit der Revolution wurden alle strategisch wichtigen Bauten überwacht. Dazu schienen auch 350 Jahre alte Brücken zu gehören.

Nun gut, ich erzähle den Leuten auf dem Rückweg, daß ich von weither käme, eigens, um diese wichtige, von ihnen bewachte Brücke zu besuchen. Wir plauderten eine ganze Weile angeregt miteinander. Zwischendurch kamen die Frauen der Männer und brachten Wat (Brotfladen) und etwas zu trinken.

Die schießwütigen Milizionäre entwickelten sich zu gastlichen Amharen.

Zwei Stunden später, kurz vor Sonnenuntergang, erschien die Wachablösung. Ich schlenderte nun mit den beiden zurück in Richtung Hauptstraße, sie hatten den gleichen Weg. Sie wohnten im nächsten Dorf, abseits des Weges. Yakob, der Jüngere, meinte, als es dunkel wurde, ich sollte doch bei ihm übernachten, es würde keine Mühe machen. Da die Einladung nicht ungelegen kam, willigte ich ein. Jedoch nur unter der Bedingung, daß ich ihm etwas dafür bezahlen dürfte. Nach anfänglicher Entrüstung war er über den Vorschlag doch recht zufrieden. Ich verbrachte eine Nacht in einem fast europäisch anmutenden Bauernhäuschen mit festen Wänden und schwerem Strohdach. Die beiden einzigen Zimmer hingen zwar mit Wäsche und anderem Krimskrams voll. Ansonsten war ich erstaunt, in dieser wilden Gegend so viel Behaglichkeit und Wohnkultur zu finden.

Auf dem Nachbarhof war ein Rind geschlachtet worden. Das geschlachtete Tier blutete gerade aus, es zuckte noch. Zur ›Schlachtplatte‹ wurden Freunde und Verwandte eingeladen. Das kaum tote Rind wurde auf einen Bock gehievt und halbseitig aus der Decke geschlagen. Man brachte Klappstühle mit und setzte sich ums tote Rindvieh.

»Kennst du Brundo?« fragte Yakob.

Ich verneinte.

»Das ist rohes Fleisch mit Pfeffersauce, schmeckt wunderbar.«

Der Gastgeber eröffnete das Gelage und säbelte schwere Lendenstücke aus dem Rumpf, die er verteilte. Ich hatte einen armdicken, rohen, noch dampfenden Fleischstreifen in den Händen und kam mir recht unbeholfen vor. Yakob hielt ein Ende seines Streifens mit den Zähnen fest, packte das andere in seine linke Hand und hielt es über sein Gesicht. Dabei legte er den Kopf in den Nacken. Nun ergriff er mit der Rechten ein scharfes Messer, schnitt das Fleisch unmittelbar vor seinen Lippen ab und schlang es hinunter.

»So ißt man Brundo«, lachte er und gab mir Anweisungen, wie ich das Messer zu halten habe, ohne mich zu verletzen.

Ich würgte mehrere in Pfeffersauce getunkte Fleischwürfel hinunter und spülte mit Arrak nach.

Das Schlachtmahl entwickelte sich zur feucht fröhlichen Orgie. Das rohe Fleisch lag mir wie ein Stein im Magen. Während sich weitere Gäste zum großen Essen einfanden, fiel das Rind unter geübtem Tranchieren merklich in sich zusammen. Ich nutzte eine günstige Gelegenheit und verschwand in Yakobs Haus, wo ein richtiges Bett auf mich wartete.

Der Bus schlängelte sich in unendlichen Serpentinen hinab ins Tal des Nils. Der Abbai, oder Blaue Nil, stellt einen 500 Millionen Jahre altes, riesiges Flußsystem dar, daß sein Bett tief ins Plateau grub und auf diese Weise einen Irrgarten an Cañons und Inselbergen (Ambas) schuf, deren Bewohner von der Außenwelt isoliert lebten. Von Plateau zu Plateau fährt man mit dem Bus drei Stunden, steigt von 2600 m auf 1400 hinab und windet sich auf knapp 3000 m wieder hinauf. Die Oromo zogen im Laufe der Jahrhunderte von Süden her bis an das rechte Flußufer in die Provinz Schoa, während das ursprüngliche Stammland der Amharen auf der anderen Seite in Gojjam liegt.

Die Nilbrücke wurde erreicht, sie ist 80 m hoch, von den Italienern gebaut worden. Neben dieser überspannt nur noch eine Brücke, bei Bahir Dar am Tana-See, den mit 2200 km längsten und wasserreichsten Fluß Äthiopiens. (Durch das Land fließen lediglich 1300 km. Im Sudan trifft sich der Abbai mit dem Weißen Nil.)

Die Armee hatte die Brücke fest im Griff. Ein regelrechtes Heerlager verriegelte Auf- und Abfahrt. Passieren durfte nur, wer sich ausweisen konnte. Ich wurde besonders argwöhnisch unter die Lupe genommen. Als sie meine Kamera bei der Gepäckkontrolle entdeckten, gab es ein großes Lamento. Fast wäre der Bus ohne mich weitergefahren. Batchi, der Priester, setzte sich bravourös für mich ein. Endlich rollten wir über die Brücke. Da floß er nun träge dahin, der Abbai. Schmutzig, braungrau war das Wasser. Harmlos

Enttäuschend friedlich wälzt sich der Abbai (Blaue Nil) durch eine schluchtenreiche Landschaft. Die Nilbrücke wird von Soldaten streng bewacht.

sah der Fluß aus, enttäuschend harmlos! Viele Abenteurer, die sich auf ihm beweisen wollten, hatte er angelockt, manche hatte er auf dem Gewissen. Wo waren die Wasserfälle, Stromschnellen, wo die Krokodile, die Flußpferde?

Der Bus schnaufte die Ambas hinauf in Richtung Debre Markos. Vielfältiges Treiben belebte den Straßenrand. Da galoppierten auf Araberpferden, fast ausgelassen, Männer und Frauen zu Tal. Einige Reiter spannten einen schwarzen Regenschirm auf, um sich vor der stechenden Sonne zu schützen. Dann überholten wir Frauen, die von Lasten gebeugt, Krüge, Pakete oder Brennholz schleppten. Keine ungewöhnlichen Szenen im Hochland Äthiopiens, doch immer wieder bunte, beschauliche Bilder vom Landleben, die die lange Fahrt abwechslungsreich gestalteten.

Nachts erreichten wir Schoas Hauptstadt, Debre Markos. Kein erbaulicher Ort. Wir fanden eine Unterkunft am Marktplatz. Vor dem Schlafengehen tranken wir frisch gerösteten Kaffee und einige Araki, scharfe äthiopische Schnäpse.

»›Hüte dich vor dem Kaffee‹ ist ein altes Sprichwort«, scherzte der Priester und schlürfte ihn genüßlich.

»Was hat es denn damit auf sich?«

Im Hochland ein gewohntes Bild: Äthiopierinnen hoch zu Roß.

»In Äthiopien beseitigte man früher seine Feinde durch Gift. Bei Hofe waren Giftmorde berüchtigt. Das Gift wurde in Kaffee gegeben, darin war es nicht zu schmecken. Menelik II. sollte wegen eines Erbfolgestreits von seiner zweiten Frau durch vergifteten Kaffee beseitigt werden. Das teuflische Vorhaben vereitelte ein Deutscher, des Kaisers persönlicher Referent.«

»Ja«, sagte ich begeistert, »Alfred Zintgraff, Herzog von Abessinien.«

»Woher wissen Sie das?« fragte der Priester.

»Mein Großvater kannte Alfred gut und erzählte mir eine Menge über ihn.«

In dieser Nacht redeten wir bis in die Morgenstunden hinein, und ich mußte viel von Deutschland berichten.

Abends im Debre Markos: »Hüte dich vor dem Kaffee«, warnt Tafari Batchi im Scherz. Wir schlürfen ihn mit Genuß. Nirgends schmeckt der Kaffee besser als in Äthiopien, dem Land des Kaffees.

»... so gibt es doch nichts, was ich lieber kennenlernen möchte, als die so viele Jahrhunderte lang verborgenen Anfänge des Stroms und seine unbekannten Quellen; man eröffne mir die sichere Aussicht, die Nilquellen zu sehen, und ich will vom Bürgerkrieg ablassen.«

(Julius Caesar)

Inselklöster

»Der Araki ist ein Gebräu des Teufels. Es sollte in Äthiopien verboten werden«, meinte der Priester am nächsten Tag im Bus und hielt sich den Schädel.

Wir befanden uns kurz vor Bahir Dar am Tana-See. Infolge der kurzen und anstrengenden Nacht redeten wir nicht viel, litten stumm vor und hin.

»Elia Papansios, der Grieche ist schuld an dem Übel. Im 19. Jahrhundert führte er Raki ein. Eines Abends gab er ein Fest. Unter den Gästen befanden sich auch zwei adlige Männer. Mit ihnen soff er die ganze Nacht den Schnaps aus ›Brillen‹, das sind Gläser, aus denen man gewöhnlich den leichten Honigwein trinkt. Im Morgengrauen wankten die beiden Gäste von dannen. Stunden später fand man sie tot am Stadtrand Bahir Dars, von Hyänen angefressen. Elia wurde verhaftet und eingesperrt, doch bald wieder freigelassen. Er sagte, daß er den Adligen nie geraten hätte, Raki aus ›Brillen‹ zu trinken. Die Richter glaubten ihm, und heute gibt es eine Brennerei im Ort. Aus Raki wurde Araki. »Verflucht sei der Grieche!« stöhnte Tafari Batchi.

Bahir Dar: Ein trister Industrieort. Der Priester hatte in der Stadt zu tun. Mich triebs an die Nilfälle, die 30 km südlich liegen. Das Örtchen Tis Isat befindet sich dort, auch ein von Jugoslawen erbautes Elektrizitätswerk und, wie konnte es anders sein, eine Garnison. Öffentliche Verkehrsmittel erlaubten eine bequeme Fahrt zu den Fällen. Doch leider war auch hier meine Enttäuschung über das Naturschauspiel einigermaßen groß. Die 45 m hohen Tisiat-Fälle, manchmal mit denen von Victoria oder Iguassu verglichen – eine Übertreibung! –, befanden sich hinterm Drahtverhau. Links brummte das Kraftwerk, rechts tönte Lärm aus Militärbaracken.

Im Troß von Kindern und selbsternannten Führern kraxelte ich einen Pfad hinab und schaute von einer Brücke aus in eine Felsschlucht, in der der Abbai verhalten brodelte. Die eigentlichen Fälle befanden sich einhundert Meter stromaufwärts. Dort »rann« Nilwasser auf einer Front von achtzig Metern hinab. Der Regen in diesem Jahr hatte nicht ausgereicht, den niedrigen Wasserstand des Sees auszugleichen. Zu sehr war er in der Dürreperiode abgesunken. Wen wundert's also, daß der Nil so wenig Wasser über die Klippen schickte und das Donnern und Rauschen von Gischt und Wassermassen der Einbildung überlassen blieb?

»Ich lebe seit dreißig Jahren am Abbai«, sagte mein offizieller Begleiter, ein hochdekorierter Offizier, »ich kann mich nicht erinnern, daß er jemals so wenig Wasser geführt hat. An dieser Stelle können wir normalerweise nicht stehen, wir wären gebadet.«

Ich schaute mich um: Aus schroffen Felsformationen wuchsen allerlei Kräuter, Büsche, ja sogar Dumpalmen. Die Feuchtigkeit aus der Luft ersetzte den Boden, und das Wurzelwerk krallte sich im Flechtwerk um nacktes braunes Gestein.

Die 45 m hohen Tisiat- oder Nil-Fälle in voller Pracht. Auf dieser Reise erlebte ich sie nur als trauriges Rinnsal.

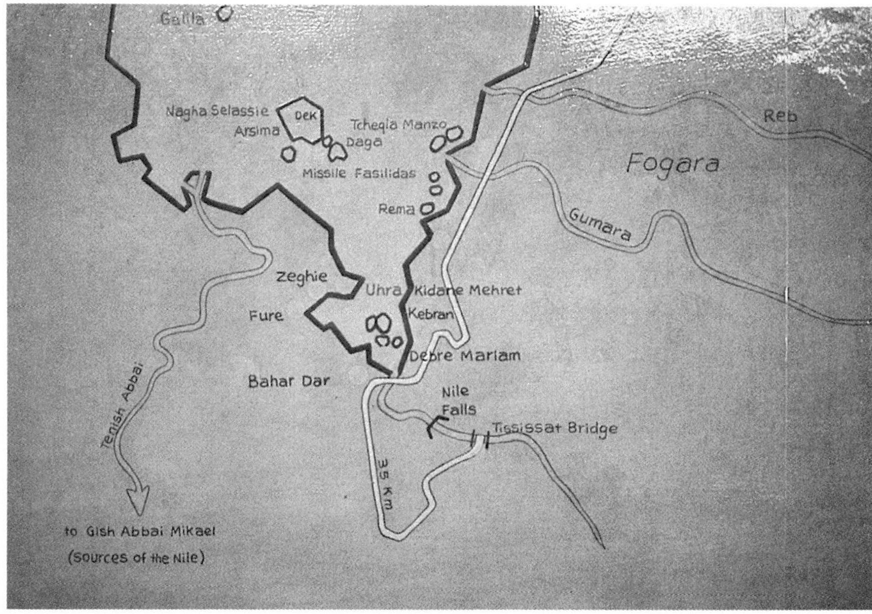

Karte des südlichen Tana-Sees mit Zu- und Ausfluß des Blauen Nils.

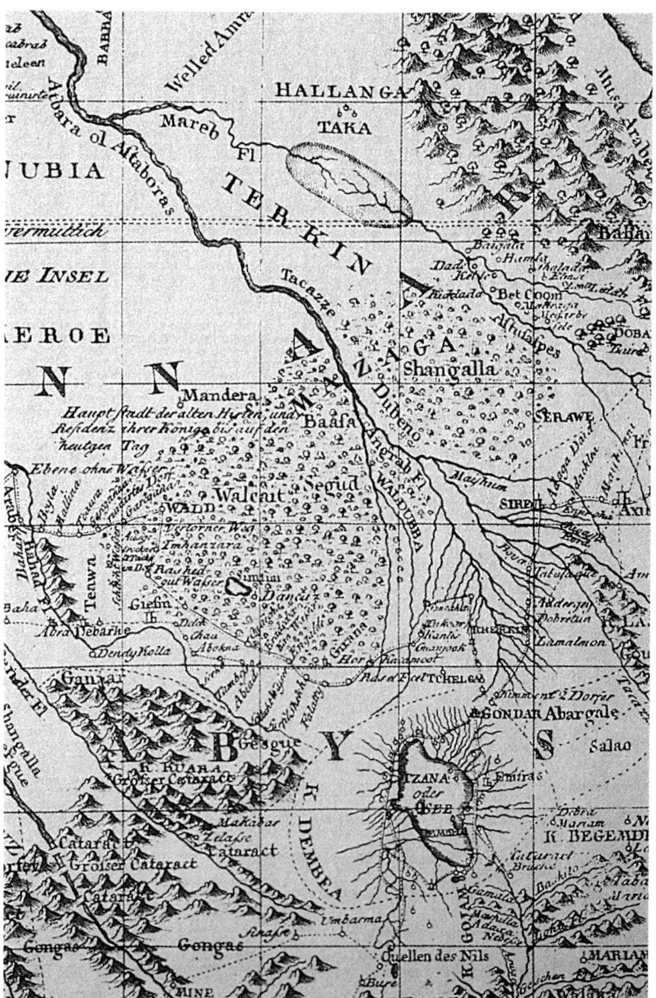

Abessinien um 1770 mit der Reiseroute des Naturforschers James Bruce.

Zum Glück hatte man das Kraftwerk, das übrigens Bahir Dar und Gondar mit Strom versorgte, so angelegt, daß es die Fälle nicht beeinträchtigte und den Besuchern aus diesem Blickwinkel verborgen blieb.

Über die alte Steinbrücke gings zum Eingang zurück. Ich begab mich ans Ufer des Tana-Sees, gönnte mir eine beschauliche Pause am Rande des Papyrusschilfs und ließ meinen Blick über die riesige Wasserfläche schweifen, die sechsmal größer als die des Bodensees war. Fischerboote tukkerten an mir vorüber. Wasservögel, meist Kormorane, tauchten emsig nach Fischen oder standen mit gespreiztem Gefieder auf Klippen, um sich zu trocknen.

In Gedanken war ich bei den nächsten Tagen: Inselklöster, Gondar, aber wie sollte es dann weitergehen? Nördlich von Gondar war die Straße abgeriegelt. Wie kam ich zu den Fellascha, wie nach Axum oder Lalibela. Vielleicht mit 'ner Transportmaschine nach Lalibela. Aber Axum? Ehrlich gesagt, ich hatte keine Ahnung, wie es weitergehen sollte. Sorgen und Nöte vor den kommenden Tagen? Dennoch: Wie bequem war doch das Reisen in Äthiopien geworden. Wie kalkulierbar die Distanzen von einer Etappe zur anderen. Sicher, man mußte einiges an Ungemach in Kauf nehmen. Aber war das nicht harmlos im Vergleich zum Reisen im letzten Jahrhundert? Hier am Tana-See dachte ich an James Bruce, einem schottischen Landedelmann. Er gilt als Begründer der neuen Afrikaforschung. Ja, das war entbehrungsreiches, gefahrvolles Reisen, getrieben von dem unerschütterlichen Glauben an eine große Sache. Nur ein unbeugsamer Wille, zu entdecken, was entdeckt werden mußte, für Europa, für die Wissenschaft und zur Befriedigung des eigenen Forscherdrangs, ließen schier unbeschreibliche Strapazen ertragen oder würdevoll an ihnen zerbrechen.

Alt, wie die Geschichte der abendländischen Zivilisation, war die Suche nach den Quellen des Nils. Heredot, Aristoteles, Alexander der Große, auch Julius Caesar stellten Fragen danach oder wollten sie erkunden. Bis zum Beginn des vorigen Jahrhunderts wurde der Abbai, der Blaue Nil, als Hauptfluß angesehen und seine Quellen im äthiopischen Gebirgsland in der Nähe des Tana-Sees vermutet. Einer, der sein Leben, sein Vermögen, seine Existenz aufs Spiel setzte, um »Caput Nili«, die Quelle des Nils zu erforschen – und am Ende doch nur zum Gespött des Britischen Königsreichs zu werden, das war die tragische Forscherpersönlichkeit James Bruce.

Beseelt, ja besessen von dem Wunsch, endlich die unbekannten Quellen zu entdecken, trieb ihn eine gefahrvolle Expedition durch Äthiopien. Blutrünstige Wegelagerer, habgierige Potentaten, europäerfeindliche Mönche, Revolutionen, Kriege und heimtückische Krankheiten hielten ihn von seiner »Mission« nicht ab. Er wurde ausgeraubt, verraten, gepeinigt, vom Fieber gequält, verjagt, war dem Tode knapp entronnen ... und dennoch: Am 4. November 1770 stand Bruce tatsächlich an den Quellen des Blauen Nils: »Man kann es sich leichter vorstellen als beschreiben, was in diesem Augenblick in meiner Seele vorging. Ich stand an der Stelle, die seit beinahe dreitausend Jahren das Genie, den Fleiß und die Untersuchung alter und neuer Köpfe beschäftigt hatte. Ich triumphiere hier als ein einfacher englischer Privatmann in meinen Gedanken über Könige und ihre Heere, und jeder Vergleich macht mich stolzer.«

Er entdeckte die Quellen nahe des heutigen Dorfs Gishe Abbai, 3500 m hoch in den Ambas, etwa 150 km südlich des Tana-Sees. Das Flüßchen schlängelte sich durchs Gebirge, floß in den See und trat als stattlicher Nilfluß bei Bahir Dar aus.

Ras Michael empfängt James Bruce (rechts in Landestracht).

Tana-Fischer im Papyrusboot.

Das große Abenteuer des Forschers Bruce währte über fünf Jahre. Wieder in Europa, wurde ihm die niederschmetternde Wahrheit kundgetan, daß bereits 150 Jahre zuvor portugiesische Jesuiten an der Quelle des Nils gestanden hatten. Bruce's Reiseaufzeichnungen fanden in der Wissenschaft kaum Würdigung. Seine Berichte klangen zudem so phantastisch, daß ihn die Wissenschaftler als Lügner verhöhnten und verspotteten. Sein Traum von Ruhm und Forscherehre war nicht in Erfüllung gegangen.

Als wir geweckt wurden, quakten noch die Frösche, und die Grillen mit ihrem Gezirpe hatten sich längst nicht beruhigt. Schlaftrunken bestiegen wir die wir die »Ayesha«, ein zwölf Meter langes Stahlboot. Ein holländisches Entwicklungshilfegeschenk für die Tana-Fischer. Ausnahmsweise wurde es heute als eine Art Fährschiff zwischen Bahir Dar, den Seeinseln und Gorgora, auf der anderen Seeseite, eingesetzt.

»Etwa 37 Inseln gibt es auf dem Tana-See, auf den meisten existieren Klöster und Kirchen. Die Geistlichen leben dort zurückgezogen wie Mönche. Meine Reise endet auf Daga Istephanos. Ich werde dort einige Wochen bleiben«, sagte Tafari Batchi.

Den Inselklöstern vom Tana-See, ihnen haftete etwas geheimnisvolles an. Ich war gespannt, was mich dort erwartete.

Wir näherten uns geraume Zeit später der Insel Debra Mariam und legten an einem provisorischen Steg an. Die Kirche gleichen Namens aus dem 14. wurde im 19. Jahrhundert neu erbaut. Sie gehört zu dem berühmten Kloster, das einst Abuna Eostateos gründete.

Aus versteckten Inselbuchten lösten sich Fischer, die mit kleinen Papyrusbooten längsseits gingen. Papyrus wuchs überall an See- und Inselufern. Die Einheimischen schnitten das Rohr und flochten daraus kleine Paddelboote, »Tankwas«.

Boote, die nur einige Stunden benutzt werden konnten, da sie sich voll Wasser saugten. Zum

Oromobauern trennen mit Holzschaufeln ihren Drusch im Wind in Spreu und Korn.

Die Quttu-Frauen in Harrar sind nicht nur eine Augenweide, sie duften auch betörend.

▷
Oromobäuerin mit ihrem Kind vor den Toren Harrars.

Afdem: Wie ein Gespenst erscheint ein alter Mann mit Stahlhelm am Zugfenster.

◁

Scheuer Afar-Hirtenjunge in der Steppe von Erer Gota.

◁
Bumé-Frau aus dem Süden Äthiopiens »im« Kettenschmuck, der 10 kg wiegen kann.

▷
Tana-See: Ein Kormoran trocknet sein Gefieder in der Morgensonne.

Stolz zeigen Priester und Mönche neben einer handgemalten Bibel kaiserliche Sujets. Die christliche Kirche Äthiopiens verwaltet auf der Tana-Insel wahre Schätze.

Ein kritischer Blick durch den Davidstern. Die Fellascha sind Israels vergessene Juden im Aufstandsgebiet nördlich der Stadt Gondar.

Ein Blick ins Allerheiligste der Klosterkirche Debra Mariam, auf der gleichnamigen Tana-Insel.

Trocknen werden sie hochkant in die Sonne gestellt. Etwa alle drei Monate bauten sich die Fischer neue Boote, da die alten verfaulten oder sich einfach auflösten. Keine sehr komfortablen Wasserfahrzeuge. Ich kletterte in eines hinein. Beine und Hintern waren sofort naß. Der Boden zog ständig Wasser, außerdem lagen die Boote so tief, daß man Bedenken hatte, abzusaufen. Thor Heierdahl verwendete Papyrus vom Tana-See, als er sein »Sonnenboot« Ra baute. Und Kaiser Teodros I. ließ im 19. Jahrhundert ein großes Papyrus-Schiff bauen – das erste äthiopische! –, doch es sank.

Wir folgtem einem schmalen, von Papyrus, wildem Kaffee und Feigenbäumen umwucherten Pfad, eine Anhöhe hinauf. Dort stand auf einer künstlich angelegten Lichtung die Kirche; gegenüber eine längliche Hütte, des Museum, und im Hintergrund einfache Wohntukuls. Ein Kral, der sich um ein sakrales Haupthaus, einen riesig dimensionierten Tukul, gruppierte, war mein erster Eindruck. Doch das täuschte. Vor mir stand eine richtige Klosterkirche: Auf dem Dach das reich ziselierte koptische Kreuz in der Variante einer Rosette, deren sieben Spitzen mit Straußeneischalen bespickt waren. (In der Auslegung äthiopischer Christen stehen sieben Straußeneier für die jungfräuliche Geburt Christi und die Auferstehung des Herrn.) Dann das dreigeteilte Rundschiff. Im Zentrum befindet sich das Allerheiligste (Magdas) mit der Bundeslade und dem Altar. Das Zentrum darf nur vom Priester betreten werden, hierherum legt sich das Qeddest, der Raum für die übrigen Geistlichen, und gleichsam als äußere Schale fand ich den Wandelgang vor.

Wir bestiegen diesen Gang über eine Treppe. Schuhe wurden auf den Stufen ausgezogen. Feine Bastmatten bedeckten den Rundgang. Würdevoll in weißen oder, je nach Rang, brokatbesetzten Talaren, bewegten sich Geistliche. Einige beteten in der Wandelhalle, andere begaben sich in den Zwischenraum oder traten heraus. Wohldistinguiertes Treiben zeichnete die Aktivität in der Kirche aus. Nun nahm sich meiner ein Priester an, der zuvor Tafari Batchi, einem bestimmten Ritual folgend, begrüßte. Die Geistlichkeit verkehrte würdevoll-diszipliniert miteinander.

Vom Dach der Klosterkirche Debra Mariam strahlt das Koptenkreuz in der Sonne.

Ich wurde herumgeführt. Diakone saßen in Gruppen beieinander und lauschten einem Vorbeter, der am Stehpult aus der Bibel las. Ein Novize blätterte ihm hingebungsvoll die Seiten um. In einem anderen Abschnitt des Wandelganges hatte sich eine Gruppe Chorknaben versammelt. Alles junge, aufgeweckte Gesichter. Die Palmsonntags-

An einem Stehpult wird die Bibel gelesen.

zeit kennzeichnete ein Stirnkreuz aus Grashalmen. Wir folgten der Gruppe ins Qeddest, den Mitteltrakt. Von rohen Lehmwänden schauten mit übergroßen Augen in ekstatischer Starre koptische Ikonenheilige auf uns herab. Kunstwerke aus Naturfarben in eindrucksvoller Akkuratesse geschaffen. Im Halbdunkel erkannte ich jetzt, daß nicht nur die Wände, nein auch Decken, Fenster- und Türportale mit Heiligenmotiven versehen waren: Die zwölf Apostel, die heilige Maria, Jesus am Kreuz, Tekla Haimanot, auf einem Bein stehend mit Flügeln und Lanze abgebildet – nur um Themen zu nennen, die mir auffielen.

Durch einen Spalt erhaschte ich einen Blick ins Allerheiligste (Magdas). Geheimnisvolles Dunkel umgab eine Truhe, die an eine Schatzkiste erinnerte. Die Truhe stellte, als Nachbildung der Bundeslade, den Altar dar. Er war mit einem Gobelin umhüllt. Ein Koptenkreuz mit schwerem, goldfarbenen Fuß stand darauf. Unmittelbar daneben der Tabot, er symbolisiert als verzierte Holz- manchmal auch Steintafel die alttestamentlichen Gesetzestafeln.

Ein Chorknabe hat sich zur Palmzeit mit einem Stirnband geschmückt.

Motive der Heiligen Schrift bilden farbenprächtige Kunstwerke an den Lehmwänden der Klöster.

»Noch heute haben unsere Klöster große Bedeutung im äthiopischen Mönchstum und für die Kirche im allgemeinen. Sie sind Zentrum des religiösen Lebens, der theologischen Überlieferung, außerdem Inspiratoren bestimmter Kunstrichtungen und häufig wahre Schatzkammern äthiopischer Literatur«, sagte der Priester von Debra Mariam.

Wir beendeten unsere Kirchenbesichtigung. Tafari Batchi sagte auf der Treppe:

»Der Tana-See war von je her eine Hochburg des monastischen Lebens. Manche Legenden sind mit den Seeinseln verbunden: Maria soll mit dem Jesuskind auf ihrer Flucht nach Ägypten auf der Insel Tana Cherkos geweilt haben. Außerdem heißt es, daß Menelik I., aus Jerusalem kommend, die geraubte Bundeslade mit den Gesetzestafeln Moses auf Tana Cherkos vergraben habe. Erst 600 Jahre später wurde der »Schatz« nach Axum in die Kirche der Heiligen Maria von Zion gebracht, wo er heute noch vermutet wird.«

Drüben in der Museumshütte wurden mir Kaiserkronen, herrlich gearbeitete Kreuze, Ikonen und im Ge'ez auf Pergament geschriebene Bibeln gezeigt. Viele Seiten waren mit phantastischen

Eine in Ge'ez auf Pergament handillustrierte und -beschriebene Bibel – ein Kunstwerk!

Der Priester präsentiert eine alte Kaiserkrone.

Malereien versehen, die in ihrer Brillanz wie gerade gefertigt wirkten. Allmählich begriff ich den unschätzbaren Wert, der hier in Verwahrung lag. Zum Schluß hüllte sich der Priester in das bestickte Seidengewand Menelik II. Der Kaiser soll es nach der siegreichen Unterwerfung des Volkes von Kaffa Gott zum Dank der Klostergemeinde überlassen haben.

Der Inselpriester geleitete uns hinab an die Bucht. Halbwüchsige aus der Nachbarschaft gesellten sich dazu, die mir eigene Werke, in Form einfacher Ikonen oder Malereien auf Ziegenleder, zum Kauf anboten.

Wir legten ab und dampften der Halbinsel Zeghie entgegen. Tafari Batchi wechselte dort einige Worte mit der Geistlichkeit, ich ließ mir die Kirche zeigen, die ähnlich eindrucksvoll der von Debra Mariam war. Neben großflächigen Wandmalereien bestach ein Manuskript aus dem 15. Jahrhundert. Das Besondere der Mönche dieses Klosters lag in dem Umstand, daß sie sich in Zeghie der Landwirtschaft widmeten, vornehmlich des Kaffeeanbaus.

Am Nachmittag erreichten wir den Höhepunkt der Tana-Inselklöster: Daga Istephanos, ein heiliger Ort. Hier hatten Frauen keinen Zutritt.

»Die ursprüngliche Klosterkirche war der berühmten von Debre Berhan bei Gondar sehr ähnlich«, erklärte Tafari Batchi, »der heutige Bau aus dem 19. Jahrhundert besitzt noch ein 350 Jahre altes Fresko an der Nordwand.«

Auch hier waren Kunstschätze in üppiger Fülle zu bestaunen. Bei der Vorführung liturgischer Geräte und kaiserlicher Sujets meinte Batchi:

»Die Kaiser besaßen stets mehrere Kronen, so wird verständlich, daß verschiedene Klöster die Krone eines Yekuno Amlak oder Fasiladas in Besitz haben konnten.«

»Wovon existierten die Klöster?« fragte ich.

»Oh, sofern es keine Eremitagen waren, recht

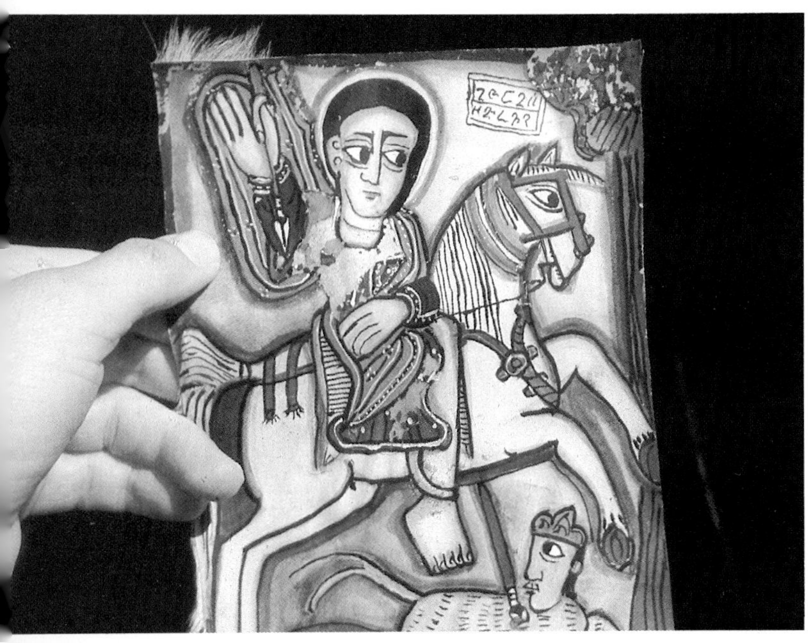

Jugendliche Künstler offerieren Malereien von Heiligen auf Ziegenleder.

gut von der Kirche selbst, die ja seit Tekla Haimanot Großgrundbesitzer war, oder aber von den respektablen Spenden der Kaiser und Fürsten, den Ras. Jeder Kaiser hatte sein Lieblingskloster, das er besonders verwöhnte.«

Wir machten einen Kirchenrundgang und schauten hinüber ins Mausoleum. Dort lagen in offenen Grabkammern Gebeine von Verstorbenen. Schädel, kleine, große, Bein-, Arm- und eine Fülle von Rippenknochen, makaber anzusehen.

»In dieser Gebeinkammer werden die Leichname mehrerer äthiopischer Kaiser aufbewahrt. Das hier ist Fasiladas Mumie, er machte Gondar zur Residenzstadt«, sagte der Priester und zeigte nun auf einen kleinen Schädel, offenbar der eines Kindes.« Dies war Fasiladas Sohn, der während der Trauerfeierlichkeiten für seinen Vater unter der Last der schweren Krone tot zusammenbrach.«

»Ich möchte Sie noch hinüber auf die andere Seite der Insel führen, dort lebt ein Eremit. Ich glaube, das wird Sie interessieren,« sagte der Priester.

Wir schritten einen felsigen, schmalen Pfad entlang, der von übermannshohen Papyrusstauden beschattet wurde. Es war ein bemerkenswert einsamer Weg. Allmählich verlor er sich vollkommen, so daß wir uns durch Buschwerk arbeiten mußten.

Dann standen wir vor einer kleinen Hütte einfachster Bauweise.Sie erinnerte an einen Bienenkorb oder eine aufrechte Tonne. Die uns abgewandte Seite der Tonne besaß ein Loch. Ein Mann, in Fetzen gehüllt, lag halb im Korb, halb schaute er heraus. Sein Kopf ruhte auf angewinkelten Armen, eine Bibel befand sich vor ihm. Tafari Batchi legte den Finger auf die Lippen und flüsterte:

»Der Eremit.«

Wie in ein monotones Selbstgespräch vertieft, las er in der Heiligen Schrift. Ein prächtiges Buch, groß, schwer, wie ein gewichtiges Lexikon. Pergamentseiten, handgeschrieben, rotbraun und schwarz bemalt, in Leder gebunden. Der Mann

Daga Istephanos, eine Klosterinsel von hohem Rang mit üppigen Kunstschätzen. Der Blick in eine Gebeinkammer äthiopischer Kaiser.

las. Wir tuschelten. Der Mann las.

»Jetzt rezitiert er eine heilige Seite«, flüsterte der Priester, »das sind die mit den roten Buchstaben«.

Der Mann las.

Wir hockten uns drei Meter von ihm entfernt ins Gras. Er las, als gäb' es uns nicht. »Diogenes«, dachte ich, »ein leibhaftiger Diogenes«. Er las.

»Wie lang wird er lesen?« fragte ich.

»Immer. Ich habe ihn nichts anderes tun sehen. In den Bergen leben viele Einsiedler. Die einen beten, die anderen lesen die Bibel, wieder andere denken oder predigen. Läuterung durch Bedürfnislosigkeit.«

»Nach Sokrates: ›Wie zahlreich sind doch die Dinge, derer ich nicht bedarf‹.« Und Tafari Batchi ergänzte mit Xanthippe: »Wer am wenigsten bedarf, ist den Göttern am nächsten.«

Nun stellte der Priester dem Eremiten einen Beutel neben die Bibel. Der Mann schaute kurz auf, als wollte er sagen: »Geh mir aus der Sonne.« Und las weiter. Batchi war wieder zurückgeglitten und meinte:

»Von Zeit zu Zeit bringt ihm jemand etwas zu essen. Wenn er keine Almosen bekäme, würde er lesen, bis er vor Schwäche stirbt.«

»Wie lange liegt er hier?«

»Sieben Jahre etwa.«

»Und wovon leben die Einsiedler in den Bergen oder am See?«

»Ebenfalls von Almosen. Einige sammeln auch Beeren oder Früchte des Waldes, je nach Überzeugung. Langes Fasten ist den meisten extremen Gottesmännern eigen.«

Wir entfernten uns. Der Mann las, »Diogenes« las ... und las ...

»Gondar glich einer von Feinden eroberten Stadt, jeder, der Waffen in den Händen hatte, tat, was ihm beliebte.«

(James Bruce, 1770 in Gondar)

Gondar – Ort im Ausnahmezustand

An das Reisen alleine mußte ich mich erst wieder gewöhnen – Tafari Batchi war auf Daga Istephanos geblieben, wo er für einige Wochen in der Klosterkirche zu tun hatte. Ich befand mich in der ehrwürdigen Stadt Gondar, 50 km nördlich des Sees und setzte mich mit der überaus interessanten Historie des Ortes auseinander. Als Quartier hatte ich das Gondar-Hotel gewählt. Es war recht neu und das zweitbeste am Platz. Sah man von defekter Dusche, defekten Wasserhähnen und fehlenden Türschlössern ab, konnte man es aushalten. Die Stadt unterschied sich drastisch von bisher besuchten: Sie schien im Ausnahmezustand zu sein. Überall Militär, Straßensperren und Kontrollen. Der Grund war die bisweilen heiße, wenn auch unsichtbar verlaufende Front nördlich der Stadt. In den Simienbergen herrschten trotz des Regens Hungersnot und Auseinandersetzungen zwischen E. P. L. F. (Eritreans Peoples Liberation Front) und T. P. L. F. (Tigre Peoples Liberation Front) untereinander und gemeinsam gegen die Regierung von Addis Abeba. Über Gondar war nächtliche Ausgangssperre verhängt worden. Das bekam ich gestern zu spüren, als ich um 21 Uhr, nichts ahnend, auf ein Bier das Hotel verlassen wollte. Mit vorgehaltenem Gewehr wurde ich ins Hotel zurückgedrängt.

»Gehe der Politik aus dem Wege«, dachte ich

Blick auf Gondar am Rande des Aufstandsgebiets.

Federzeichnung des historischen Gondar-Palastes.

mir, und widmete mich dem glanzvollen Mittelalter der Stadt, der Zeit Kaiser Fasiladas im 17. Jahrhundert. Um diese Epoche hautnah nachempfinden zu können, mußte man sich in den südlichen Teil der Stadt begeben, ins Burgenviertel.

Ich stand auf dem viereckigen Turm des Schlosses Fasiladas, blickte auf Eingangsportale, zweistöckige Bauten mit dicken Mauern, zinnenbewehrt; Kuppeltürme, massive Steintreppen, den Thronsaal, Kapellen und Bauten mit Balkonen; blickte weiter über Gondar und die bergige Landschaft bis an den Horizont... Heute hatte die Stadt 30000 Einwohner, zur Blütezeit waren es fast 80000. Es gab Gymnasien dort, Bautechnik, sakrale Musik und Theologie konnten studiert werden.

Mit Hilfe der Portugiesen wurde der islamische Eroberungsfeldzug gestoppt, die Kaiser verlegten darufhin ihre »Residenz« provisorischer Felsburgen nach Norden.

Rasch holte mich die Gegenwart zurück, ein Militärkonvoi donnerte durch die Straßen in Richtung Norden, ins Aufstandsgebiet.

Ich schlenderte durch den Burgkomplex dem Ausgang zu. Vorbei am Schloß Yasus des Großen, der einst, in seinen Gemächern rauschende Feste feierte. Etwas weiter passierte ich die ehemaligen Löwenkäfige und die Sängerhalle, von David I. erbaut, wo die Sängerfeste der Troubadours Äthiopiens stattfanden. Dann das Hochzeitshaus, dort wurden die königlichen Hochzeiten vorbereitet und die Bräute eingekleidet. Etwas abseits des Komplexes war das Wasserschloß Fasiladas zu bewundern. Im Schatten eines Baumes vor dem Schlößchen saß ein junger Kerar-(Leier) Musikant und spielte eine amharische Weise. Zarte Töne schlug er an, von tragender Melancholie.

Auf dem Markt hielt ich nach einem Fahrzeug Ausschau, daß einen Passierschein für Asmara besaß. Ich fand einen Zementtransporter, der mit Eskorte bis an die Küste fahren sollte. Ich zahlte gut und wurde mitgenommen. Wie einfach die Sache war! Ich deckte mich mit einigen Lebensmitteln ein und nahm im Führerhaus Platz. Kurz darauf setzten sich die Fahrzeuge in Bewegung: Ein Jeep mit aufgepflanztem MG vorneweg, dann unser 20-Tonner und wieder ein Jeep. Die Soldaten guckten etwas verwundert, als sie mich als zusätzlichen, dazu recht unpassenden Beifahrer

Blick über die Reste der Altstadt, das sogenannte Burgenviertel Gondars.

Links:
Ein blinder Priester mit langem Taststock in den Ruinen des Burgenviertels.

Vor dem Wasserschloß Fasiladas sitzt ein Kerar-(Leier-)Musikant.

Fellascha-Marktfrauen bieten selbstgeformte Terrakottafiguren an.

entdeckten, sagten aber nichts. Ungehindert passierten wir den Schlagbaum am Stadtrand. Kurz vor Amba Giogis hielten wir in einem Fellascha-Dorf. Ich stieg aus und sah mich etwas um.

Düster, gedrückte Atmosphäre, Niemandsland in Alarmbereitschaft. Ringsum auf den Bergkuppen teils getarnte, teils leicht einsehbare MG-Nester oder Flackstellungen. Vor gar nicht langer Zeit seien Rebellen in der Innenstadt Gondars aufgetaucht, hätten jemanden gekidnappt und wären wieder verschwunden. Franzosen, auch Amerikaner, als Helfer in Gebieten wie Wollo und Tigre tätig gewesen, wurden gleichfalls als Geiseln festgehalten, erzählte man mir.

Es lebte sich unsicher im Norden der sozialistischen Militärdiktatur.

Die Fellascha hatten Markttag. Einige Frauen boten schwarze Terrakotta-Figuren feil, als warteten sie auf Touristen. Ein Bauer wollte mir unentwegt einen Judenstern aus Messing anbieten. Im Aussehen unterschieden sich die Menschen nicht im geringsten von den übrigen äthiopischen Bauern dieser Region. Dennoch waren sie etwas besonderes und sorgten vor einem Jahr für Aufsehen in der Weltpresse, als rund 10000 Fellascha, äthiopische Juden, über eine Luftbrücke heim nach Israel geflogen wurden. Durch die Indiskretion eines hohen Beamten der »Jewish Agency« war die Einwanderung aus Äthiopien vorzeitig bekanntgeworden. Die hiesige jüdische Diaspora steckte in der Auflösung und gedachte, alle Juden nach Israel zu überführen. Ein heikles Unternehmen, da Äthiopien die guten Kontakte zu den arabischen Staaten nicht gefährden wollte.

Unser Konvoi setzte sich wieder in Bewegung. Mit mächtiger Staubfahne überholte uns plötzlich ein fremder Jeep und stellte den Lkw. Ein Offizier rannte zu unserem Führerhaus und holte mich da heraus. Kurzer, heftiger Wortwechsel, ich wurde in den Jeep gezerrt, in wilder Fahrt gings zurück nach Gondar. Auf der nächsten Polizeiwache wurde ich in amharisch verhört. Die Prozedur dauerte vier Stunden. Ich verstand kein Wort, mußte am Ende ein Protokoll unterschreiben und wurde entlassen.

An der Bar des Gondar-Hotels gönnte ich mir auf den Schreck ein Bier, dabei lernte ich einen Transall-Piloten kennen, der sich von seinen Flugoperationen zwischen den Hafenstädten Aseb und Mitsiwa zu den Hilfscamps Axum, Lalibela, Makalla, auf einem Zwischenstop erholte. Ich berichtete Glenn Scott, dem Piloten, von meinem mißglückten Axum-Unternehmen. Er meinte, ich hätte nichts versäumt, die Vorstellung vom untergegangenen Reich wäre ungleich verklärter als die Wirklichkeit.

»Wer die Ärmsten dieser Welt gesehen hat, fühlt sich reich genug, zu helfen.«

(Albert Schweitzer)

Lalibela-Flug ins Ungewisse

Glenn Scott war ein dunkelhaariger Typ von Mitte dreißig. Die Royal Air Force hatte ihn mit anderen Piloten nach Äthiopien entsandt, um dort Hilfsgüter: Weizen, Mais, Reis in die Hunger-Camps fliegen zu lassen. Er gehörte zur Nachhut. Nach dem ersten Regen wurden die meisten Flüge eingestellt, um den Menschen von Wollo, Tigre und Begemder die Kraft zur Selbsthilfe nicht völlig zu nehmen. In beispiellosen Einsätzen flogen Teams aus den USA, Italien, Großbritannien, der Bundesrepublik Nahrungsmittel an die Hungersfront. »Mit der Transall gegen die Dürre«, hieß es beim Lufttransportgeschwader 63 der Bundeswehr. Täglich waren die Soldaten zwischen fünf und neunzehn Uhr im Einsatz. Einladen, Fliegen, Ausladen, dann zurück zu den Häfen und alles wieder von Neuem. Tagein, tagaus. Je häufiger geflogen werden konnte, desto mehr Menschenleben wurden vor dem Hungertod gerettet. Die Flugzeuge nahmen bis zu 300 Ein-Zentner-Säcke auf.

»Es kam vor, daß wir bei laufenden Maschinen beladen wurden«, sagte Glenn, »die Packer trabten im Laufschritt mit den weißen Säcken heran, dennoch starben in den Camps täglich mehr Menschen.«

»Seit ihr von den Häfen direkt in die Camps geflogen?«

»Zeitweise ja, doch dann kam die Order, in Gondar umzuladen. Eine Crew flog von Massawa nach Gondar, eine andere von Gondar in die Lager. Während des Umladens kamen regelmäßig Lkw-Konvois aus der Steppe, fuhren an die Mühlen, wurden beladen und verschwanden wieder. Der Rest der Fracht gelangte auf dem Luftweg in die Camps.«

»Und? Was geschah mit den auf Lkw's verladenen Gütern?«

»Offiziell hieß es, die Säcke werden in den Dörfern der Umgebung verteilt. Inoffiziell war klar, daß der Weizen – die Lastwagen hatten es besonders auf Weizen abgesehen – an Ägypten und die Sowjetunion verkauft wurden.«

Wir drehten versonnen unsere Biergläser. Dann stöhnte Glenn: »Das ist schon ein Scheiß-Job! Da fliegst du von Sonnenaufgang bis Sonnenuntergang, versuchst rauszuholen, was rauszuholen ist, weil du weißt, daß die armen Schweine da draußen im Camp verrecken, und dann kommt nur 'n Teil an!«

»Bist du in Camps gewesen?« fragte ich.

»Normalerweise hat man keine Zeit, die Lager zu besuchen. Die Landepisten liegen abseits. Axum hab' ich gesehen. Ich bin Einsätze in Mali, im Niger, im Tschad und in Indien geflogen, aber ich sage dir, so etwas wie hier ist unbeschreiblich. Eine unübersehbare Masse Mensch, eingehüllt in Staub und Sand, stöhnt und jammert aus kraftlosen Körpern. Ich hab' das entsetzliche Stöhnen immer noch im Ohr. Aber schlimmer waren die zwergenhaften Greise mit ihren riesigen Augen und Brustkörben, in denen man jeden Herzschlag zählen konnte. Ich saß am Rand des Lagers und hab' geheult. Dann flog ich nach Gondar, hier an die Bar und hab' mich besoffen, um das Elend zu vergessen.«

Sogenannte Stele (Säule) der heiligen Stadt Axum im Gebiet der Guerillas (historische Federzeichnung).

Der letzte äthiopische Kaiser Haile Selassi I., 225igster der salomonischen Dynastie, wurde 1974 entmachtet.

Glenn machte nicht den Eindruck eines Zartbeseiteten, eher den eines hartgesottenen Draufgängers, doch das Elend der Camps schien er noch nicht verkraftet zu haben.

»Ich rate dir, fahr' nicht zu den Lagern, die machen dich kaputt. Was sich da abspielt, läßt dich nie wieder los und raubt dir den Schlaf. Es macht dich ohnmächtig und aggressiv zugleich. – Bleib' den Lagern fern, sie belasten deine Seele!«

»Und das andere Axum?« fragte ich.

»Mein Gott, du fragst nach dem anderen Axum? Der heiligen Stadt, 2000 m hoch in den Bergen gelegen. Dort, wo im Allerheiligsten der Kirche ›Zur Heiligen Maria von Zion‹ die echte Bundeslade mit den Gesetzestafeln Moses aus dem Tempel von Jerusalem liegen soll? Diese Stadt ist nicht mehr heilig. Die Hungernden und Toten haben Anklage erhoben und den Ort entweiht.«

»Du meinst, Axum ist durch Haile Selassie I. entweiht worden?«

»Es heißt, jeder rechtmäßige Kaiser, der der salomonischen Dynastie entstammt, muß in Axum von einem Abuna gekrönt werden. Damit nahm der Herrscher eine große Verantwortung für sein Volk auf sich. Selassie wurde der Verpflichtung des Amtes nicht gerecht. Während Hunderttausende in den Nordprovinzen verreckten, fütterte er seine Hunde mit Steaks und seine Pferde mit geschälten Karotten.«

»Was sieht dein Einsatzplan vor?« fragte ich aufs Geratewohl.

»Morgen den ganzen Tag Gondar-Lalibela«.

Ich erwartete eine glatte Absage, fragte aber trotzdem:

»Kannst du mich mitnehmen?«

»Bist du dir der Konsequenzen bewußt? Wenn sie dich nochmal schnappen, buchten sie dich ein und bringen dich wegen Spionage vor Gericht, so etwas kann Kopf und Kragen kosten.«

»Mir liegt 'ne Menge daran nach Lalibela zu kommen. Wann fliegst du?«

Glenn schilderte mir eine Zeitlang die Probleme, die ein Flug mit sich brachte, dann war er auch der Meinung, daß es nur den Luftweg gab, um den Ort zu erreichen. Die Straße über Bete Hor soll nämlich im katastrophalen Zustand, außerdem total abgeriegelt sein. Wir verabredeten uns auf sechs Uhr früh.

Militär-Hubschrauber stiegen auf und knatterten über das Rollfeld. Überall Wachsoldaten, patrouillierend oder in Jeeps sitzend. Weite Flächen des Flughafens von Gondar waren von der Armee abgesperrt worden. Im Süden parkten Lkw-Kolonnen, wahrscheinlich warteten sie auf Fracht. Einer Transall hatte man die Heckluke heruntergelassen. Packer schleppten weiße Säcke an die Rampe und warfen sie von den Schultern. Eine andere Gruppe nahm sie auf und verschwand damit hinter Militärfahrzeugen.

»Da drüben steht unsere Mühle«, sagte Glenn.

Ich mogelte mich am ersten Kontrollposten vorbei. Das war kein Problem, da der Pilot in jedem Pulk Uniformierter Bekannte hatte. Gerade donnerte eine DC3 auf die Landebahn. An den Fenstern drückten sich Soldaten die Nase platt.

»Die kommen aus Axum«, meinte Glenn.

Im Cockpit nahm ich hinter dem Copiloten Platz, einem Äthiopier, der auf einen Blick erkannte, daß da wieder einmal ein Illegaler transportiert wurde. Glenn erhielt Starterlaubnis, wir preschten die Piste entlang und hoben mit einer grandiosen Staubfahne am Heck ab. Unter uns Gondar, der See, dann hielten wir Kurs in Richtung Osten.

Wir überflogen einen graugrünen Vegetationsgürtel, dann wurden die Berge schroff und karg, das Land in den Tälern braun, sandig und ausgedörrt. Eine Landschaft, in der nichts mehr leben konnte. Dennoch erkannte ich Krale; freie Plätze, um die sich mehrere Tukuls geschart hatten. Wir stiegen höher, Haufenwolken schoben sich zwischen Erde und uns.

Eine halbe Stunde später wurde die trostlose Berglandschaft von Häusern und brach liegenden Anbauoasen unterbrochen. Aus Siedlungen führten Viehtreibwege an Büschen vorbei zu braunen Weiden.

»Lalibela«, rief Glenn gegen den Motorenlärm und zeigte hinab.

Kurz darauf rumpelten wir über die Piste. Ich war in Lalibela, irgendwo abseits des Ortes zwar, aber immerhin – bis hierher hatte ich es geschafft. 2630 Meter lag die Stadt hoch, am Rücken einer Bergflanke; 11 000 Menschen lebten hier, meist in zweistöckigen Tukuls, und die vielen Mönche und Priester hausten in höhlenartigen Räumen, die in den Tuffstein getrieben worden waren. Glenns letzter Dienst für mich bestand in der Vermittlung eines Fahrzeugs in den Ort hinein. Unbehelligt erreichte ich den Dorfplatz. Das »Seven Olives Hotel« war in einem bedauernswerten Zustand. Aber ich freute mich über jedes Lager. »Hauptsache untergebracht und nicht als Obdachloser auffallend!« dachte ich. Über die einzigartigen Kirchen der Umgebung hatte ich viel gehört, deshalb beschloß ich, mich den kulturellen Besonderheiten sofort zu widmen.

Gleich Axum, war auch Lalibela ein heiliger Ort und wurde das Jerusalem der Amharen genannt. Ich marschierte den Jordan, einem Wildbach, entlang in Richtung Süden. Er führte etwas Wasser. Jährlich zur Regenzeit war der Bach das Ziel von rund 7000 Pilgern, die dann das Timkatfest feierten und symbolische Taufen abhielten. Lalibela verwandelte sich zu dieser Zeit in ein riesiges Zeltlager.

Beiderseits des Jordans befanden sich die Fel-

Die Flugpiste von Lalibela. Packer schleppen weiße Getreidesäcke für das nahe Hungerlager.

senkirchen, die eigentlichen Wunderwerke der Stadt. Als erster Europäer bekam sie 1520 Francisco Alvares, ein portugiesischer Kaplan, zu Gesicht. Er war so überwältigt, daß er nach kurzer Beschreibung innehielt und meinte:

»...Man wird mir ohnehin nicht glauben.«

Heute, 466 Jahre später, konnte bezeugt werden: Was er beschrieb, war Wirklichkeit. Die zwölf Felsenkirchen, alle aus Tuffstein geschlagen, standen im Rang der sieben Weltwunder.

Bereits in vorchristlicher Zeit war das heutige Klosterdorf bewohnt. Aufzeichnungen beweisen, daß hier in frühester Geschichte Naturkulte in Felsgewölben abgehalten worden sind. Später entstanden daraus Gotteshäuser.

Vor dem Portal der Abba Libanos Kirche hatte sich ein Wandermönch eingefunden. Barfuß, in grobes Sackleinen gekleidet, streckte er seinen rechten Arm aus und begann zu predigen. Beschwörende Worte richtete er an eine kleine Gruppe von Zuhörern. Worte über Buße und Umkehr? Seine Predigt steigerte sich zur Suada. Der Mönch agierte wie ein Demagoge in Sachen »Glaube«. Wild rollten seine Augen unter einer Baumwollkappe, die ihm über Stirn und Ohren saß. Wenn er den Kopf hin und her warf, zuckten die zu langen Zöpfen gedrehten Haare wie Schlangenkörper. Zur Bekräftigung seiner Worte stieß er einen schlanken Hirtenstock mit Kreuz auf den Fels, so daß es im Vorhof der Kirche tönern hallte. Abrupt brach er seine Beschwörungen ab, wandte sich um uns verschwand im Innern der Kirche.

Ich folgte ihm. Dunkel, düster, ja geheimnisvoll wirkte das Innere. Grottenkalt war es, und es roch nach Stein, nach Moder, auch Weihrauch. Ein Sonnenstrahl fiel wie gebündeltes Licht in ein Gewölbe. »Durch dicke Felswände hatte sich ein Heiligen Schein in den Berg geschweißt«, dachte ich und huschte ins Licht. Es drang durch ein

Felsfenster, nur ein Mauerdurchbruch, der aber unsagbar filigran herausgearbeitet worden war. Dann stand ich wieder im Dunkeln. Allmählich hatte sich das Auge an die Lichtverhältnisse gewöhnt. Was schattenhaft an mir vorbeigestrichen war, konnte nun als Gläubiger oder Geistlicher erkannt werden. Menschen, die die Abgeschiedenheit der Grotte als einzig wahren Ort der Zwiesprache mit Gott bevorzugten.

Gemurmel drang an mein Ohr. Das lange Kirchenschiff mit Säulen und Kapitellen verwirrte mich. Den Wandermönch hatte ich verloren. Ich schaute zur Decke und erkannte Traggebälk in Stein nachgeahmt. Auf sonderbare Weise gelangte ich an die Altarwand. Dort brannte ein mysteriöses Licht. Später erfuhr ich, daß es sich nicht um eine Lampe oder ein Licht, sondern um einen ewig phosphorizierenden Stein handelte.

Viele Stunden verbrachte ich in den monströsen Gotteshäusern, aus dem Fels der Erde gegraben: Bjet Emanuel mit der dreischiffigen Basilika; Bjet Mercurios, die im Innern die Einsiedelei des Königs Lalibela bergen soll.

Abseits, etwa einen Kilometer südwestlich der übrigen Felskirchen, sollte ich dann auf Lalibelas kühnste Schöpfung stoßen: In der Nachmittagshitze überquerte ich auf einer provisorischen Holzbrücke den Graben eines ganzen Systems von Laufgräben, erreichte Gruppen uralter Olivenbäume und stand am Rande eines zwölf Meter tiefen Schachtes. Aus dem Schacht erhob sich, von der Sohle bis hinauf an die Erdoberfäche, die schönste und berühmteste Felsenkirche Äthiopiens: Bjet Giorgis, ein rein monolithisches Bauwerk. Es bestach durch seine Schlichtheit, durch die geometrische Kreuzform, durch den Dachschmuck, drei ineinanderliegende Kreuze. Der Kirchensockel wurde aus einem Klotz von etwa zwölf Metern Höhe herausgeschält. Staunend blickten die Besucher in den Schacht, dessen Sohle schwarzer Schatten gähnend tief erscheinen ließ. Aus der Tiefe reckte sich der Kreuzbau, der, von der Sonne beleuchtet, den Eindruck erweckte, er würde frei irdischer Verbindung schweben.

Laufgänge, eher schmale Stollen, führten mich hinab zur Sohle der Ausschachtung. Dort stand ich nun, andächtig staunend, im Kreis weißgekleideter Männer, die von weither gepilgert kamen, um dieses geheimnisvoll-kuriose Denkmal monotithischer Baukunst zu schauen. Ihre schwarzen Hände glitten über rauhes Tuffgestein, als müßten sie es fühlen, um es zu glauben. Das Innere der Kirche war ein kreuzförmiger hoher Raum, ohne

Lalibelas kühnstes Bauwerk, die rein monolithische Kirche Bjet Giorgis.

◁
Auf dem Weg zum Notlager: Verdorrte Erde, Rinderkadaver, Aasgeier, Gestank, Tod...

▷
...und im Camp, Bilder des Grauens: Diese Mutter kann ihr abgemagertes Kind nicht mehr stillen.

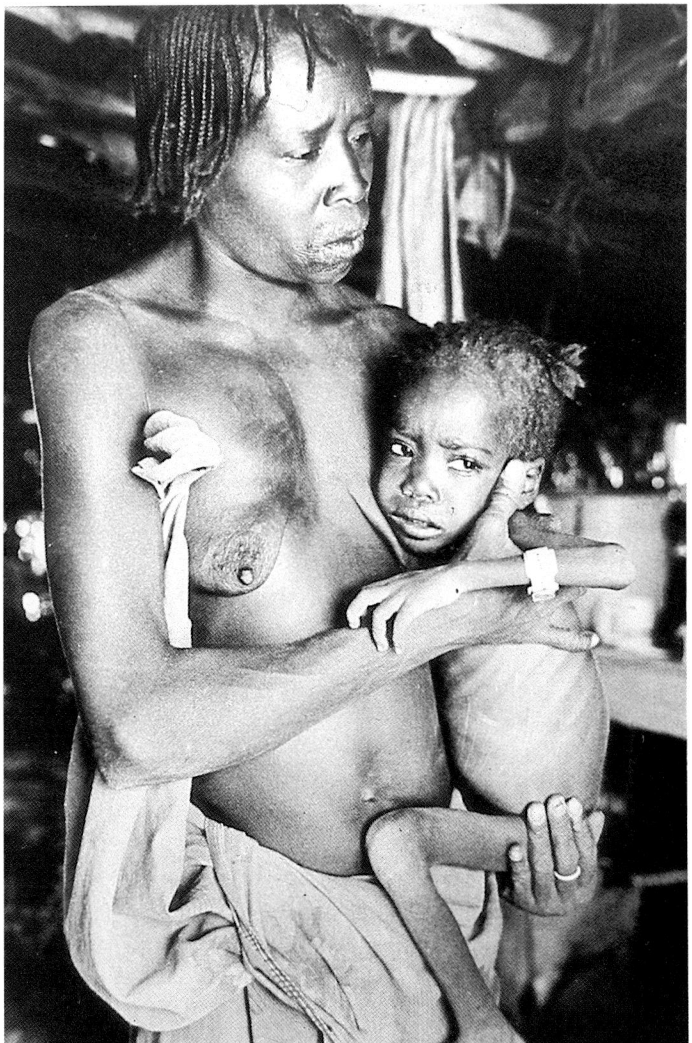

Schmuck- und Beiwerk. Eine siebenstufige Freitreppe führte zum Hauptportal. Das Allerheiligste war über dem Boden des Kirchenraums angeordnet, es wurde von einer Kuppel überspannt.

Die Pilger hatten nun zu diesem Gotteshaus Vertrauen gefaßt. Sie stiegen die Treppe hinauf, lehnten sich gegen das Kirchengemäuer, hoben die Hände, drückten ihre Gesichter zwischen ihren Armen gegen die Wand und verfielen in ein monotones Gemurmel. Sie beteten in konzentrierter Inbrunst. Oben kamen und gingen die Menschen. Ich sah die Schatten der Stehenden und die Köpfe der Liegenden. Ab und zu fiel ein Steinchen – oder es rieselte Sand in den Schacht. Das geschah, wenn sich Besucher zu weit über den Rand lehnten.

Erst auf dem Rückweg durch die Schächte und Tunnel fielen mir die Höhleneingänge in den Wänden auf. Vor einigen Löchern kauerten, den Blick verklärt nach innen gerichtet, Gestalten, deren Kleidung und Hautfarbe das undefinierbare Braun der Schachtwände angenommen hatten. Es waren an Leib und Körper verwitterte Einsiedler von ihren Eremitagen oder vor Grablöchern verstorbener Mönche. Da hüteten Einsiedler Grabhöhlen, die eines Tages ihre eigenen wurden!

Im »Seven Olives« verbrachte ich eine unruhige Nacht. Ich hatte Fieber, hämmernde Kopfschmerzen, außerdem quälte mich Durchfall. Irgendwo mußte ich mir einen Virus eingefangen haben. Zu allem Überfluß entdeckte ich einen Mitesser, in Form eines Bandwurms in mir. Wo hatte ich mir den geholt? Bandwürmer (Taenia saginata) hatten viele Äthiopier, 70% wird geschätzt, das war bekannt. Durch den häufigen Genuß rohen Fleisches blieb das nicht aus. Vor rohem Fleisch ekele ich mich, dennoch war nicht zu vermeiden, daß man es hie und da essen mußte. Ob ich mir den Wurm durchs Fleischessen bei den gastlichen Leuten an der portugiesischen Brücke zugezogen hatte? Ich mußte ihn so schnell wie möglich loswerden. »Kosso«, hieß das Wundermittel. Aber wie kam ich daran? Gleich morgens klagte ich der Bedienung mein Leid. Nach einigen charakteristischen Bewegungen verstand sie, was mich bedrückte, zumindest was den Bandwurm anging. Kurz darauf erschien sie mit einem dunkelgrünen Saft, der mir als Tinktur aus Kosso, dem Blattextrakt des Bandwurmbaums mit Wasser verdünnt, erklärt wurde. Abscheulich, was den Geschmack anging, aber in der Wirkung radikal: Den Bandwurm war ich am nächsten Tag los. Nun rang ich mit mir, ob ich einen weiteren Ausflug unternehmen – oder besser unterlassen sollte. Dann klemmte ich doch ein Bündel unter den Arm und marschierte in nördlicher Richtung aus der Stadt. Ich vermag nicht zu sagen, was mich am Ende trieb, zum Lager zu gehen. Sensationslust? Suchte ich die Bestätigung vieler grauenvoller Meldungen? Wollte ich einfach etwas zu essen abgeben – schlicht helfen?

Ich sah Rinderkadaver, Geier lauerten in geduckter Haltung am Boden, es stank bestialisch nach Aas. Menschen schritten über die heiße, trockene Erde, wie tragische Erscheinungen aus der Vergangenheit. Nun bemerkte ich das Tor dahinter, rund Hütten und zwischen Zaun und Hütten saßen oder lagen sie: Erwachsene und Kinder, Frauen und Greise. Sie wandten sich dem Wind ab. Der Wind riß Sand mit, der beim Einatmen im Hals wie eine Feile rieb und schmerzte. Ich besuchte eines der großen Hungerlager vor der Stadt. Das Elend dort war schlimm. Sehr schlimm! Ich werde das Grauen nie vergessen. Ich schreibe nicht darüber, weil mir die Worte fehlen, die ausdrücken könnten was ich an Leid sah. Ich denke an die Worte Albert Schweitzers ... es bleibt nur beschämtes Schweigen und Helfen.

»Ich dachte, Gott habe mich dazu erkoren, ein Segen für dieses Volk zu sein, aber ich sehe, daß ich im Irrtum war. Graviert auf meine Kanonen: »Teodros, Geißel des Bösen.«

(Teodros, König der Könige)

An Magdala vorbei nach Addis Abeba

Heute morgen hatte ich eine ordentliche Dosis Chinin geschluckt, weil mich immer noch Fieber- und Darmbeschwerden plagten – jetzt summte und brauste das Medikament wie ein Hornissennest in meinen Ohren und ließ Hände und Knie zittern. Der Magen war noch ärger in Aufruhr als zuvor.

Ziemlich apathisch hing ich im Führerhaus eines alten Camions auf dem Weg nach Addis. Der Hotelfahrer Yessous vom »Seven Olives« sollte in der Hauptstadt Besorgungen machen und riskierte es, mich mitzunehmen. Yessous beabsichtigte, sich von Lalibela aus über den Gebirgspfad nach Dese durchzuschlagen, um so den Straßensperren bei Weldiya zu entgehen. Mir war alles egal, ich wollte nur Ruhe haben und schlafen. Jede Zelle wäre sicherlich angenehmer gewesen als dieses Rütteln und Schütteln in dem antiquierten Camion auf dem Schleichweg durch die Ambas. Schemenhaft glitt Äthiopiens Hochgebirge vorüber: Zackige Gipfel, um 3000 Meter hoch; gähnende Schluchten; schroffe Felswände; abgeschiedene Talkessel; Bergkuppen, uneinnehmbaren Festungen gleich. Und die Schotterstraße fraß sich mit ihren häßlichen Beulen mitten durch das Chaos aus Felsgestein. Der Äthiopier, ein Chauffeur des Teufels, fuhr Achterbahn, und mir war so verdammt übel!

In der Gegend mußte es Klippspringer, Füchse, Lämmergeier, Berpaviane und vielleicht auch den seltenen, fast ausgestorbenen Walya-Steinbock geben. Ich sah nichts, nur Bergwände, die sich immer wieder jäh öffneten und uns hineinließen. »Felsen ... Festung ... Bergfestung ... Magdala«, ging es mir durch den fieberheißen Schädel, ich fragte den Fahrer:

»Magdala?«

»Magdala, Magdala – abet izza (ja, dort drüben)«, sagte der Mann lebhaft und zeigte auf einen Bergrücken in Fahrtrichtung.

Wie ein kolossales Filmepos erschien mir mit einem Mal die Gestalt des Usurpators Teodros II., den hier auf Magdala ein dramatisches Ende ereilte. Unehelich, in ärmlichen Verhältnissen, mit bürgerlichem Namen Khasa geboren, erkämpfte er sich den Kaiserthron. Fern eines Abkömmlings der salomonischen Dynastie, mußte er sich auch die letzte und höchste Weihe gewaltsam erringen. Seine ärgsten Widersacher: Ras Ubie von Tigre und König Haile Malakot von Schoa waren niedergerungen worden. Khasa hielt Einzug in Gondar und erzwang seine Krönung zum Kaiser Teodros II. Das ereignete sich am 11. Februar 1855: Kasa zog seine Pistole, hielt sie dem Kirchenfürsten Abuna Salama an die Schläfe, spannte den Hahn, dann forderte er den Krönungsakt mit den Worten:

»Vater, ich bitte dich um deinen Segen!«

Groß und düster erhob sich Teodros II. aus der Geschichte jener Zeit. Durch Auseinanderset-

Die Bergfestung Magdala im englischen Kanonenfeuer.

Als die Engländer die Festung 1868 eingenommen hatten, lag ihnen der Herrscher tot zu Füßen. Er hatte sich selbst gerichtet.

◁ **Der ungestüme Kaiser Teodros II.**

zung mit der Weltmacht England wurde er auf tragische Weise weit über die Grenzen der lokalen Geschichte Äthiopiens hinaus bekannt. Der ungestüme, ja wilde Herrscher hatte sich edle Ziele gesetzt:

»Die Menschen Äthiopiens durch innere Reformen reich und glücklich machen« – erreicht hatte er diese Ziele nie!

Kurz vor seinem Tode gestand der Kaiser: »Mein Vater war wahnsinnig, und obwohl die Leute oft sagten, ich sei auch wahnsinnig, habe ich es nie geglaubt. Doch jetzt weiß ich, daß es wahr ist.«

Ich reckte den Hals aus dem Fenster. Magdala, die Bergfestung, befand sich nun rechts neben uns; oben auf des Berges Kuppe, »uneinnehmbar wie ein Adlerhorst«, das glaubte Teodros. Doch die modernen Waffen Europas haben den Schlupfwinkel zusammengebombt. Heute erinnerten nur noch Trümmer an den geschichtlichen Ort.

Halluzinationen, oder was war das vor uns auf der Schotterpiste? Die Straßensperre war Wirklichkeit! Soldaten, Jeeps, ein Schlagbaum. Wir rollten heran. Zwei Uniformierte durchsuchten die Ladefläche, dann ließen sie sich die Papiere des Fahrers zeigen. Ich lag auf dem Beifahrersitz. Der Schweiß rann von der Stirn. Als ich kontrolliert werden sollte, verdrehte ich die Augen, kam jammernd hoch und erbrach mich.

»Colera!« stöhnte ich.

Den Soldat packte das Entsetzen. Er warf die Tür zu und rannte weg. Wir rollten unter dem offenen Schlagbaum weiter. Die Aufregung hinter uns konnten wir nur erahnen. Verfolgt wurden wir nicht.

Kurz vor Tenta platzte der linke Vorderreifen. Wir montierten den einzigen Ersatzpneu. Dann gings weiter durch die Nacht. Vier Stunden später atmeten wir auf, die asphaltierte Überlandstraße Dese – Addis Abeba war erreicht worden. Wir füllten Reservekanister in den Tank, machten Fahrerwechsel und brausten in südlicher Richtung weiter. Die Konzentration aufs Fahren lenkte etwas von meinem Unwohlsein ab. Vor uns lagen 500 km Gebirgsstraße. Yessous wollte nachmittags in der Hauptstadt sein, da war an Schlafen nicht zu denken. Vormittags donnerten drei Armee-Lkw's, ihre Ladeflächen zum Bersten mit Menschen vollgestopft, an uns vorbei. Kein Zweifel, das waren Bauern aus dem Hungergebiet um Mekele, die umgesiedelt werden sollten. »Operation Neue Heimat«, nannten die Funktionäre diese unfreiwillige Deportation.

... Gerade rauschte wieder ein Konvoi vorbei. Die Ladung, Menschen dünn wie Sicheln, hüpften und polterten mit dem Lastwagen durch jedes Schlagloch...

Wir schafften es tatsächlich! Gegen Nachmittag rollte der Wagen in Addis ein. Yessous, der Teufelsfahrer, saß am Steuer. Es nieselte und die Bergkuppen, die die Stadt umgaben, hatten sich in dichten Nebel gehüllt. Er brachte mich zum Ras-Hotel, dort saßen wir eine Weile beisammen. Leider recht schweigsam. Gern hätte ich mehr über Yessous erfahren, doch eine Verständigung war kaum möglich, er sprach nur Amharisch. Als er aufbrach, um seine Freunde zu besuchen und die Besorgungen zu erledigen, ging ich auf mein Zimmer. Dort fror ich erbärmlich. Zähne klapperten und der Körper zitterte wie Espenlaub. Wirre Gedanken an Malaria versuchte ich durch einen Rückblick zu vertreiben: Kreuz und quer war ich durch das Land gereist, anders als ich es geplant hatte. Wollte ich doch das archaische Äthiopien erleben, so fand ich jenes der Gegensätze, der politischen Konflikte. Aber auch eines, das mir Einblicke in die geschichtsträchtige Vergangenheit gewährte. Ich habe Steinchen eines monumentalen Mosaiks sehen können, und sollte ich je die Chance haben, dann, so stand schon jetzt fest, werde ich wiederkommen, um auch einen anderen, wichtigen Stein aus dem Mosaik Äthiopiens zu betrachten...

Sonne, Verkehrslärm. Ich schaute auf die Uhr, traute meinen Augen nicht. Ich mußte 18 Stunden geschlafen haben. Etwas benommen schälte ich mich aus den naßgeschwitzten Decken, ging ans Fenster und riß es auf. Ein herrlicher Mittag war das! Ich atmete tief durch. Das Fieber hatte sich gelegt. Ich war glücklich und sah die Stadt mit anderen Augen. Das bunte Treiben in den Straßen, das lebendige Verkehrsgewühl. Ich sah die Churchill Avenue hinauf und bemerkte die herrlichen blaublühenden Jakaranda-Bäume. Es war wirklich ein schöner Tag! »Du mußt einen Spaziergang machen und deine Freunde besuchen, Adaye Motto, Tekle Abdal und die anderen«, dachte ich, zog mich rasch an und trat auf die Straße.

Es war wieder Abend. Ich marschierte am Mercato vorüber, suchte das geschäftige Treiben der Händler, brauchte die Nähe ihrer pulsierenden Lebensfreude. Ich war allein, hatte Adaye Motto und Tekle Abdal nicht angetroffen. Sie seien zu Verwandten und Freunden gefahren, hieß es. So war ich allein durch die Straßen zum Markt gegangen. Aber ich fühlte mich nicht einsam. In der Stadt war ich zu Hause.

Übermorgen werde ich Äthiopien verlassen, das stimmte traurig. Noch einmal dachte ich an die vielen Begegnungen: Die schöne Sara, Harrar, Dire Dawa, die Djibouti-Eisenbahn, den Gipfelsturm mit Tekle Abdal, die Afar, die interessante Zeit mit dem Priester Tafari Batchi, Gondar, Lalibela... Am Ende der Reise blieb die Revue und die Erkenntnis, daß die Dinge nie so waren, wie sie erschienen, oder berichtet wurden. Sie waren komplizierter, vielschichtiger und der persönlichen Wahrnehmung unterworfen. Das mochte auch der Grund dafür sein, daß es keine Patentrezepte gab und Lösungen so schwierig waren...

Adaye Motto kam mir in den Sinn. Gern hätte ich mit ihm über den Omo geredet, hätte ihm gesagt, daß ich wiederkommen werde – im nächsten Jahr. Beim alten Krokodilzahn – den ich noch trage – ich komme wieder!

Eine handgefertigte Bibel aus der Kunstschatz-Truhe äthiopischer Christen.

Teil 2:
Tal des Todes: Reise gegen die Zeit

»Das Zuhause ist keineswegs der einzig zivilisierte Ort in einer abenteuerlichen Welt, sondern eher der einzig unzivilisierte in einer Welt der Zwänge und Pflichten.«

(Norman Douglas)

Glück im Unglück am Start

Fast auf den Tag genau landete ich ein Jahr später auf dem internationalen Flughafen »Bode« in Addis Abeba. Es war schön, wieder in Afrika zu sein. Ich genoß die strahlende Sonne, den blauen Himmel und das große Gefühl, den Alltag hinter mir zu wissen. Jetzt werde ich ihm für viele Wochen entrücken.

Hinter mir lag ein Jahr, das mit Vorbereitungen für die Omo-Expedition wie im Fluge vergangen war. Diesmal mußte es klappen! Ich hatte Kontakt mit einer kleinen Gruppe von Naturkundlern und Wissenschaftlern aus Amerika und Schweden aufgenommen. Gemeinsam verabredeten wir, unter der Leitung eines erfahrenen Wildwasserexperten, den Omo hinabzufahren. Ich wollte die geheimnisvolle Lebensweise der Mursi erkunden und das »Rätsel« um ihre Tellerlippenfrauen lüften – mein über viele Jahre gehegtes Vorhaben. Die »Winter«-Lager der Sippen am Ufer des Omos konnten nur auf dem Fußweg erreicht werden. Die Erlaubnis für das Fluß-Unternehmen beschaffte uns Conrad, der Wildwasserexperte. Er hatte über die amerikanische, weltweit operierende Sobek-Organisation die besten Verbindungen zur entsprechenden Behörde in Addis. Conrad sprach übrigens amharisch und genoß bei wichtigen Äthiopiern großes Vertrauen. Bevor er nach Nairobi zog, hatte er viele Jahre in Äthiopien gelebt. Gordon, Sven, Hardy und wie sie alle hießen, hatten sich andere Aufgaben gestellt, von denen ich allerdings nur vage Vorstellungen hatte. Obgleich ich die Gruppe nicht persönlich kannte, so hatte ich doch von Anfang an das Gefühl, daß sie für mich die richtige sein müßte.

Zu Hause hätte ich mir Gedanken über die geeignete Ausrüstung gemacht: Möglichst leichtes Zelt, wasserdichter Rucksack, Überlebensgürtel für den Fall, daß das Schlauchboot kentert und ich von der Gruppe getrennt wurde ... immer läßt sich am Gepäck und Ausrüstung etwas optimieren. Mit Laufen, Schwimmen und Fallschirmspringen hatte ich mich körperlich fit gemacht...

Ein freundlicher Äthiopier von NTO, der Touristic Organization, sprach mich an. »Aha«, dachte ich, »avisierst bist du ja bereits.« Auf seiner Liste stand in Klammern hinter meinem Namen: »Special Traveller Omo-Expedition.« Als wir aufs Gepäck warteten, sagte der Mann:

»Verdammt warm da unten am Omo.«

»Mag schon sein«, antwortete ich und dachte: »Was versteht der Amhare aus dem Hochland schon vom ›Tal des Todes‹ zwischen dem 4ten und 8ten Breitengrad? – Da ist es nicht nur warm, da soll es heiß sein wie im Backofen!«

»'Ne Menge Kroks werden Sie sehen und Hippos, mehr als Ihnen lieb sein wird. Hörte, daß neulich 'n Ami von Kroks verspeist wurde. Hoffentlich haben Sie genügend Kurzpaddel dabei?«

»Kurzpaddel?« fragte ich erstaunt.

»Die brauchen Sie, um die Hippoangriffe abzuwehren. Ohne Kurzpaddel sind Sie verloren. Aber das schlimmste, Mister, das sind die Tsetses, die peinigen Sie bis aufs Blut. Und wenn Sie noch keine Malaria haben, dann holen Sie sich die da unten.«

»Ich nehm' Resochin«, sagte ich.

»Egal wie das Zeug heißen mag, Mister, die Omo-Tsetsen sind die schlimmsten, die Sie in Afrika finden, gegen alles resistent.«

Der Mann von NTO machte mich neugierig.

Redete er nur so altklug daher, oder kannte er das Gebiet wirklich? Mir fiel jetzt auf, daß er für einen Amharen recht grobe Gesichtszüge hatte. Seine Lippen waren voll und die Nase recht breit. Im rechten Ohrläppchen befand sich ein fingerdickes Loch, das man ihm wohl in früher Jugend gestanzt hatte. »Stammt wohl aus einer südlichen Provinz«, dachte ich und fragte:

»Sind Sie Amhare?«

Er lachte, schüttelte den Kopf, dann meinte er:

»Ich bin Bodi, mein Stamm lebt am Omo.«

»Bodi! Ein Nachbarvolk der Mursi«, sagte ich.

»Richtig, unten am Omo sind die Mursi, unsere Feinde, da bringen wir uns gegenseitig um. Aber mich interessiert das nicht mehr. Ich bin schon zu lange in Addis. Vor drei Jahren hab' ich das letzte Mal einige Ethnologen den Omo hinunter begleitet.«

»Interessant«, dachte ich, »ein Eingeborener aus dem Omo-Tiefland...«

Mein Gepäck kam.

Vor dem Flughafengebäude organisierte der Bodi ein Taxi und meinte, während ich einstieg:

»Der Omo führt wenig Wasser, Mister in den Bergen ist das schlecht für die Boote.«

»Warum?«

»Na, die reißen sich an den scharfen Felsen im Fluß die Böden auf. – Trotzdem, alles Gute und viel Glück!« Er ging wieder ins Flughafengebäude zurück. Der Taxifahrer gab Gas, und ohne zu fragen, wo die Fahrt hingehen sollte, brauste er los. »Wird wohl alles organisiert sein«, dachte ich und ließ mich überraschen. Zwanzig Minuten später hielt der Fahrer vor dem Hilton und damit begann der Ärger.

Natürlich war dort für mich kein Zimmer reserviert, auch keines frei. Da das Hotel ohnehin nicht meine Preisklasse war, störte mich dies anfänglich nicht. Doch dann wurde ich nervös. Der Hotelmanager, ein liebenswürdiger Mann, nahm sich meines Falls an und telefonierte in der ganzen Stadt herum. Das Ergebnis seiner Recherchen war niederschmetternd: In Addis wurde ein O.U.A. – Kongreß (Organisation für die Union Afrikas) abgehalten, alle Hotels seien ausgebucht. Und: eine amerikanische Gruppe hätte im Ethiopia-Hotel übernachtet und sei gestern mit dem Ziel »Omo« abgereist.

Gruppe – Amerikaner – Ziel – Omo? Das waren doch meine Leute! Das durfte nicht wahr sein! Ich hätte vor Wut heulen mögen.

Ich hinterließ, daß ich im Ras-Hotel mein Glück versuchen werde und setzte mich ab. Im Ras hieß es dann erwartungsgemäß: »Sorry, fully booked.« Ich klagte dem Manager mein Leid. Er erinnerte sich an meinen Besuch vom letzten Jahr und stufte mich als Stammgast ein. Europäische Stammgäste ließ man nicht im Stich. Also wurde eine Kammer freigeräumt, die ich dankbar belegte. Mittlerweile war es Samstagmittag geworden. Ursprünglich war verabredet, daß sich die Gruppe am Dienstag, vormittags, im Ethiopia-Hotel trifft, um dann gemeinsam in drei Landrovern an den Oberlauf des Omos zu fahren. Und nun? War ich wirklich allein in der Stadt, während sich alle anderen irgendwo in den Bergen zur Flußfahrt rüsteten? Ich kam mir vor wie ausgebootet.

Kaum hatte ich meine Kammer bezogen, klopfte ein Laufbursche an die Tür, der mir einen besseren Freßzettel übergab. Ich entzifferte: »Gruppe startet am Freitag, um vor Ort alle Vorbereitungen zu treffen. Wasserstand ist extrem niedrig, da er weiter fällt, starten wir, wenn du eintriffst. Erwarten dich Mittwochnachmittag an der Behelfsbrücke von Abelti. Sei pünktlich, sonst sind wir weg. See you, Conrad.«

Verdammt! Fünf Kilometer unterhalb der alten Brücke hatte ich vor einem Jahr mit Adaye Motto vergeblich auf Hardies Truppe gewartet. Sollte sich alles wiederholen? Einen Trost gab es allerdings, Conrad war unterwegs, somit brauchten wir mit Schikanen behördlicher Seite wohl nicht zu rechnen. Aber wer brachte mich an den Gibé?

Wieder in Addis: Vom Ras Hotel aus blickt man durch eine Allee herrlich blühender Jakaranda-Bäume die Churchill Avenue hinauf.

(Genau genommen überspannt die Behelfsbrücke den Gibé. Der Omo stößt erst etwas unterhalb als Bächlein zum wasserreicheren Nebenfluß.) Ich beschloß, erst einmal ins Büro der NTO in der Ras Desta Damtew Street zu gehen, schließlich wußte man dort von meiner Ankunft und wird mir sagen können, wie es weitergeht.

Im Office saßen einige nette Mädchen herum, doch keine konnte etwas mit meinem Vorhaben anfangen. Sie vertrösteten mich auf Montag. Übermorgen würde sich alles klären, dann sei auch der Büroleiter zu sprechen.

Im Ethiopia-Hotel wurde mir Conrads Mitteilung bestätigt, doch näheres war auch hier nicht zu erfahren. Das hieß für mich, mindestens bis Montag über die Weiterreise im Ungewissen zu sein. Ich kehrte ins Ras zurück, setzte mich unter die hellblau blühenden Jakaranda-Bäume, trank ein Bier und schaute die belebte Churchill Avenue zum Theodros Square hinauf. »Wie vor einem Jahr«, dachte ich, »dieselben Spruchbänder, dieselben Köpfe: Lenin, Marx, Mengistu.

Ich brauchte Bewegung und vertrieb mir die Zeit mit einem ausgedehnten Spaziergang zum Marktdistrikt, kurz Mercato genannt, Afrikas größter Markt, im Westen der Stadt gelegen. Der Nachmittag war heiß. Ich schwitzte in meinem Flanellhemd und steckte den Brustbeutel in die rechte Hosentasche, die, wie alle meine Taschen, zuknöpfbar war. Vor einem Schlachterstand rempelte mich ein jüngerer Mann. Wir erschraken beide und entschuldigten uns.

Zu Füßen des Reiterdenkmals Menelik II., auf einem Platz unmittelbar vor der Kirche, maßen sich zwei Fußballmannschaften auf staubigem »Acker«. Viele Fans rahmten das Feld ein und feuerten die Mannschaften lautstark an. Ich mischte mich unter die wogende Menge und hielt malerische Gesichter im Bild fest.

In der Eden-Street wollte ich einige Postkarten kaufen. Meine Hand glitt in die leere Hosentasche. Wie ein Messerstich durchzuckte es mich. Mein Brustbeutel war weg! Reisepaß, Flugticket, Mark, Dollars, Birr, Schlüssel für den Fotokoffer ... alles perdu. Mein Hirn arbeitete wie in Trance. Da blieb nur noch der Besuch bei der Botschaft und der Rückflug. Ade Omo, ade Mursi. Benommen stammelte ich:

»Jemand hat mich bestohlen«, und gab die Postkarten zurück.

»Schlimm, ganz schlimm. Sorry for that«, meinte der Händler mitfühlend.

Ich irrte fluchend durch die Stadt, konnte keinen klaren Gedanken fassen. Am meisten litt ich unter meinem Leichtsinn, den Brustbeutel in die Tasche gesteckt zu haben. Wie konnte das nur passieren? Irgendwie landete ich wieder im Ras. An der Rezeption wurde mir ausgerichtet, daß ich mich auf der 4. Revierwache melden möge. Darauf konnte ich mir keinen Reim machen. Was wollte das 4. Revier von mir? Wo fand ich diese Polizeistation?

Ich machte auf dem Absatz kehrt.

Erst einmal brauchte ich einen ortskundigen Führer, und der war im Nu zur Stelle. »Student« Jussuf wollte mich zur 4. Wache begleiten, doch er staunte nicht schlecht, als wir uns anschickten, den ganzen Weg zu Fuß zurückzulegen. Das 4. Revier lag in der Nähe des Mercatos, fünf Kilometer vom Hotel entfernt.

Auf der Wache wußte man von nichts. Am besten käme ich morgen um acht Uhr wieder, hieß es, dann könnte ich die Kollegen von der Mittagsschicht treffen. Die Polizisten sprachen nur Amharisch, ohne Jussuf wäre ich aufgeschmissen gewesen.

Also marschierten wir den langen Weg zurück. Im Ras suchte ich gleich meine Kammer auf. Ich wollte nichts hören und nichts sehen. Ich war ziemlich am Ende!

Sonntagmorgen um sechs Uhr verließ ich das Ras. Jussuf wartete schon. Vielleicht hatte er im Hotelgarten geschlafen? Kurz vor acht Uhr erreichten wir die Wache. Man wies uns an, auf einer Bank Platz zu nehmen, und dann begann endloses, ungewisses Warten. Um neun Uhr wurden Gefangene aus ihren verschlagähnlichen Zellen gezerrt und in den Hof getrieben, wo sie sich als Häufchen Elend niederließen. Vier Offiziere setzten sich auf Stühle vor die Inhaftierten und begannen mit Gruppenverhören. Die Szene wurde von bewaffneten Polizisten eingerahmt. Auf ein Zeichen der Offiziere trat einer der Wachhabenden vor, schüttelte, knuffte oder schlug auch einmal kräftig zu, wenn die Antworten nicht entsprechend waren. Was auf dem Hof geschah, war für jeden Passanten der Stichstraße einsehbar. Von Zeit zu Zeit blieben Leute am Zaun stehen, schauten dem Treiben im Hof eine Weile zu, dann gingen Sie weiter.

Zehn Uhr, ich wurde langsam aggressiv. Jussuf beschwichtigte mich:

»Die haben Sie nicht vergessen – keine Hektik, Mister.«

Er hatte recht. So um halb elf Uhr stellte sich der Kommandant der Wache vor, entschuldigte die Warterei und erklärte, daß man einen Fahrer in die Wohnung eines gewissen Tulu Amide geschickt hätte, um ihn zu holen. Herr Amide hätte heute keinen Dienst, man wollte mir aber nicht zumuten, ein drittes Mal zu erscheinen.

»Frag' ihn, was es mit der ganzen Geheimnistuerei auf sich hat«, sagte ich Jussuf und war aufgestanden.

Doch der Offizier ließ sich nicht aufhalten, sprang in einen wartenden Jeep und brauste davon.

»Abwarten, wird sich alles klären, Mister,« meinte Jussuf.

Eine weitere halbe Stunde später erschien ein Zivilist. Der Mann trat, ohne von uns Notiz zu nehmen, an den einzigen Tisch im Raum und kramte allerlei Dinge aus seinen Taschen. Ich traute meinen Augen nicht. Deutsches Geld, Münzen und Scheine, Dollar, Birr. Ich sprang auf.

»Tulu Amide?« fragte ich.

»Das bin ich«, sagte er und packte weiter aus: Alte Quittungen, Flugtickets ... schließlich legte er den Brustbeutel auf den Tisch.

Den Reisepaß behielt er in der Hand, schlug ihn auf, schaute nun auf und grinste:

»Kein Zweifel, das sind Sie.«

»Und ob!« stieß ich aus, ich hätte Tulu Amide umarmen können.

Amide bestand darauf, daß ich alle Gegenstände auf Vollständigkeit prüfte, und den Empfang der Fundsachen per Unterschrift bestätigte. Es fehlte nichts, kein einziger Pfennig! Was war geschehen?

Das war rasch erzählt: Während ich vor dem Schlachter von einem Taschendieb gerempelt wurde, stahl mir ein zweiter den Brustbeutel aus der Hosentasche. Ein elfjähriger Junge, der gerade einem Mann die Schuhe putzte, hatte das Gaunerstück beobachtet, ließ den Kunden stehen, rannte um die Ecke, wo der Polizist Tulu Amide Streifendienst schob. Gemeinsam nahmen sie die Verfolgung auf. Die Diebe bekamen es mit der Angst zu tun, warfen den Brustbeutel fort und flüchteten. Zwischen Geld und Papieren fand der Polizist später die Quittung über ein Bier, das ich kurz vorher im Ras getrunken hatte. Somit konnte er mich an der Rezeption benachrichtigen lassen.

Ich nahm mehrere Birr-Scheine aus dem Beutel und wollte diese Amide zustecken. Er lehnte entschieden ab.

»Kommt nicht in Frage. Schlimm genug, daß man Sie in unserer Stadt bestohlen hat.«

Ich erkundigte mich nach dem Jungen.

Er hieß Gebre Besta und arbeitete gewöhnlich vor dem Eingang des Addis Ketama Parks. Jussuf half mir, ihn zu suchen. Wir fanden ihn tatsächlich dort. Er saß im Rinnstein und wienerte einem Afrikaner die Schuhe. Ich belohnte ihn scheinbar so fürstlich, daß er seinen Schuhputzkasten zuklappte, den Neger »halb geputzt« stehen ließ, und Feierabend machte.

Mit Jussuf bestieg ich nun ein Taxi, das uns ins Zentrum zurückbrachte. Wir trennten uns am Andinet Square, nicht ohne auch Jussuf mit genügend Birr für seine Hilfe gedankt zu haben. Allmählich etwas zur Ruhe gekommen, wurde ich mir nach und nach der vollen Tragweite meines unverschämten Glücks bewußt. All die wichtigen Unterlagen waren wieder da, es konnte weitergehen! Ich empfand tiefe Dankbarkeit.

»Der Drang in die Wildnis? Ist er ein Fliehen in die Natur? Wohl mehr ein Fliehen vor der Stadt, vor allem vor den Menschen. Ein Versuch, der Entfremdung zu entkommen.«

(Freddy Langer)

Schwere Meilen zum Fluß

Auf das Wort des Bodi-Mannes war Verlaß. Ich hatte ihn gestern im NTO-Büro getroffen und berichtet, daß meine Leute bereits am Gibé seien.

»Kein Problem,« meinte er, »ich laß' Sie morgen früh abholen, bis Mittwochnachmittag sind Sie dann am Fluß. Mesein ist ein guter Fahrer, er kennt die Strecke.«

»Irgendwelche Risiken?« wollte ich wissen.

»Fast keine«, sagte der Bodi, »es sei denn, der Rover holt sich 'nen Achsenbruch. Die zweite Hälfte der Strecke von Butajira an den Gibé ist verdammt schlecht, besonders wenn's regnet.«

Ich kannte den Abschnitt, mit dem Risiko konnte ich leben und verließ zufrieden das Büro

Mesein kam heute um neun Uhr vorgefahren. Gemeinsam kauften wir Proviant und Trinkbares ein – eine Art Notverpflegung für vier Wochen. Der Fahrer war routiniert, die Besorgungen klappten reibungslos, er wußte auf Anhieb, wo was zu bekommen war. Als wir Addis verließen, stapelte ich im Rover noch Kisten, Kästen, Flaschen, dann kletterte ich auf den Sitz neben Mesein. In Butajira suchten wir eine einfache Herberge auf und übernachteten.

»Bis zum Gibé sind es nur noch 180 km. Aber schwere Kilometer! Ich schlage vor, daß wir morgen um fünf Uhr aufbrechen. Wir werden es dann bequem bis zum Mittag schaffen«, sagte Mesein.

Ich war einverstanden, obgleich ich die letzten Meilen nicht so schlimm in Erinnerung hatte. Aber sie sollten es werden!

Kaum hatte sich die Schotterstraße in einen schmalen Trampelpfad verloren, platzte ein Vorderreifen. Als gewissenhafter Fahrer verfügte Mesein über Montagewerkzeug und einen verwendbaren Ersatzreifen. Rasch war der Rover wieder fahrbereit. Sattes grünes Buschland glitt an uns vorüber. Weite Quadratkilometer unbebautes Gebiet. Tauchten Krale auf, so wurden nur in unmittelbarer Nähe der Hütten Felder in Vorgartengröße angelegt. Im Norden der Provinz trieben die Menschen Landwirtschaft, die sie gerade selbst ernährte.

Allmählich änderte sich das Landschaftsbild. Es wurde wilder. Längst hatten wir Agena hinter uns gelassen und holperten, von einer Hochfläche kommend, ins Auf und Ab schwerer Bergformationen hinein. Hinter dem nächsten Buckel war die Piste zu Ende. Ein Sturzbach hatte sie auf drei Meter einen Meter tief weggerissen. Eine Schar Straßenarbeiter befand sich bereits an Ort und Stelle, um den Schaden mit Steinen und Bohlen zu beheben. Vorsichtig rollten wir auf das glitschigfeuchte Holz, wollten gerade aufatmen, da rutschte der rechte Vorderreifen von der Bohle. Der Rover krachte auf die Achse. Gottlob blieb er hängen! Vorsichtig stiegen wir aus, stützten das Fahrzeug mit Steinen und Kanthölzern ab, dann wurde es entladen. Nun waren die Straßenarbeiter gefordert. Tatsächlich gelang es, die Räder zurück auf die Bohlen zu stellen, und weiter gings in Richtung Westen.

Welkite war das letzte Örtchen vor dem Flußtal. »Nur noch 40 Kilometer, dann haben wir den

Gibé erreicht,« überlegte ich und sah auf die Uhr. Es war zehn, also noch Zeit genug. Doch die Strecke war brutal: Kaum wahrnehmbar, steil und abschüssig, tief sandig, dann mit Findlingen übersät, deren kleinere Sorte vor dem Fahrzeug zur Seite geräumt werden mußte. Das Freiräumen der Piste war meine Aufgabe. Als ich wieder im Wagen saß, fluchte Mesein plötzlich:

»Herrje, auch das noch!«

Ich schaute ihn fragend an.

»Schau dir den Himmel hinter uns an. In einer halben Stunde ist hier die Hölle los.«

Im Osten braute sich schwefelgelber Himmel zusammen, der von schwarzen Wolkenfetzen umgeben war. Und das Firmamentgebräu wuchs gefährlich rasch heran.

»Vor dem Gewitter müssen wir am Fluß sein, sonst sieht's schlecht aus für uns«, meinte Mesein und kitzelte das Gas.

Der Rover sprang, schlug und bockte wie ein störrischer Esel. Beim Rodeo gings nicht anders zu. Nur holte man sich da keine Beulen am Schädel. Erste schwere Tropfen klatschen an die Scheiben. Dunkelheit ringsum. Dann prasselte das Tropengewitter ab. Mir war, als führe ich auf dem Grund eines Sees spazieren. Die Sicht betrug vielleicht drei Meter. Mesein hielt – wir übten uns in Geduld.

Glücklicherweise verzog sich das Unwetter rasch. Kaum hatten sich Blitz und Donner gelegt, rumpelten wir weiter. Aber die Strecke war zur Schlammbahn geworden. Der Wagen schleuderte und schlingerte haarscharf am Abgrund vorbei. Mesein kurbelte das Steuerrad wie eine Winde. Ihm stand der Schweiß auf der Stirn, nicht nur vor Anstrengung. Schmierseife war nichts gegen das, was wir unter den Reifen hatten.

Gerade schlitterten wir auf eine Biegung zu. Links der Berghang mit überhängender Akazie, rechts klaffte eine Spalte in der unterspülten Piste. Bremsen reagierten nicht. Augen zu und durch. Schon krachte es über uns. Ein plötzlicher Ruck warf mich an die Windschutzscheibe. Fest, wie einbetoniert, stand der Rover.

Draußen sahen wir die Bescherung. Oben wurde das Dach von schweren Ästen einge-

Auf dem Weg zum Omo haben wir uns hoffnungslos festgefahren.

klemmt. Unten saßen die Vorderräder in einem Graben, den der Regen quer zur Piste ausgeschwämmt hatte. Wir versuchten es mit Bordmitteln: Schaufel, Axt, Holz, Steine. Wenn der Rover nur eine Seilwinde gehabt hätte! Um ein Uhr gaben wir auf. Aus diesem »Loch« konnten wir uns allein nicht befreien.

Unterdessen hatten die Buschtrommeln »telegraphiert«: »Geländewagen aus Addis Abeba mit Weißem und Äthiopier oberhalb des Omos festgefahren. Kommt her und schaut euch die hilflosen Typen an. Wird euch einen Heidenspaß machen.« So etwa muß die Botschaft gelautet haben. Anders war nicht zu erklären, daß nun nach und nach Einheimische aus der Umgebung auftauchten. Sie sprangen aufs Fahrzeugdach, zerrten und rüttelten am Baum oder stocherten mit der Schaufel im Schlamm. Hilfreiche Nachbarn. Nette Leute, die Menschen aus Kaffa, doch hier war nichts mehr zu machen. Da half nur noch der Abschleppdienst. Das war eine bittere Erkenntnis...

Es wurde Nachmittag und der »Abschleppdienst« nahte tatsächlich! Zuerst vernahmen wir fernes Motorbrummen. Irgend ein Fahrzeug schien sich da in Serpentinen aus dem Flußtal heraufzukämpfen. Dann – endlich – wir staunten nicht schlecht, als sich nach der letzten Kehre ein Landrover zeigte.

»Unten wartet Conrad, und ihr macht hier gemütlich Siesta«, lachte der Fahrer, als er vor uns hielt.

Uns war das Lachen lange vergangen. Ich hatte nur ein Auge für die Stoßstange, darüber saß nämlich eine Seilwinde. Zehn Minuten später hatte man uns wieder flottgemacht.

Der Rover aus dem Tal hatte die Nachhut von drei Fahrzeugen gebildet, die Conrads Gruppe bereits vor einigen Tagen an den Gibé brachte.

»Wir hatten mit einem Schlauchboot Probleme, deshalb blieb ich noch unten«, sagte der Fahrer, »reiner Zufall, die anderen Fahrzeuge setzten sich schon am Sonntag ab.«

»Wartet Conrad? Wie ist die Piste ins Tal hinab?« wollte ich wissen.

»Conrad ist in Sorge, weil der Wasserstand fällt, ich weiß nicht, wie lang' er noch warten kann. Die Piste wird fester, aber die Gesteinsbrocken lassen nur Schrittempo zu.«

»Und wie weit ist es bis zur Brücke?«

»Sieben Meilen.«

»Mist, verfluchter! Sieben Meilen bei Schrittfahrt, das bedeutet rund drei Stunden,« schimpfte ich, »auf geht's, wir dürfen keine Zeit verlieren!«

Vorsichtig manövrierten die Fahrer die Rover aneinander vorbei, dann holperten wir talwärts. Ich stolperte vorweg, um auf besonders gefährliche Abschnitte aufmerksam zu machen.

Das Buschwerk der Böschung wurde lichter, und ich schaute, wie durch ein Fenster, weit nach Süden in ein mächtiges Tal hinein, und in der Talsohle sah ich den Omo. Ja, es mußte der Omo sein, denn ich blickte über den Zusammenfluß von Omo und Gibé hinweg, der sich uneinsehbar unter mir befand.

Unendlich langsam kamen wir vorwärts. Bald wird sich das Tal in Abenddunkel hüllen. Ob Conrad auf mich wartet, wenn die anderen zum Aufbruch drängen?

Unbewußt verfiel ich in leichten Dauerlauf.

Vor mir tauchte ein Weißer in kurzen Hosen, weißem T-Shirt und Rucksack auf. Der Mann trug schwarzes, lockiges Haar, das an den Schläfen leicht angegraut war. Dunkel verbrannt war sein Gesicht, mit buschigen Brauen und einem vollen Moustache. Ein echter Abenteuertyp. Dem Mann folgten ein halbes Dutzend in Lumpen gekleidete Sidama. Das Volk der Sidama bildet die Majorität des nördlichen Abschnitts der Kaffa Provinz.

Ich hatte den einsamen Wanderer noch nie vorher gesehen, doch wußte ich, wer es war. Es konnte nur Conrad Main sein! Als wir auf gleicher Höhe waren, streckten wir uns die Hände zu. »Conrad?« fragte ich.

»Croc?« fragt er.

Ich stutzte. Wie kam es, daß er mich so nannte?

»Wart's ab«, sagte er nur, und: »Dachte mir, daß ihr Probleme mit dem letzten Stück bekommt

Noch wälzt sich der Omo träge zu Tal.

und beschloß, mal nachzusehen. Der Verein da unten wird langsam ungeduldig.«

Bei Dämmerung erreichten wir ein kleines Plateau oberhalb des Gibé, etwa 500 Meter von der Brücke entfernt. Schweigend entluden wir das Fahrzeug. Conrad schickte einen Äthiopier zur Brücke, der unser Eintreffen melden sollte.

Im letzten Büchsenlicht setzte sich eine kleine Karawane, bestehend aus Weißen und Afrikanern, mit Proviant und Gepäck beladen, in Marsch, schritt über die Behelfsbrücke und erreichte drei graue Schlauchboote, die am Flußufer dümpelten

»Hättest dich auch etwas beeilen können, Croc«, rief da jemand vom Boot her.

Die Stimme kam mir bekannt vor, aber im schummrigen Licht sah ich nur schwarze, konturenlose Umrisse von Leuten, die in den Booten saßen. Im nächsten Moment flogen drei schwarze Gummisäcke ans Ufer.

»Die sind wasserdicht, pack' deinen Krempel hinein.« rief jemand.

Ich tat es. Dann wankte ich über Uferschlamm – er war weich wie Pudding.

»Achtung, Schlamm!« rief jemand.

Zu spät. Ich schlug um, das Gepäck klatschte in den Morast. Taschenlampen wurden angeknipst, ich strampelte mich frei, klaubte meine Siebensachen zusammen und kroch auf allen Vieren dem ersten Schlauchboot zu. Drei Mann packten vom Boot aus meine formlose Masse Körper mit Schlamm und zerrten ihn über die Wulst.

»Und das ihr mir keinen Schlamm ins Boot bring!« rief Conrad vom Nachbarboot.

»Scheiß drauf!« murmelt einer neben mir, »wir wollen endlich weg hier.«

»Vorsicht mit diesem Sack, da ist...« rief ich. Schon krachte das Paket mit Kameras und Objektiven gen Holzplanken im Heck.

»Leinen los!« kommandierte Conrad.

Taue flogen ins Boot. Irgend jemand stieß uns ab, sprang nach, dann glitten wir in den Strom. Auf einer Bank in der Mitte saß der Bootsmann und dirigierte das unförmige Schlauchboot mit zwei langen Rudern.

Ich saß steuerbords, verschlammt, durchnäßt auf Gepäckstücken und war stinksauer. War das meine Crew mit feinfühligen Wissenschaftlern und Naturkundlern, oder ’n wilder Haufen Flußpiraten?

»He, Croc, schlaf nicht, schnapp’ dir die Fliegenklatsche und schlag’ kräftig auf den Wulst. Hippos sind nachts besonders aggressiv«, rief der Bootsmann von seinem Thron. »Witzbold,« dachte ich, »wie soll ich hier ’ne Fliegenklatsche finden.« Wortlos steckte mir jemand eine zu. Im Takt bearbeiteten wir den prallen Schlauchbootwulst. Dumpfe Schläge hallten durchs dunkle Tal. Ich hatte meine Zweifel, daß Hippobullen auf diese Weise Angst gemacht werden konnte. Jedenfalls trieben wir unbehelligt stromabwärts. Der Gibé gab sich erstaunlich ruhig, wahrscheinlich war das Flußbett bei mäßigem Gefälle verhältnismäßig breit. Backbord schob sich ein Schatten vorbei.

»Gleich unterhalb des Knies, etwa drei Meilen von hier, wird campiert. Okay, Bob?«

»In Ordnung«, antwortete unser Bootsmann.

Conrad war an die Spitze gerudert, um die Führung zu übernehmen.

In dunkler Nacht knirschten die Böden der Schlauchboote über den Kies. Wir sprangen heraus und zogen die Boote weit aufs Ufer. Die Leinen wurden um Felsen geschlungen; die Boote entladen, indem die Besatzung eine Kette bildete und Gepäck, Proviant, Wasserkanister weiterreichte. »Ausschwärmen zum Holzsammeln,« hieß es. Treib- und Unterholz gab es zur Genüge, und im fahlen Mondlicht war es sogar zu finden. Schon bald knackte flackernd ein munteres Lagerfeuer.

Nun konnte man an sich und ans Zeltaufschlagen denken. Wir campierten oberhalb des Kiessaums im nassen Gras. Der Regen hatte die Glühwürmchen in ihrer Aktivität nicht behindert. Sie sprühten Licht wie kleine Wunderkerzen. Auch die Grillen machten wieder mobil und zirpten mit quakenden Fröschen um die Wette. Alles war klamm, feucht und mit dicker Schlammschicht überzogen. Ich fühlte mich unwohl. Zum Waschen an den Fluß hinuntergehen durften wir nicht, da die Krokodile unberechenbar waren. Als mein Zelt stand, begab ich mich ans Feuer, um etwas zu essen.

Da trat Adaye Motto neben mich. Mit seiner Stirnlampe sah er aus wie ein Bergmann. Als er mich anstrahlte, erkannte ich ihn nicht sofort.

»Hallo, Croc, wie geht’s dir?« fragte er.

»Adaye! Hab ich’s mir nicht gedacht? Dein Stimme kam mir doch bekannt vor.«

»Du siehst ja nicht gerade appetitlich aus«, sagte Adaye nach einer Weile.

»Das kann man wohl sagen«, antwortete ich, »kannst du nicht etwas aufpassen, während ich mich wasche?«

Adaye holte einen Eimer und band ein Tau an den Henkel, dann begaben wir uns ans seichte Flußufer.

Da drüben haben wir vor einem Jahr vergeblich gewartet. Erinnerst du dich?« fragte er und wies ein Stück flußabwärts hinüber ans andere Ufer.

»Gut möglich, bei dieser Beleuchtung erkenne ich den Platz nicht.«

Adaye warf den Eimer in den Fluß, die funkelnden Augenpaare der Kroks tauchten weg. Der Oromo goß den vollen Eimer über sich. Ich wusch mir unter dem Wasser den Schlamm aus der Kleidung. Nach mehreren Eimern war ich leidlich sauber. Zwei weitere kippte ich mir über den nackten Körper, dann ging ich frierend zum Zelt.

Unten am Lagerfeuer war noch Betrieb. Da ich müde war, verkroch ich mich im Schlafsack und hoffte, gut und rasch zu schlafen. Leider war mir das nicht vergönnt. Nach Mitternacht kündigte sich durch Wetterleuchten ein neues Gewitter an. Kurz darauf goß es in Strömen. Dann setzten orkanartige Böen ein. Schon die ersten rissen die Heringe aus dem Boden, dann das Zelt um. Ich lag durchnäßt und fröstelnd in einem Knäuel von Zeltbahnen; sehnte den Tag, die warme trocknende Sonne herbei.

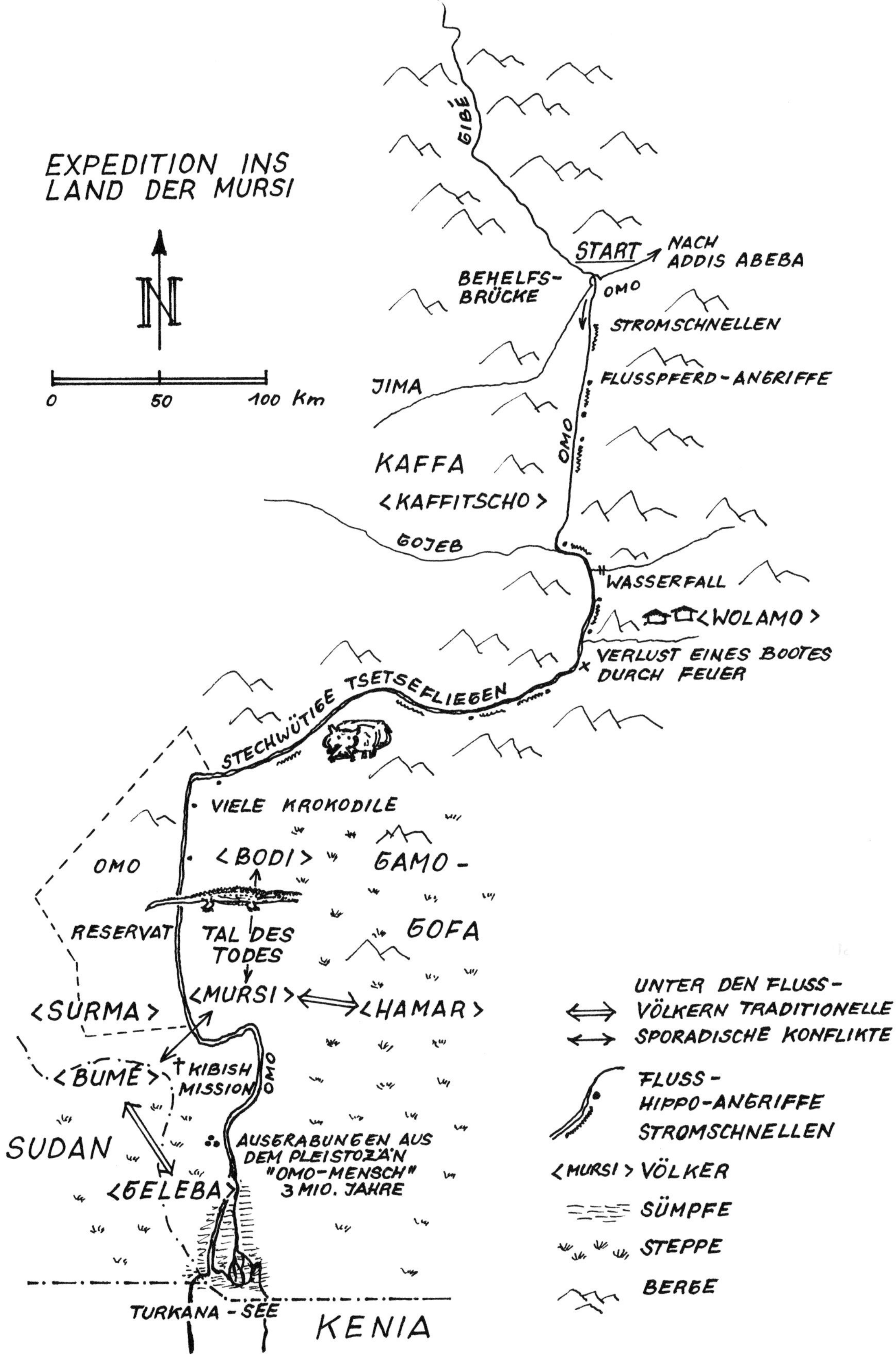

EXPEDITION INS LAND DER MURSI
N
0
50
100 Km
GIBE
START
NACH ADDIS ABEBA
BEHELFS-BRÜCKE
OMO
STROMSCHNELLEN
FLUSSPFERD-ANGRIFFE
JIMA
KAFFA
<KAFFITSCHO>
GOJEB
WASSERFALL
<WOLAMO>
VERLUST EINES BOOTES DURCH FEUER
STECHWÜTIGE TSETSEFLIEGEN
VIELE KROKODILE
OMO
<BODI>
GAMO-
GOFA
RESERVAT
TAL DES TODES
<MURSI>
<HAMAR>
<SURMA>
<BUME>
KIBISH MISSION
SUDAN
AUSGRABUNGEN AUS DEM PLEISTOZÄN "OMO-MENSCH" 3 MIO. JAHRE
<GELEBA>
TURKANA-SEE
KENIA
UNTER DEN FLUSS-VÖLKERN TRADITIONELLE
SPORADISCHE KONFLIKTE
FLUSS-
HIPPO-ANGRIFFE
STROMSCHNELLEN
<MURSI> VÖLKER
SÜMPFE
STEPPE
BERGE

»Der Mensch braucht das Gefühl von unentdeckten Horizonten, das Geheimnis unbewohnter Landstriche. Er braucht den Ort, wo Wild auf der Jagd ist, weil Land, das Wild hervorbringen kann, gesundes, robustes Land ist!«

(W.-U. Cropp)

Gefährten der Flußfahrt

Endlich wurde es hell, endlich schob sich die Sonne über die Berge! Ich breitete die Zeltplane aus und ließ sie trocknen. Mein Zelt war das einzige, das sich selbständig gemachte hatte. Die anderen hatten ihre Heringe mit kopfgroßen Steinen gesichert und den Zelteingang gen Süden ausgerichtet, da der Wind nachts gewöhnlich drehte. Unten am Feuer, beim Morgenkaffee, meinte Conrad:

»Deine Erfahrung haben wir alle gemacht, nur etwas früher.«

»Wie beruhigend«, kauzte ich zurück.

Aber als die Sonne richtig durchwärmte, war der Ärger der Nacht vorüber. Meine Laune wurde merklich besser, selbst die blutgierigen Tsetses konnten sie nicht mehr verderben.

Allmählich traf sich die Gruppe am Feuer. Alle sahen recht mitgenommen aus: Unrasiert die Männer, mit wirrem Haupthaar unsere drei Frauen: Cathy, Wendy und Charlotte. Aber auch uns standen die Kopfhaare wie Stroh ab. An den grauen, eingefallenen Gesichtern war zu erkennten, daß niemand gut geschlafen hatte. Wie bei Reptilien, die Wärme aktiv macht, stellte sich Munterkeit erst langsam ein. Man pendelte zwischen »Tisch«, einer Bohle auf vier Stahlrohren, und Lagerfeuer, an dem stehend das Frühstück: Instantkaffee, Brot mit Butter und Marmelade, Haferflockenbrei und Orangen eingenommen wurde. Gespräche erschöpften sich im kurzen, muffigen: »Morning. What a terrible night, was'nt it?« Der einzig lebhafte in der Runde seit früher Morgenstunde war unser Berufsabenteurer Conrad Main. Er trug heute einen riesigen gelben Strohhut auf dem Kopf und trotz der Fliegen und Mücken kurze Hosen und ein ärmelloses Hemd. Wir schlürften Seite an Seite erquickenden Kaffee.

»Nicht etwa gefährlich, so leicht bekleidet bei den Mückenschwärmen?« fragte ich ihn.

»Malaria holte ich mir auf der ersten Omo-Tour. Ich krieg sie zweimal im Jahr, wie Schnupfen. Dumm ist nur, daß ich nie weiß, wann.«

»Und die Schlafkrankheit?«

»Sie befällt hauptsächlich die Afrikaner.«

Kauend gesellte sich Wendy Hanson zu uns.

»He Wendy, was sagst du als Insektenforscherin zu unseren Quälgeistern?« frotzelte Conrad.

Das Mädchen hatte einige Jahre Entomologie studiert, bevor sie ohne Abschluß der Uni den Rücken kehrte.

»Ich kann euch etwas aus biologischer Sicht erzählen«, sagte Wendy, »Tsetsefliegen, Gattung Glossina, sind Zweiflügler und in ihrer Erscheinung der Stubenfliege sehr ähnlich. Ihre Mundwerkzeuge sind ausgelegt, die menschliche Haut oder die anderer Säugetiere zu durchstechen und Blut zu saugen. Die Mundwerkzeuge bilden einen nach vorn ragenden Rüssel.«

»Mein Gott, Wendy, was ist das für ein trockener Stoff«, lachte Conrad.

»Die Tsetsefliege – Glossina morsitane – ist eine

der gefährlichsten Schadinsekten überhaupt. Wir kennen rund zwanzig Arten«, meldete sich jetzt Sven Olson, unser Arzt und Immunologe zu Wort, »Trypanosomen, also Geißeltierchen einer bestimmten Tsetsefliegenart werden auf Rinder und Pferde übertragen, dort vermehren sie sich in der Blutbahn so rasch, daß sie zum sicheren Tod der Haustiere führen. Eine andere Art, die Glossina papalis, überträgt beim Menschen die Schlafkrankheit. Einzeller von 0,02 mm Länge setzen sich nach dem Stich im Lymphsystem des Menschen fest.«

Sven machte eine Pause, dann referierte er weiter:

»Malariaerreger, Plasmodien hingegen, werden durch Mücken der Gattung Anopheles die als Zwischenwirt dienen, von plasmodientragenden Menschen auf gesunde übertragen. Wir unterscheiden drei Krankheitsformen, die durch unterschiedliche Erreger verursacht werden: Malaria tertiana, Malaria quartana, Malaria tropicana...«

»Tropicana, das ist meine«, unterbrach Conrad, »jetzt sollten wir nicht so viel über Krankheiten reden, Professor, sondern über den Verlauf der Flußfahrt. Gebt weiter, daß wir uns in zehn Minuten abmarschbereit an den Booten treffen.«

Mit geschultertem Gepäck trafen wir uns pünktlich zur Lagebesprechung. Gordon entfaltete eine Landkarte, es handelte sich um eine genaue Relief-Karte. Er beschwerte die störrischen Ecken mit Steinen. Conrad trat mit einem Stöckchen vor die Karte, deutete auf einen Punkt unterhalb der Brücke von Abelti:

»Das ist unser Standort. Ab hier heißt der Fluß Omo, ab heute beginnt die Flußfahrt. Wir werden zwei Wochen von früh bis spät auf dem Omo nach Süden unterwegs sein. Je nach Hindernissen, die er uns in den Weg stellt, werden wir 10 oder 60 Meilen pro Tag schaffen. Über 500 Meilen wird er uns begleiten, und wir werden ihn verfluchen. Ihr werdet jammern, weil die Hitze mörderisch, die Fliegen grausam, Stromschnellen, Hippos und Kroks gefährlich sind. Wenn ihr dann endlich unten in der Ebene seid, werdet ihr auf Menschen stoßen, die euch fremd vorkommen mögen, wie von einem anderen Stern. Wenn wir Glück haben, sind sie freundlich und hilfsbereit, aber wenn sie mal wieder Krieg miteinander führen, dann sollten wir die Ruder packen und das Weite suchen. – Ich kenne eure Motive für die Expedition nicht im einzelnen, sie sind mir auch egal. Nicht egal ist mir euer Verhalten auf dem Fluß. Ich bin angeheuert worden, um euch ins ›Tal des Todes‹ zu bringen. In eure Aufgaben da unten misch' ich mich nicht ein. Doch auf dem Weg dorthin sind Adaye Motto, Wendy Hanson, Bob Stein und ich für eure Sicherheit zuständig. Und den Job nehmen wir ernst!«

Conrads Stock wanderte nun langsam auf dem Fluß in südlicher Richtung. Er stoppte und beschrieb ein Kreuz.

»Ab hier wird's ernst. Da gibt's 'ne Stromschnelle, die schon manches Boot gekippt hat. Und hier und da,« er tippte auf eine Menge Punkte entlang des Flusses, »werden uns Hippos und Kroks angreifen. Maßnahmen: Erstens: Schwimmweste tragen. Zweitens, droht das Boot umzukippen, sofort auf die hohe Kante werfen. Drittens, nie im Boot knien, Felsen unter Wasser könnten die Kniescheiben zertrümmern. Viertens, wer außenbords geht, läßt sich in Hockstellung – Füße vor – treiben. Mit etwas Geschick fängt er mit den Füßen Stöße gegen den Felsen ab. Fünftens, niemals Füße oder Hände im Wasser hängen lassen. Sechstens, Hippo- und Krokangriffe werden wie folgt abgewehrt: Ihr schlagt mit der Fliegenklatsche auf den Schlauchbootwulst. Nützt dies nichts, greift ihr zum Kurzpaddel und schmettert das flache Blatt aufs Wasser, und zwar so oft und so kräftig ihr könnt. Burschen, die immer noch nicht verschreckt sind, werden vom jeweiligen Bootsführer mit Leuchtraketen beschossen.«

Gary Wood reckte seinen Hals, um die Karte besser sehen zu können und sagte:

»Was passiert, wenn sich so'n Hippobulle partou nicht stoppen läßt?«

»Entweder beißt er ins Boot und beutelt es, oder er taucht drunter und drückt es hoch, beides führt dazu, daß du über Bord gehst und dich mit seinem Gebiß anfreunden mußt. – Aber in 90 Prozent der Angriffe reichen die Maßnahmen aus. Zehn Prozent gehn ins Auge – schließlich machen wir keine Kaffeefahrt.«

Ich schaute nachdenklich auf die ausgebreitete Relief-Karte und folgte dem Flußlauf mit den Augen, wie er aus den Ambas, tief zwischen Bergrücken eingebettet, in den Süden führte, um schließlich im letzten Viertel mäandernd im Turkana-See zu enden. Und die Strecke dazwischen: Viele Quadratmeilen wildes Niemandsland, das sich bis heute erfolgreich gegen die Invasion der Zivilisation stemmte. »Wie lange noch?« fragte ich mich, »zehn, zwanzig, mehr Jahre?« Wir mußten uns beeilen. Es blieb nicht mehr viel Zeit für die unberührten Landschaften links und rechts des Omos. Noch galt er als krokodil- und flußpferdreichste Fluß Afrikas. Noch lebten wenig erforschte Flußvölker wie Bodi, Surma, Hamar, Bumé und natürlich Mursi in steinzeitlicher Abgeschiedenheit. Unaufhaltsam dringt die umgestaltende Welt der Technik in die fernsten Winkel der Erde. Auch vor dem »Tal des Todes« wird nicht haltgemacht. Ich wußte es und fühlte es überdeutlich. Unruhe machte sich breit – es sollte endlich losgehen!

Ich blickte mich in meiner Gruppe um. Wie mochten sie über das Unternehmen denken? Noch wußte ich es nicht, mir war nur in Umrissen bekannt, wer zur Expedition gehörte. Vor mir stand Cathy Blenn, eine zurückhaltende, fast scheue Frau von 30 Jahren. Blond und recht hübsch, dennoch war sie unverheiratet. Kein Wunder, denn in ihrem reiferen Leben hatte es nur Elefanten gegeben. In Amerika, genauer San Francisco, studierte sie einst Biologie. Gleich nach dem Examen bekam sie einen Forschungsauftrag im Tsavo-Park, dem größten Tierreservat Kenias. Es ging um Wanderwege der Gnuherden. Nach zwei Jahren war Cathys Feldarbeit beendet. Das Team kehrte zurück in die Staaten, doch Cathy Blenn hatte ihre Liebe zu den Dickhäutern entdeckt, blieb und erforschte deren Lebensweise in und außerhalb ostafrikanischer Reservate. Dramatische Augenblicke durchlebte sie inmitten der Kolosse des Manyara-Parks, wo sie monatelang unter ihnen zeltete und eines Morgens mit ansehen mußte, wie einer ihrer Kollegen, schaurig untermalt von gellenden Trompetenstößen, totgetrampelt wurde. Trotz des Schocks blieben die grauen Dickhäuter ihre »sanften Riesen«, die ihrer Meinung nach nur aus Furcht so brutal und unberechenbar reagierten. Längst galt Cathy als namhafte Elefantenexpertin, die einzigartige Beobachtungen veröffentlichte. Seit den letzten Jahren arbeitete sie bei der »African Wildlife Foundation« in Nairobi. Zu uns stieß sie über Conrad Main, ihren Freund. Sie hatten sich in Kenia kennengelernt, wo sie die Liebe zu Natur und Tierwelt verband. Conrad hatte ihr so viel Schönes über den Omo erzählt, daß sie diesen Winkel Afrikas nun unbedingt kennenlernen wollte.

Gordon, der noch vor seiner Reliefkarte stand, wollte wissen, wo denn jeweils campiert werden könnte. Die Ufer machten auf ihn keinen einladenden Eindruck.

»Das läßt sich im voraus nicht bestimmten, vielleicht müssen wir auch mal in den Booten übernachten«, meinte Conrad.

Gordon Walker war eigentlich freischaffender Architekt aus Chicago. Mit seinem erfrischenden Gemüt, dem schmalen Kopf und großen Mund, erinnerte er mich lebhaft an Jean Paul Belmondo. Für ein Jahr überließ er die Geschäfte seinem Partner, um endlich einmal aus der Tretmühle herauszukommen. Das tun, was man im geheimen immer wollte: Durch die Welt ziehen, dorthin, wo das Abenteuer lockt. Als Planer war er gewohnt, auch in der Wildnis Unklarheiten zu beseitigen und Probleme anzusprechen. So war seine Frage nach den Campgrounds zu verstehen. Gordon kam aus Neuguinea angereist, demnach mit Ungemach und Improvisationen vertraut. Risiken konnten den Globetrotter auf Zeit nicht erschüttern. Der Mitvierziger Gordon war, wie ich, Hobby-Ethnologe. Naturgemeinschaften beobachten, Aufzeichnungen über deren Sitten und

Hardy ist als passionierter Angler für frische Fische verantwortlich.

Gebräuche machen, dem galt sein Interesse.

Konzentriert starrte Hardy Germann zu Boden, um den Flußverlauf der Karte möglichst genau in sich aufzunehmen. Hardy mochte gut zehn Jahre älter als Gordon sein. Graumelliert war er schon, aber von ungeheurer Vitalität. Ein Phänomen an Selbstbeherrschung und Duldsamkeit. Sein rechtes Bein war dünner und kürzer als das linke. Infolgedessen stand er leicht schräg auf einen Stock gestützt. In später Jugend hatte Hardy Kinderlähmung heimgesucht und zum Krüppel gemacht. Nach einer Serie schwerer Operationen gelang es den Ärzten, ihn wieder auf die Beine zu stellen. Und mit dem Stock konnte er wieder leidlich laufen. Hardy ging es ähnlich Gordon, drüben in den Staaten besaß er eine Firma, die von ihm erfolgreich gemanagt wurde. Aber im Grunde seines Herzens war Hardy Pionier und Naturbursche. Zu viele Jahre hatte er seine Leidenschaft, wilde Flüsse hinabzufahren und zu filmen, verdrängt, ja der Krankheit wegen verdrängen müssen. Jetzt, wieder einigermaßen mobil, war er unterwegs, um sich die großen Träume seines Lebens zu erfüllen. Unlängst führte ihn eine Reise nach Alaska, wo er 300 Meilen den Porcupine-River hinunterpaddelte.

Plakativ »Alaska« war auf seinem T-Shirt zu lesen. Hardy, einst Gerhard, hatte bereits seinen Pioniergeist unter Beweis gestellt, als er gleich nach der Schule von zu Hause, das war 1951 in Kassel, auskniff und sein Glück in Amerika versuchte. Er hatte es gefunden, als Geschäftsmann, aber auch als profunder Autodidakt in Sachen Botanik und Vogelkunde, und mit seiner Filmkamera drehte er virtuose Naturfilme, die manchen Preis errangen. Neben dem dokumentarischen Festhalten der Omo-Expedition auf Zelluloid oblag Hardy, die Gruppe täglich mit Frischfisch zu versorgen. Er und Adaye Motto waren die Angler vom Dienst, damit für unseren Eiweißhaushalt verantwortlich.

»Auf meinem Boot trägt jeder seine Schwimmweste!« schaltete sich Bob Stein ein.

»In der Mittagshitze 'ne Schwimmweste tragen? Das ist doch heller Wahnsinn!« stieß Sven Olson aus.

»Was Wahnsinn ist, bestimmt der Bootsmann, Professor. Und auf Boot drei bin ich der Bootsmann, klaro?«

Sven wandte sich kopfschüttelnd ab und murmelte:

»Autoritärer Scheißer!«

»Setzt euch 'ne nasse Mütze auf den Kopf und schüttet von Zeit zu Zeit 'nen Eimer Wasser über'n Balg, so läßt sich die Hitze am besten ertragen. Den Einsatz der Schwimmwesten gebe ich jeweils bekannt. Jetzt werden sie erst einmal 'n paar Tage getragen«, schaltete sich Conrad vermittelnd ein.

Der 36jährige Bob Stein stammte aus Kalifornien. Ein blonder Hüne, ein Wikinger, der die wildesten Flüsse der Welt zu seiner Domäne gemacht hatte. Riverrafting war sein Lebenselexier.

»Die Gischt eines Colorados, eines Bio-Bio-Rivers in Chile, eines Tatshenshini in Alaska oder eines Watut in Papua prickelt auf meiner Haut wie Champus«, pflegte er unterwegs zu sagen und schwieg wieder, um sich mit aller Kraft in die Riemen zu stemmen. Im Laufe seiner Flußjahre hatten die Muskeln seiner Oberarme den Umfang von Damenschenkeln angenommen. Bob war ein wortkarger Kauz, der äußerstenfalls auf telepathische Weise mit Strudeln, Stromschnellen und Untiefen kommunizierte. Akademiker und deren Geseiche waren ihm ein Greuel. »Spinner, mit Pudding in Kopf und Armen«, war sein Kommentar. Ich mochte Bob von Anfang an, der Naturbursche hatte die richtige Einstellung zum Leben unter freiem Himmel.

Bob Stein kam aus Lusaka in Sambia heraufgeflogen. Zuvor war er auf den Zomandao auf Madagaskar und kurz drauf den Sambesi heruntergefahren. Bob war fürs Handfeste und neben seiner Eigenschaft als Bootsmann oblag ihm mit Wendy Hanson die »Küchenorganisation«, also unser leibliches Wohl.

Im krassen Gegensatz zu Bob stand der Schwede Sven Olson. Wenngleich Sven bemüht war, neben seinen geistigen, auch körperliche Fähigkeiten zu entwickeln. Er lebte nach dem Grundsatz Juvenals: »Mens sana in corpore sano« (Ein gesunder Geist in einem gesunden Körper) und dokumentierte dies bei jeder Gelegenheit durch schweißtreibende Freiübungen.

Svens Markenzeichen bestanden aus Tropenhelm und Adamskostüm. Da Schweden niemals Kolonien besaß und zu Schwarzafrika beste Beziehungen unterhielten, war er der Meinung, problemlos einen beigen Tropenhelm tragen zu können. Ich wußte, wie diese Kopfbedeckung als Symbol kolonialer Unterwerfung auf die Gemüter der Afrikaner wirkte und war etwas unangenehm berührt. Das Nacktgehen wollte Sven als Entgegenkommen an die »nackten Wilden« des Omos verstanden wissen.

Auf jeden Fall entwickelte sich der 51jährige Sven allen »Unarten« zum Trotz rasch zum echten »Kumpel«, der das Omo-Abenteuer bravourös meisterte. Wie schon erwähnt, war er Mediziner und Professor für Immunologie. Im Rahmen eines wissenschaftlichen Austausches erhielt er von Stockholm aus den Ruf ans Universitätskrankenhaus Addis Abeba. Auf der Reise zu den Flußvölkern wollte er sich einen Überblick über anstekkende Krankheiten im unzugänglichen Hinterland Äthiopiens verschaffen.

Für die junge Wendy Hanson sollte der Omo ein Schicksalsfluß werden. Conrad hatte sie aus South Lake Tahoe, Kalifornien, einfliegen lassen, da ihr der Ruf vorausging, ein begabter Nachwuchs als Bootsführerin zu sein. Bewährte sie sich auch auf dem Omo, hatte sie die Chance, in den Kreis der professionellen Bootsführer aufgenommen zu werden, um endlich zur bezahlten Crew der Gesellschaft zu gehören. In brenzligen Situationen auf dem Colorado und auf vielen Kanadischen Flüssen hatte sie Pluspunkte sammeln können, die die Omofahrt eigentlich zur Formsache machen müßte.

Die Gesellschaft war an der agilen Wendy interessiert. Was ihre Kollegen durch Muskelkraft schafften, erreichte sie in gefährlichen Stromschnellen durch Köpfchen und Intuition. Außerdem bevorzugte man Leute, die nicht nur Schlauchboote beherrschten, sondern außerdem etwas über die Natur zu berichten wußten. Wendys Studium der Entomologie paßte gut ins Bild eines vielseitigen Bootsmannes.

»He, Conrad, ich bin der Schlangen wegen hier. Kriegen wir Kobra, Puffotter, Python, Mamba zu Gesicht?« rief Frank White in die Runde.

»Das will ich nicht hoffen, wir haben kein Serum dabei, und wie rasch dir ’ne Mamba am Hintern hängen kann, weißt du selbst«, sagte Conrad.

Frank hielt sich bisher im Hintergrund. Er saß auf dem luftgefüllten Wulst eines Schlauchboots und stocherte ungeduldig im Sand herum. Ein jüngerer, etwas verwegen aussehender Typ: Schwarze Haare, braune Augen, dunkler Teint, am Kinn eine auffällige Narbe. Frank war Junggeselle und stammte aus Arizona. Einst hatte er Zoologie studiert, besonders interessierten ihn Reptilien, also Schlangen und Krokodile. Auf abenteuerliche Weise schlug er sich ein paar Jahre durch die Urwälder Brasiliens und Ecuadors. Es hieß, daß er während der Zeit Giftschlangen, Krokodile, Schildkröten für Zoos und Schlangenfarmen gefangen und verkauft hätte. Dagegen war nichts einzuwenden, denn Zoos aller Welt hatten Bedarf an Reptilien, die von Frank White fachmännisch gefangen wurden. Frank war Naturkundler, der Flora und Fauna liebte, wenngleich auf andere, elementare Weise. Sein Handeln war von Aktionen, weniger von passiver Beobachtung bestimmt. Damit unterschied er sich von seinen Kollegen und ließ deren Argwohn keimen. Frank war von Kisangani (Zaire) aus zu uns gestoßen.

»Wo befinden sich die Stromschnellen, welche Tiere werden wir sehen, wo treffen wir auf die ersten Flußvölker?« fragte Gary Wood, unser Journalist aus New York.

Der zeichnete sich dadurch aus, daß er anderen pausenlos Löcher in den Bauch fragte. Eine Berufskrankheit seiner Zunft. Gary war jedoch, im Gegensatz zu manchen seiner Kollegen, ernst zu nehmen. Seine naturkundlichen Storys erschienen in bekannten Magazinen.

»Langsam, langsam, Gary«, antwortete Conrad und deutete mit dem Stock auf verschiedene Punkte des Flußlaufs. »Im übrigen mach’ die Augen auf, dann bekommst du alles mit.«

Wenn der kleine, 43jährige Gary mit dem verwitterten Gesicht eines haßte, so war es das, nicht ernst genommen zu werden.

»In meiner Omo-Story werd’ ich dich zum ungebildeten Lümmel machen«, keifte er zurück.

»... Der am Lagerfeuer Negerkinder am Spieß brät,« ergänzte Conrad.

Gary zog provozierend sein Notizbuch und kritzelte eifrig drauflos.

Unter der abgebrühten Schale des Reporters steckte ein zutiefst naturverbundener Mensch. Eine Reise mit uns bewies einmal mehr seine geheime Sehnsucht nach einem intaktem Ort, wie es das Flußgebiet noch war. Ich hatte manchen seiner Artikel gelesen und war von der Faktenfülle, der Unbestechlichkeit der Aussage, verpackt in virtuose Formulierkunst, begeistert.

Charlotte Retbin drängte sich an die Karte heran und fragte, wo die Stammesgebiete der Altvölker des Flußgebiets verlaufen. Conrad beschrieb im westlichen Bereich der Provinz Gemu-Gofa mehrere kleine, ineinander übergehende Kreise.

»Es handelt sich um halbnomadisierende Stämme, deren Gebiete zwar abgegrenzt, aber dennoch infolge heißer Grenzkonflikte Verschiebungen unterworfen sind.«

»Laut Eike Haberland bekämpfen sich Bodi und Mursi am heftigsten, dabei wird den Bodi unvorstellbare Grausamkeit nachgesagt. Wie siehst du die Stammeszwiste?« fragte Charlotte.

»Zur Zeit werden die Mursi nicht minder heftig von den Bumé attackiert, weil die Bumé seit einiger Zeit auf das östliche Omo-Ufer drängen.«

Charlotte, 28 Jahre alt, stammte wie Sven aus Stockholm. Sie war approbierte Ärztin, die sich für ein praktisches Jahr nach Äthiopien gemeldet hatte. Sie leistete medizinische Entwicklungshilfe in einem kleinen Krankenhaus an der Peripherie der Hauptstadt. Charlotte hatte in Schweden auch mehrere Semester Ethnologie gehört. Natürlich kannte sie sämtliche Veröffentlichungen des für äthiopische Völker berühmten Professors Dr. Haberland, der bereits 1951 auf einer Expedition zu den Bodi am Omo stieß. (Eike Haberland ist Direktor des Frobenius-Instituts an der Johann Wolfgang Goethe-Universität in Frankfurt).

Was Charlotte aus den Büchern kannte, wollte sie nun vor Ort in den Krals der »Altvölker«, wie der Sammelname der Stämme am unteren Omo lautet, erleben.

Conrad Main gab nun letzte Anweisungen zum Verhalten auf dem Wasser und zur Hygiene unterwegs. Sein braungebranntes Gesicht nahm einen ernsthaften Ausdruck an, daraus schloß man, das er etwas Wichtiges zu sagen hatte.

»Wasser entkeimen wir mit Jodine-Kristallen aus dieser Flasche«, Conrad hielt ein braunes Glasgefäß hoch, in dem sich deutlich Feststoffe von flüssigen Anteilen abhoben. »Das Zeug ist totsicher«, erklärte er vieldeutig weiter, »die Lösung über den Kristallen wird mit Wasser in einem ganz bestimmten Verhältnis gemischt. Zuviel Lösung, oder ein Kristall im Trinkwasser, könnte uns umbringen. Flußwasser präparieren Bob und ich, sonst niemand!«

Bob hob einen 20-Liter-Kunststoffkanister mit aufgemaltem blauen Kreuz hoch:

»Hier drin präparieren wir das Wasser«, erklärte der Bootsmann, »achtet auf den Deckel, ist er auf, so müßt ihr warten, da das Jodine noch wirken muß. Geschlossener Deckel heißt: Fertiges Trinkwasser. – Auch für 'n Akademiker einfach zu kapieren, stimmts? Aber wehe, ihr verwechselt es!«

»Noch irgendwelche Fragen?« rief Conrad.

Alle schwiegen. Adaye Motto blinzelte in die Sonne und verscheuchte mit der Hand einen Schwarm Fliegen:

»Wir sollten aufbrechen, es fängt an, verdammt heiß zu werden. Unser Pensum für heute sind 40 Meilen. Wir müssen Zeit für die schweren Abschnitte gewinnen.«

»Noch eins«, meinte Conrad, »bei ruhigem Wasser wechseln wir uns beim Rudern ab. Wundert euch nicht, wenn ihr bald Blasen an den Händen und Schwielen am Hintern habt. – Also, los gehts!«

Die Gruppe löste sich auf. Wir packten das

Conrad zurrt die Ladung auf seinem Boot fest. Gleich wird abgelegt.

Gepäck und befrachteten die Boote. Dann holten wir die Leinen ein. Meine Crew setzte sich aus Conrad, Adaye und Sven zusammen. Ich hielt den aufgeschossenen Tampen im Arm, drückte das Schlauchboot in den Fluß und hievte mich ins Boot, als es trieb und schließlich von der Strömung erfaßt wurde. Der Bug drehte sich in Fahrtrichtung. Wir nahmen unsere Positionen ein. Sven und ich saßen vorn, rechts und links vom Wulst. Hinter uns thronte Conrad, wie auf einem Hochsitz in Bootsmitte. Der gelbe Strohhut saß ihm tief im Gesicht. Er hatte die beiden langen Ruder in den Fäusten und hielt das Boot auf Kurs, dabei ließ er seine Bizeps spielen. Im Heck, auf verschnürtem Gepäck, hing, mehr liegend als sitzend, der Äthiopier Adaye Motto quer zur Fahrtrichtung. Auch er hatte sich einen ebenfalls riesigen Strohhut ins Gesicht gedrückt.

Wir führten den Bootskonvoi an. Wendy folgte. Bob Stein saß mit seinen Leuten im dritten und letzten Boot. Das Flußwasser war wirklich sehr niedrig. Überall schauten spitze Basaltköpfe heraus. Conrad hatte den ganzen Fluß im Auge. Selbst bei gemächlicher Fahrt tat es der Schlauchwandung bestimmt nicht gut, die Felsen zu rammen.

Ich lehnte mich entspannt zurück, wedelte mir Mücken und Fliegen mit der Klatsche von Gesicht und Armen, dabei beobachtete ich Conrad, unseren Expeditionsleiter. Ein Mann mit Charisma, ohne Frage. Jemand, der auch als Manager ein Firmenschiff steuern könnte. Aber er zog es vor, kleine Boote wilde Flüsse hinabzubringen. Mir gefiel seine ruhige, überlegene Art, die auf Anhieb Vertrauen erweckte. »Wenn ihr den Omo hinabwollt, dann müßt ihr euch Conrad Main chartern!« hieß es, »der hat die Nerven und die Kraft für das Unternehmen.«

Wir hatten Conrad, »den Mann für alle Fälle«. Ich war gespannt, wie sich die Flußfahrt entwikkelte.

Conrad ging in den 60er Jahren dem Beruf eines Ingenieurs im grauen New York nach. Seine Liebe zum Wildwasser hatte er schon als Student bei Kajakfahrten entdeckt. Aus der Liebe wurde Leidenschaft, die bald eine feste, häusliche Existenz mit Familie verdrängte. Er geriet an die Sobek Organisation, wurde Bootsmann und schließlich bekam er Gruppen aus aller Welt, die mit ihm die spektakulärsten Flüsse hinabjagten. Sein Herz aber schlug für die geheimnisvollen Ströme Afrikas: Omo, Nil, Sambesi, Niger, Kongo. Conrad erwarb sich den Ruf eines Experten für Afrikas Wasserwege. In Nairobi hatte er sein Hauptquartier, dort wohnte er auch. Doch wirklich zu Hause war er auf dem Fluß, in den Stromschnellen, zwischen Krokodilen und Flußpferden. Das war das Leben, das er wirklich liebte. Aber er liebte auch die Pflanzen, die Tiere, die Naturvölker – inmitten ursprünglicher Natur.

Adaye, der aus Addis Abeba entsandte »Aufpasser«, war über seine Mission, unsere Expedition als Statist zu begleiten, weiß Gott nicht erbaut. Aber das Verkehrsministerium verlangte es so, also fügte er sich und träumte von seiner Familie daheim.

Es wurde höllisch heiß. Sven und ich kippten uns abwechselnd einen Eimer Wasser über die Schädel. Dann saßen wir wieder matt im Boot und ließen das nur für Augenblicke kühlende Naß am Körper hinabrinnen. Am Ufer standen mächtige Bäume und bizarres Strauchwerk. Ein abgestufte Wand in abgestuftem Grün, hell bis fast schwarz. Ich war überrascht, so viel Varianten der Farbe Grün zu sehen. Ich hörte, wie die Wipfel der hohen Baumriesen rauschten, sich öffneten und wieder schlossen, obgleich es im Flußtal windstill war. Der Laubwald lebte durch allerhand Getier: Affenhorden, Vogelschwärme – welche ausgelassen durchs Geäst stoben. Ich blinzelte mit halbgeschlossenen Augen. Das Sonnenlicht wurde vom Wasser schmerzhaft reflektiert. Selbst die schwarzen blanken Lavafelsen, die in der Sonne grell aufblitzten, taten den Augen weh. Ich war zum Dösen mit geschlossenen Augen verurteilt...

»Hippos right in the edge!« (Flußpferde, rechts in der Ecke!) erscholl ein Ruf über uns hinweg.

Elektrisiert zuckten wir zusammen, abwech-

In den Bäumen am Ufersaum sitzen prächtige Glanzstare...

...und im seichten Wasser des Omos schreiten oder gründeln Flamingos.
Ein Paar kümmert sich liebevoll um den Nachwuchs.

Ein Flußpferd taucht auf. Jetzt wird es höchste Zeit, auf die Bordwand oder mit dem Kurzpaddel aufs Wasser zu schlagen, um einen Angriff abzuwehren.

selnd spähten Sven und ich übers Wasser und zu Conrad, der die Warnung ausgerufen hatte. Adaye Motto hatte gleich reagiert und schlug mit der Fliegenklatsche auf den Wulst, so daß es weithin dröhnte.

»He, da vorn, traktiert den Bootsrand!« rief Conrad.

Jetzt hörten wir, daß auch in den folgenden Booten eifrig geklopft wurde.

Conrad bremste die Fahrt, beobachtete das Hipporudel hundert Meter vor uns im Wasser und entschied, rechts davon vorbeizugleiten. Anfänglich sah ich nichts. Dann hellbraune Partien basedowscher Augenpaare und wulstige Hautfalten der Nüstern. Jetzt zählte ich vierzehn Flußpferde, die nach und nach ihre massigen Schädel zeigten, eine Fontäne und lautes Grunzen abließen, dann wieder wegtauchten. Unsere Boote trieben unbehelligt vorbei.

Eine ganze Weile ruderte Conrad durch ein offenes Tal. Die Bergflanken gingen in leicht ansteigendes Uferland über. Conrad hielt die Nase hoch und schnupperte:

»Der Omo ist die längste Zeit zahm gewesen, davorn tut sich was, man riecht es förmlich.«

»Wildnis zu fühlen, zu schmecken, zu riechen, in ihrer Stille zu lauschen erscheint mir ein seltenes, ja großes Privileg.«

(W.-U. Cropp)

Durchs Land Kaffa

Conrad hatte den Ruderbock Adaye überlassen und kletterte zu uns vor. Wechsel vor dem Wildwasser? Was hatte das zu bedeuten? Conrad saß lässig zwischen uns und plauderte über die Provinz Kaffa, durch deren nordwestlichen Teil der Omo floß. Von dem, was sich da irgendwann vor uns ereignen mochte, nahm er keine Notiz. Sollte ich mir da Sorgen machen?

»Zwei Drittel der Strecke fließt der Omo durch unbewohntes Land«, erzählte Conrad, »die ersten Siedler leben oben hinter den Bergrücken. Es sind Bauern und Viehzüchter. Zum Fluß hinunter trauen sie sich wegen der Tsetses und der Mücken nur selten. Das Bergland aber war im 19. Jahrhundert umkämpftes Territorium.«

Kein Heldenepos verkündete vom Krieg des Volks von Kaffa, den Kaffitscho, gegen die einfallenden Heerscharen des Kaisers Menelik II. Der Konflikt der semitischen Amharen gegen die Kaffitscho war der letzte Akt einer Auseinandersetzung zwischen Semiten und Hamiten um die Vorherrschaft in Äthiopien.

Menelik hatte die Galla (Oromo) unterworfen und rüstete zum Kampf gegen die Kaffitscho. Der Kaiser träumte von einem Reich, das sich bis zum Weißen Nil erstrecken sollte. Zwei Königreiche, Dauro und Konta im Osten Kaffas, wurden von des Kaisers Truppen überrannt. Der Endkampf um Kaffa begann, als Menelik die Italiener bei Adua besiegte und modernes Kriegsgut erbeutete...

Eine mächtige Kraft zog uns jäh fort. Ufer und Berghänge schoben sich näher und enger heran. Wir spürten unterschiedliches Zerren und Reißen der Strömung – viele Kräfte schienen sich verbunden zu haben. Ich war kein Wildwasserspezialist, doch die Strudel und kurzen, schaumgekrönten Wellen waren Vorboten des wilden Wassers.

Ab und zu klatschte eine Welle hart unter das Schlauchboot oder spritzte Gischt über den Bug. Ich schaute nachdenklich über den kabbeligen Omo und zurrte meine Schwimmweste fester. Überall guckten wieder scharfe, spitze Basaltfelsen aus dem Fluß. Das Boot wurde von ihnen magisch angezogen, so das Adaye die Ruder ins Wasser stemmte, um den Felsen zu entgehen. Dabei wurde das Boot herumgerissen, trieb quer zur Strömung und drehte sich.

Conrad zeigte nicht die Spur von Nervosität. Er saß zwischen uns auf dem Brett und verfolgte den Verlauf der Strömung.

»Die Kehre da vorn ist verdammt eng, geh sie spitzer an«, rief er Adaye zu, »härter Backbord!«

Der Oromo stemmte sich in die Riemen, wir trieben quer ab und taumelten in die enge Biegung, die Strömung riß uns herum und beschleunigte, als hätte jemand aufs Gas getreten. Dann folgte ein Stoß, der uns zur Seite schubste. Das Heck hatte einen Felsen in der Kurve touchiert. Nun war die Fahrrinne wieder frei. Der Omo führte auf etwa 500 Meter geradeaus, hatte ziemliches Gefälle, und es schien, als hopsten wir eine riesige Treppe hinab.

Wir machten beachtliche Fahrt. Wind und Gischt kühlten angenehm. Der Fluß bugsierte uns mit ungeheurer Leichtigkeit zu Tal.

»Das ist er!«, rief Conrad gegen das Gurgeln und Schlagen der Wellen an.

»Schön«, sagte ich, »wirklich sehr schön.«

Sicherheitshalber ergriff ich das Wulsttau und zog die Beine an. Adaye hielt das Schlauchboot jetzt auf der Mitte des Flusses. Er korrigierte nur mit dem Ruder, wenn ein Strudel uns achtern packen und herumreißen wollte. Wir ließen uns einfach treiben, das Gefühl des Hinabgleitens war aufregend genug. Die kleinen Kaskaden ritten wir ab wie auf einem feurigen Hengst. Gleißendes Licht lag auf dem weißglitzernd aufgewühlten Omo, der zuvor noch schokoladenbraunes Wasser führte.

»Achtung, Loch!« brüllte Conrad und warf sich auf den Bugwulst.

Schon sausten wir in die Vertiefung ... und wurden mächtig hochgeschleudert. Augenblicke, die Schlauchboote rasch umschlagen lassen. Neben dem Wasserloch staute sich schäumend eine Welle. Rückwärts erkannten wir einen herausragenden Basaltfelsen, seine scharfen Kanten hätten glatt das Boot aufgeschlitzt. Gestikulierend machte Conrad auf das tückische Hindernis aufmerksam. Bob und Wendy steuerten geschickt vorbei.

»Wie wär's mit einem Schluck aus der Pulle?« sagte Conrad. Sven wischte sich den Schweiß von der Stirn. »Jetzt?« Conrad schnürte seine Feldflasche los und ließ sie herumgehen. Ich sah mich um, die beiden Boote hatten aufgeholt. Wendy streckte den Daumen in die Luft und war dabei, uns keck zu überholen. Ich merkte, daß dies Conrad mißfiel, aber er sagte nichts.

Klatsch! Sven schlug wieder einmal mit der Fliegenklatsche auf meinen Rücken und hielt den zerquetschten Todesboten zwischen zwei Fingern. Der Leib lief rot aus, rot vom Blut. Mit Abscheu schnickte ihn Sven ins Wasser. Kurz darauf klatschte es wieder. Jetzt hatte er eine Anopheles-Mücke erwischt.

»Anopheles sind wahre Wundertiere«, meint er, »seit Jahrzehnten stellt der Mensch ihnen mit DDT nach. Aber sie wurden gegen das Insektizid resistent.«

Wir trieben weiter. Ich nahm an, daß sich vorerst nichts tat und verfiel ins Träumen. Dann plötzlich wuchs Getöse. Wir glitten auf eine Biegung zu.

Da, hinter der Biegung kamen sie in Sicht – die ersten richtigen weißschäumenden Stromschnellen. Weiße, springende Blasen, überall schäumende Gischt und tobende Wasser. Wendy Schmidt jagte mittendurch. »Sturzkappen« warfen ihr Boot hoch ... dann zurück in tiefe strudelnde Löcher. Mehrere Sekunden lang war nichts von ihr und dem Boot zu sehen. Gerade schlug eine volle Breitseite gegen ihr Schlauchboot, es kippte auf die Seite, dann drehte es sich wie ein Kreisel.

»Konzentriert euch Jungs – und keine Panik!« rief Conrad, der sich für einen Moment ins Boot gestellt hatte, um nach einer Furt Ausschau zu halten.

Soweit ich es beurteilen konnte, gabelte sich die Strömung. Vor uns rechts mündete sie in einer Stromschnelle, links ragten spitze Felsen heraus. Conrad wies nach rechts und brüllte:

»Auf Felsen achten, Adaye!«

»Ab geht's«, rieß der Wind dem Äthiopier vom Mund.

Wir schossen vor, das Wildwasser warf uns hin und her. Wir gerieten in einen mächtigen Sog und hatten das Gefühl, als zog man uns den Teppich unter den Füßen weg. Wir kauerten im Bug, bereit, auf die hohe Kante zu hechten, falls Wellen das Boot kippen wollten.

Eine wahnsinnige Kraft drückte an Uferfelsen. Krachend brach plötzlich das Ruder. Rechts hielt Adaye nur noch einen gesplitterten Stumpf in der Faust. Das Boot geriet außer Kontrolle, es legte sich schräg, ich warf mich auf den hohen Wulst. Das Wasser schob uns wie verrückt quer zur Strömung vor sich her ... direkt auf einen Felsen zu. Conrad zerrte ein Ersatzpaddel aus dem Futteral, hechtete auf meine Seite, paddelte mit wilder Kraft. Der Felsen war schwarz, mächtig wie ein Bollwerk und scharfkantig. Oben stemmte Adaye das einzige Ruder gegen den Sog, unten kreiste Conrads Paddel wie ein Schaufelrad. Ich hockte mich aufs Brett, darauf gefaßt, im kritischen

Moment aus dem Boot zu springen. Doch dann drehten wir uns. Die stabile Seitenwandung prallte an den Felsen, es folgte eine schwere Welle, die mich vom Sitzbrett riß und auf den Boden drückte... Wir waren naß – wie aus dem Wasser gezogen.

Mein Gott, die Drehung kam in letzter Sekunde, von vorn hätten die Luftkammern den Schlag nicht überstanden. Conrad kroch wieder an meine Seite. Wir lagen einigermaßen in der Strömung, zitterten aber vor Anstrengung und Freude, heil dem gefährlichen Felsen entkommen zu sein.

Man gewöhnte sich allmählich an die Ausweichmanöver, schließlich entwickelte sich ein Gefühl für die Wucht des Wassers, und ich gewann der Fahrt etwas Sportliches ab. Wendys Boot tauchte auf. Es war merkwürdig abgeknickt und stand in der Strömung. Wassermassen schwappten von achtern über die Bordwand.

»Das Boot wird von einem Baumstamm eingekeilt«, rief Conrad.

Tatsächlich! Vom Berghang muß irgendwann ein Baum herabgestürzt sein, der jetzt halb im Wasser hing. Wendy war wohl vom Strom gepackt und gegen den Stamm gedrückt worden, von dem sie sich nicht mehr befreien konnte.

»Leine raus!« rief Conrad, »wir versuchen, am äußersten Ende festzumachen, um Wendy ins Fahrwasser zu ziehen«.

Wir rauschten scharf am Baum vorbei, Conrad warf die Ankerleine, das Ankereisen verfing sich in einer Astgabel. Ein Ruck folgte, dann hingen wir hinter dem Stamm, der die Strömung etwas bremste. Mit vereinten Kräften zogen wir uns flußaufwärts. In Wendys Boot gings zu wie in einem Tollhaus. Alles schrie und purzelte durcheinander. Das Mädchen war im Heck auf den Boden gerutscht, Gordon lag über ihr und versuchte Plastikeimer mit Wasser zu füllen, um das Boot zu lenzen. Gary Wood, sonst immer Block und Bleistift in Händen, zerrte mit Frank White an irgendwelchen Seilen, aber das Boot saß bombenfest vor dem Stamm. Der Bug hatte sich unter dem Baum verkeilt.

Gerade schoß Bootsmann Bob Mayer vorbei. Seine Besatzung lag wie Sturmbootfahrer hinter den Gummiwülsten! Conrad gab zu verstehen daß er weiterfahren sollte.

Wir brachten uns mittlerweile fast auf gleiche Höhe zu Wendys Boot. Das Wasser gebärdete sich wie toll und rauschte ohrenbetäubend.

»Alles nach achtern!« brüllte Conrad rüber.

Man purzelte nach hinten.

Wir zogen uns noch näher heran. Mit Paddel und zweiter Leine in den Händen sprang Conrad ins andere Boot. Er vertäute beide Boote miteinander, stach das Paddel zwischen Bug und Baum und prüfte, wie fest das Schlauchboot saß. Wild schlugen von hinten Wogen ins Boot, es lag schon verdammt tief.

»Okay«, brüllte Conrad jetzt, »ich hol' den Anker ein. – Auf Kommando stoßt ihr euch vom Stamm ab.«

Adaye brachte sein Ruder, ich das Paddel in Position. Gischt spritzte uns ins Gesicht. Der Anker lag im Boot. Conrad stemmte sich mit ganzem Gewicht aufs Paddel und hebelte den Bug abwärts.

»Los!« brüllte er.

Wir warfen uns »in die Riemen«, die Strömung packte uns, unter dumpfem Knall wurde Wendys Boot mitgerissen, wollte sich unter das unsrige schieben... Aber Gordon war auf der Hut, löste die Leine und schleuderte sie zurück.

Dicht an dicht trieben wir dahin. Und dann war die Angst vor den Felsen im Strom wieder da... Nach einer Weile merkte ich, daß die Schaumköpfe weniger wild und die Wasser langsamer strömten.

Weit vorn trieb Bob. Adaye zog die Signalpistole aus einem wasserdichten Blechkasten und feuerte eine weiße Leuchtspur in die Luft. Ein Zeichen, daß alles in Ordnung war. Der Schuß brach wie mehrfacher Donner im engen Tal. Um aufzuholen, setzten wir Paddel und Ruder ein. Nach den Turbulenzen wirkte der Omo auf einmal merkwürdig leblos.

Rechte Seite:
Die Abendsonne schiebt sich als »Blutorange« hinter Palmwipfel.

Der Strom drückt uns an einen Felsen. Gleich bricht krachend das Ruder.

In rasender Fahrt geht's auf dem Omo talwärts.

Die Sonne hatte sich im Westen hinter die Berge geschoben. Das Glitzern auf dem Wasser war erloschen, allmählich färbte sich der Omo violett, wie der Himmel über uns. Im Wald schrien die Vögel, hörte man genau hin, so konnte bereits weit voraus das Rauschen anderer Stromschnellen – oder Wasserfälle? – vernommen werden.

Unvermittelt wurde ich müde. Mir reichte der erste Tag auf dem Fluß.

»Hört, da schmatzen die Hippos wieder«, flüsterte Sven.

Man horchte auf. Für Sekunden unterblieb das dumpfe Schlagen der Fliegenklatschen auf pralle Gummiwulste. Still glitten wir durch die Wildnis. Irgendein Käfer prallte wie ein Geschoß gegen meine Stirn. Motten flatterten um unsere Köpfe, als verstanden sie sich als Ablösung der Tsetses.

»Wir sollten einen Lagerplatz suchen«, rief Harry Germann über den Fluß, »wer weiß, wie das Ufer weiter südlich aussieht?«

»Ganz recht«, antwortete Conrad und setzte sich mit Wendys Boot an die Spitze.

Er suchte das Ufer nach einer geeigneten Sandbank ab. Schließlich gab er ein Zeichen und ließ das Boot mit einem dumpfen Ruck auflaufen. Wir zogen nach. Vom Land her roch es bestialisch. Rechts raschelte es, und ich glaubte, daß sich da etwas schweres, langes durchs Gras schob. Conrad ließ wieder abstoßen.

»Müssen weitersuchen, da wimmelts von Kroks«, meinte er.

Einige hundert Meter abwärts fanden wir auf der anderen Flußseite ein geeignetes Fleckchen.

Wir sprangen an Land, warfen Zelte und Gummisäcke in den Sand, dann schleppten wir Verpflegungskisten heran und machten uns ans Holzsammeln. Schon blitzten die ersten Taschenlampen auf. Man suchte das Ufer nach einem Zeltplatz ab.

»Bleibt in der Nähe vom Feuer«, riet Bob.

Als die Zeltbahn gegen Sturm gesichert und der Schlafsack ausgerollt war, rief Charlotte vom Feuer aus:

»Dinner is ready!«

Mit der Taschenlampe machte ich mich zum Eßplatz auf. Hinter mir stand der schwarze, geheimnisvolle Wald, und davor lag das mattsilbrige Band des Omos, dem, wie immer um diese Zeit, die eigentümlichsten Laute entstiegen.

Adaye mit Kopflampe. Er rührt im Nachtlager Suppe an.

Das Abendessen schmeckte vorzüglich. Wir aßen verstreut im Ufersand sitzend. Man dachte nach, das Erlebte des Tages wollte verarbeitet werden.

Im flackernden Schein des Feuers wirkten die Gesichter bis zur Unkenntlichkeit entstellt. Svens Augen hatten schräge, tiefe Schatten, was seinen Kopf rund, den Ausdruck mongoloid erscheinen ließ. Frank Whites Narbe am Kinn leuchtete rot, man konnte meinen, daß sie fortwährend blutete. Charlottes Gesicht wirkte mit den scharfen Schatten um Mund und Nase wie das einer uralten Frau, und der kleine Gary Wood glich einem häßlichen Gnom. Doch am urigsten kam mir Gordon vor: Seine ohnehin dicken Lippen verdoppelten sich und zeigten ein trauriges, breites Negergesicht. Adaye Motto veränderte sich kaum, das war nicht überraschend, da Schatten und schwarze Haut keine Kontraste bildeten.

Unter uns herrschte gefräßige Stille. Für Konversationen war man zu müde.

Als ich zum Fluß ging, machte sich dort jemand am Ruder eines Bootes zu schaffen. Ich ließ die Taschenlampe aufblitzen und sah im Lichtkegel tanzende Motten und Nachtfalter ... und das Conrad den abgebrochenen Stumpf untersuchte.

»Dumme Sache, was?« sagte ich und stieg zu ihm aufs Boot.

»Hätte nicht passieren dürfen, nicht am ersten Tag.«

Gemeinsam lösten wir den Stumpf aus der Halterung und montierten ein neues Paddel. Dann untersuchten wir Wendys Boot. Am Bug war ein Festmacher abgerissen, außerdem klaffte die Gummilage des vorderen Wulstes auf. Die Blessuren wurden mit Spezialkleber repariert.

Der Wind trug den herben Rauch des Feuers heran. Hinter den Bergen machte sich Wetterleuchten bemerkbar.

»Bald gibt's wieder 'n Gewitter«, sagte Conrad.

Wir gingen zum Lagerfeuer zurück. Oben stand die Crew um den Hochtisch herum mit einem Becher in der Hand. Sven hatte eine Runde Whisky spendiert. Wir drehten uns zum Feuer und starrten in die züngelnden Flammen. Alles war ruhig und herrlich. Ich schloß die Augen und trank den herben Ballantines.

Schön, voller Harmonie war diese afrikanische Nacht. Hoffentlich verschonte uns Gary mit klugen Kommentaren. Gordon klemmte seine Gitarre unter den Arm und spielte leise etwas Country-Music. Die anderen summten dazu, erst zaghaft, dann kräftiger und schließlich hallte es nicht schön, aber laut durchs Tal.

Der Schein des Feuers erstarb. In der Dunkelheit war das Flußgurgeln von großer Intensität.

»So etwas wird es bald nicht mehr geben, das dürfte wohl klar sein«, sagte Gary Wood.

»Magst schon recht haben«, sagte Hardy und setzte hinzu: »Ich für mein Teil genieße es und bin froh, dabeizusein.«

»War schon 'n Ding, wie ihr die Wendy vom Baum geholt habt«, meint Bob zu Conrad, »ich hätt's nicht besser gekonnt.«

»Brenzliger war, als wir auf den verdammten Stein im Strom zuschossen. Frontal hätte der uns glatt aufgeschlitzt«, sagte Adaye.

Conrad schwieg und starrte in die Nacht. Nach einiger Zeit meinte er:

»Morgen geht's vor Sonnenaufgang weiter – fünf Uhr aufstehen, um sechs in die Boote. Ich such' den Schlafsack auf.«

Wir waren alle hundemüde und verkrochen uns nacheinander.

Kaum war ich etwas eingeduselt, zerriß ein spitzer, gellender Schrei die Stille. Im Nu war das Camp auf den Beinen. Charlotte hatte eine Schlange im Zelt. Oder war es eine Maus? Man entdeckte nichts.

Dann goß es wieder, heftiger Sturm folgte. Die Heringe hielten, aber die Zeltplane wurde undicht. Als munteres Bächlein plätscherte Wasser durchs Zelt. Meine Habseligkeiten quatschten vor Nässe. Seit zwei Tagen waren sie nicht mehr getrocknet. Sie setzten Schimmel an und begannen muffig zu stinken... Etwas polterte von außen an die Zeltwand. Schwer atmend lag ich da, naß und kalt, trotzdem hatte ich einen Schweißausbruch: Was war das? In der Ferne lachte eine Hyäne. Ich bemerkte, daß die Zeltplane eingedrückt wurde und etwas armdickes zum Eingang rutschte. »Das ist 'ne Riesenschlange, die sich vom Baum herabließ!« ich stürzte aus dem Zelt... Die Schlange war ein Ast.

»Der Mann in der Wildnis erprobt sich gegen die Kräfte der Natur. Ihnen gegenüberzustehen ist ein Test, ein Messen der eigenen Kraft, ein Beweisen des erforderlichen Mutes und des Erfindungsreichstums, die Fähigkeit durchzuhalten und auf sich selbst aufpassen zu können.«

(Steward E. White)

Hippos, Kroks und wilde Wellen ... Feuer im Boot

Ein Wolamo-Dorf

Die Tage flossen dahin, wie der Omo selbst, ruhig, ereignislos und träge bisweilen, dann wurden voller Einsatz und höchste Konzentration verlangt. Dafür sorgten tückische Stromschnellen, Felsen, die wie Rammböcke die Fahrrinne blockierten und immer wieder die Scheinangriffe der Hippos. Nicht selten saß die Angst im Boot, still, bedrohlich, wie ein ungebetener Passagier. Sechster, achter und zehnter Tag, das waren solche, an die ich mich nur mit Schaudern erinnere. Doch der Reihe nach:

Der neue Tag versprach wieder brütend heiß zu werden. Ich fühlte, wie das Tal anfing zu kochen. Längst hatten sich die dünnen Nebelschleier aufgelöst. Ungehindert stach die Sonne auf uns ein. Wie an jedem Morgen kamen mit dem Licht die zermürbenden Tsetses. Übel zugerichtet hatten sie uns, am ganzen Körper zerstochen, so als hätten wir die Beulenpest. Am liebsten stachen sie in entzündete Blessuren, die dann rasch eiterten.

Am Tage haßten wir die Tsetses und nachts die Simulium-Fliegen. Letztere waren winzige, schwarze Ungeheuer, die in die Haut bissen und rotjuckende Schwellungen hinterließen, die sich rasch schmerzhaft entzündeten. Wir verfluchten das ganze Insektenpack, das nicht nur peinigte, sondern die Stimmung auf den Null-Punkt brachte und die Crew aggressiv machte. Es war genau wie vorausgesagt: »Es sind die kleinen Quälgeister, die euch die Fahrt zur Hölle machen und ihr könnt nichts dagegen tun.« Wie verständlich wurde, daß die Region hier menschenleer war! Heute morgen war es anders. Wir hatten Besuch bekommen. Vier junge Burschen standen plötzlich zwischen den Zelten. Schweigend beobachteten sie uns beim Frühstücken. Nun traten sie näher, um ihre steifen Glieder am Feuer zu wärmen. Hungrige Augenpaare schauten uns jeden Bissen in den Mund. Conrad winkte sie heran und gab ihnen Brot und Erdnußbutter. Gierig verschlangen sie die Bissen. Wasser schöpften sie mit einer Blechdose aus dem Fluß und tranken es.

Wir kamen mit den Leuten ins Gespräch. Es waren Wolamo. Eine nördliche Randgruppe. Unserer Karte nach befanden wir uns in der Höhe von Areka, während das eigentliche Gebiet der Wolamo bei Sodo liegt. Der Hunger hatte die Burschen gestern an den Fluß getrieben. Sie wollten angeln. Als Adaye etwas bohrte, gestanden sie verschämt, daß sie auch versuchten, ein Flußpferd zu erlegen. Doch das klappte nicht. Die vier reichlich zerlumpten Wolamo waren keine professionellen Wilderer, das sah man sofort. Immerhin, das Jagen von Hippos und Kroks war verboten. Nur, wenn der Magen knurrte, hielt sich keiner daran. An den Ufern waren uns bereits zuvor hin und wieder Holzgerüste aufgefallen, an denen die Wilderer in Streifen geschnittenes Flußpferdfleisch zum Dörren aufhängten. Den Hippos stellten Einheimische mit alten Donnerbüchsen nach, oder, häufiger und schlimmer, mit Drahtschlingen. Feiner Draht zog sich um die Fesseln der Dickhäuter und schnürte sie bis auf den Knochen ein. Die Tiere verendeten langsam auf qualvolle Weise – häufig sogar im Wasser. Dort trieben sie dann, aufgedunsen wie ein Fesselballon, flußabwärts und machten niemanden satt.

»Hört mal eben zu«, sagte Adaye, »die Männer bedanken sich für das Essen und laden uns ein, ihr Dorf in den Bergen zu besuchen. Habt ihr Lust hinaufzusteigen?«

»Natürlich! – Wie weit entfernt ist es denn?« fragte Gary, unser Journalist.

»Rund drei Stunden hin, zwei zurück«, übersetzte Adaye.

Conrad, Gary, Gordon, Sven, Charlotte und ich waren dafür.

Die übrigen entschlossen sich, unten am Fluß zu bleiben, um Tiere und Pflanzen zu beobachten. Die Naturbeobachtung war bisher zu kurz gekommen. Auf der anderen Seite hatte sich der Fluß außerordentlich widerspenstig gezeigt: In sechs Tagen hatten wir erst 220 km zurückgelegt, und vor uns lauerten noch zwei sehr häßliche Stromschnellen. Hardy, der sich mit dem Gehen ohnehin schwer tat, wollte in Ruhe Fischadler, Eisvögel und Tukane filmen. Cathy Blenn hatte riesige Fußabdrücke eines Flußpferds entdeckt, die sie vermessen wollte, und Frank White beabsichtigte, die Gegend nach Schlangen und Krokodilen abzusuchen.

Wir folgten also den vier Wolamo in die Berge. Leichtfüßig schritten sie voran... Mit dem Buschmesser schlugen sie Äste ab, die den Hippopfad versperrten. Hier stiegen nachts die Kolosse in die Berge, um auf saftigen Wiesen zu »äsen«. Dabei legen sie auf ihrem Trampelpfad fünf und mehr Kilometer zurück.

Der Wald war dicht und naß vom Tau. Es ging steil bergauf. Nach einer halben Stunde tauchten wir in wabbernden Nebel, der wie wir nach oben strebte. Es war, als fraßen uns die Nebelfahnen bei lebendigem Leib.

Wir erreichten ein Plateau mit Gras und Buschland bewachsen. Die Sonne stach. Den Nebel brannte sie in wenigen Minuten weg. Schlagartig wurde uns bewußt, wie angenehm der Blätterwald gewesen war. Das Plateau endete an höheren Bergrücken, auch die überstiegen wir, ebenso wie die folgenden Berge. Sicher waren wir auf 1000 Meter geklettert. Ein frischer Wind wehte. Nun machte sich die gesunde Höhenlage bemerkbar. Inmitten kleiner Getreidefelder entdeckte ich Rundhütten. Am Rand der Felder weideten hellgraue, schrecklich magere Kühe. Der Kral war weitläufig angelegt. Den Berghängen hatten die Wolamo eine Andeutung von Terrassenkultur abgerungen. Dorfbewohner führten uns unter einen uralten Baobab, oder Affenbrotbaum, der das Zentrum eines Versammlungsplatzes bildet. Ein würdevoller älterer Mann erschien. Respektvoll bildeten die Schaulustigen eine Gasse. Der Dorfchef begrüßte uns.

Er erzählte, daß das Dorf vor 30 Jahren gegründet worden sei und klagte sein Leid über die Landflucht der jungen Leute. In diesem Jahr sei es besonders schlimm gewesen. Drei Familien wanderten ab, und zwar nach Sodox. Doch besser ginge es ihnen dort auch nicht. Das Problem sei die schlechte Ernte im letzten Jahr, dann eine Rinderseuche, die die Hälfte des Bestandes dezimierte, und die schlechte ärztliche Versorgung. Im Dorf gäbe es Malaria und die Schlafkrankheit. Mit Kennerblick machte Sven die Mühseligen und Beladenen aus.

»Erstaunlich viele Fälle von Filariasis«, sagte er und zeigte diskret auf Leute mit grotesken Wucherungen an Hals, Beinen und Scrotum (Hodensack).

Bei einem älteren Mann sah es aus, als trüge er einen Kürbis zwischen den Beinen. Ein anderer stand auf Füßen und Beinen, die mit Säulen von Elefanten vergleichbar waren. Die Halsschwellungen einer Frau und eines Jungen erinnerten an

Sven, unser Doktor im Einsatz. Ein Patient zeigt ihm seine häßliche Halsgeschwulst.

In einem Wolamo-Tukul befindet sich alles unter einem Dach: Menschen, Federvieh, ja selbst Ochsen, Kühe und Kälber.

Kropfwucherungen.

»Filariasis?« fragte ich, »sieht mir nach Elephantiasis aus.«

»Genau, blutsaugende Insekten übertragen Filarien, das sind Fadenwürmer. Die haardünne Filaria bancrofti erzeugt Elephantiasis. Es kommt zur Erkrankung des Lymphsystems und allmählich zu dieser Wucheria.«

Sven stellte sich beim Dorfchef als Arzt vor und fragte, ob er mit einigen Kranken sprechen dürfte. Die Anfrage löste einen regelrechten Tumult aus. Im Nu war Sven Mittelpunkt. Jeder führte sein Zipperlein vor. Geduldig schaute sich unser Professor die Fälle an. Einen nach dem anderen. Die ernsten wie die leichte, die medizinisch interessanten und die alltäglichen. Er legte Hand auf, befühlte Knoten, klopfte ab, hob Augenlider, stellte Fieber fest oder betastete Drüsen. Jeder erhielt eine rote Tablette, die vor Svens Augen geschluckt wurde. Man tat es mit Eifer und in Dankbarkeit für die Hilfe. In vielen Regionen Äthiopiens steht die Heilkunst weißer Hakeem (Ärzte) in höherem Ansehen als die der Medizinmänner und Hexenmeister.

»Was verabreichst du da für Wunderpillen?« fragte Gary neugierig.

»Vitamine«, sagte Sven.

»Die armen Leute werden doch von dir verschaukelt«, entrüstete sich der Journalist. Sven sah kurz auf und meinte zu mir:

»Croc, schnappe dir den Neunmalklugen, besichtigt eine Hütte – nur weg mit dem Kerl.«

Die Frau mit dem Kropf zeigte uns ihren Tukul: Ein solides rundes Bauwerk, dessen Gerüst aus schlanken Baumstämmen bestand, das mit Reisig verflochten und Lehm verputzt worden war. Das riesige Dach war mit einer dicken Lage Elefantengras bedeckt, es reichte fast bis an den Boden. Das Innere bildete einen großen halbdunklen Raum, der in verschiedene Bereiche unterteilt war. Eben klatschte etwas auf meinen Kopf und kleckerte in den Nacken.

»Alles Gute kommt von oben«, meint Gary.

»Wenn das kein Glück bringt!« sagte ich und wischte den Kot aus den Haaren.

Die Frau mit dem Kropf lachte glucksend. Der Hühnerhof über uns wurde nervös und flatterte krächzend im Dachstuhl umher.

»Bloß raus hier«, rief Gary, »die scheißen uns total ein.«

Ich trat zur ersten Kuh und streichelte sie. Bei den Wolamo war alles unter einem Dach. Praktisch, raumsparend, aber unhygienischer konnte es kaum zugehen. Die Hütte war durch dicke Lehmwände angenehm temperiert. Doch die Dunkelheit, die rauchgeschwängerte Luft, die mit Gestank von Urin und Kot zum Schneiden dick war, bestimmt alles andere als gesund. Wer wunderte sich da über Krankheiten und hohe Sterblichkeit?

Wieder im Freien: Sven war noch unter dem Baobab tätig.Als Assistenten halfen ihm Conrad und Adaye. Der Oromo übersetzte Svens Fragen und die Antworten der Patienten. Von Zeit zu Zeit machte sich der Arzt Notizen. Elephantiasis interessierte ihn besonders. Vorsichtig befühlte er die harten Wucherungen, erfragte deren erstes Auftreten, dann vermaß er sie.

»Loa-Loa«, murmelte Sven, »der hier hat Loa-Loa. Sie wird durch die Chrysops-Fliege übertragen.«

»Nichts weiter als eine gewöhnliche Schwellung sehe ich, woran ist Loa-Loa zu erkennen?« fragte ich.

»Es gibt verschiedene Symptome: Die Form der Beule, Härte, Farbe. In der Regel ist sie sehr schmerzhaft. Man spricht von Calabar-Schwellungen, nach der nigerianischen Hafenstadt Calabar. Dort trat die Krankheit häufig auf. Eine Hetrazan-Kur unter ärztlicher Aufsicht würde heilen. Aber hier?«

Als Sven merkte, daß sich die Behandelten wieder anstellten, die Schlange der Kranken kein Ende nahm, legte er müde sein Heft aus der Hand und wischte sich den Schweiß vom Hals. Er schob den Tropenhelm in den Nacken, graues Haar hing ihm strähnig in die Stirn. Er seufzte tief und besah sich die vielen wartenden Menschen.

»Tja«, sagte Sven, »könnte hier glatt 'ne florierende Praxis eröffnen – nur gesund machen könnt' ich kaum jemanden.«

Er stand auf, ging kopfschüttelnd einige Schritte zur Seite und hob die Hände.

»Sprechstunde beendet«, rief Sven und ergänzte leise: »Ich kann euch doch nicht helfen.« Adaye übersetzte. Aber die Kranken blieben und warteten. Erst als wir das Dorf verließen, löste sich die Schar allmählich auf.

Puffotter-Biß

Im Camp herrscht große Aufregung. Hardy Germann hatte einen kapitalen Wels gefangen, doch niemand nahm Notiz von dem Prachtburschen, geschweige denn, daß jemand davon essen wollte. Ausgerechnet Frank, unser Reptilienspezi, war von einer Schlange gebissen worden. Er lag im Schlafsack am Waldrand und zitterte wie Espenlaup. Dicke Schweißperlen standen auf seiner Stirn. Aber er war bei Bewußtsein.

»Verdammt, wie konnte das geschehen?« fragte Conrad.

»Wenn ich das wüßte,« stöhnte Frank, »es war 'ne junge Puffotter, 'ne Bitis arietans wahrscheinlich, ich fing sie zehn Schritt von hier im Gebüsch und steckte sie in den Sack.«

»Und? Wie konnte sie dich beißen?«

»Zu dumm, ich bin einfach aus der Übung, war unaufmerksam. Als ich den Sack zuschnüren wollte, biß sie mir in die Fingerkuppe.«

»Schöne Schweinerei, zeig' her«, sagte Conrad.

Frank White zog seinen Arm aus dem Schlafsack. Jemand hatte ihm über dem Ellbogen einen Druckverband angelegt. Die Hand war mit Mullbinden umwickelt, die rot durchtränkt waren.

»Hab' mir gleich die Fingerkuppe abgeschnitten, vielleicht hilft's«

Der Zeigefinger war samt Nagel um einen halben Zentimeter gekappt worden und mächtig geschwollen. Immer noch drang Blut heraus. Sven und Charlotte nahmen sich Franks an.

»Puffotter? Wann hat sie dich gebissen?« fragte Sven.

Frank verdrehte die Augen, sein Gesicht war kalkweiß.

»Vielleicht zwei Stunden her«, flüsterte er.

»Ist die Schlange noch im Sack?«

»Kann sein.«

»Croc, schau nach, aber vorsichtig.«

Ich ergriff ein Stöckchen und hielt den Sack auf. Eingeringelt lag sie im äußersten Zipfel. Ich stocherte im Sack herum und konnte jetzt ihre Länge schätzen.

»Na, wie groß ist sie?« rief Sven.

»Wie 'ne Kreuzotter, vielleicht 60 Zentimeter lang.«

»Noch mal Glück gehabt, das überlebst du!« sagte Sven.

»Ich glaub's auch«, lächelte Frank gequält.

»Charlotte wird den Finger verbinden und etwas kreislaufstärkendes spritzen, mehr können wir nicht tun. Der Rest ist Geduld,« sagte Sven.

Gary Wood trat dazu. Wir standen betroffen um Frank herum.

»Haben wir denn kein Schlangenserum dabei?« fragte Gary.

»Seren müssen kühl lagern. Wo wäre das möglich? In deiner Hosentasche? Und welches Serum willst du denn mitschleppen?« fragte Conrad.

»Eins gegen Puffottern natürlich«, gab Gary zurück.

»Schlaumeier, im Omo-Tal gibts zwanzig verschiedene Giftschlangen und fast jede braucht ein anderes Gegengift. Und wann du Pech hast, krepierst du am Gegengift, weil du nämlich 'nen verdammt stabilen Kreislauf brauchst«, ergänzte Conrad aufgebracht.

Giftschlangen interessierten mich, und die im Sack machte neugierig. Puffottern hatte ich nur einmal im Zoo gesehen.

Ich bedauerte, so wenig über sie zu wissen. Während die Crew ihre Siebensachen packte und die Boote belud, ging ich zum Jutesack, um mir

Puffottern (Vipern der Gattung Bitis) sind gefährliche Giftschlangen, die am Omo häufig anzutreffen sind. Ein kleineres Exemplar biß Frank in den Finger.

die Viper der Gattung Bitis in Ruhe anzusehen. Sie hatte einen gedrungenen Körper mit dreieckigem Kopf. Ihre Augen besaßen senkrecht stehende Pupillen. Erwachsene Tiere blasen (englisch: to puff) sich auf, wenn sie gereizt werden und stoßen die Luft unter lautem Zischen aus, wie ein Blasebalg. Dann schnellen sie angriffslustig vor, um ihren Feind mit kräftigen Giftzähnen zu beißen. Ihr Gift ist ein tödliches Hämotoxin, das Blut und Gefäße schädigt.

Die Schlauchboote wurden endlich am Nachmittag beladen. Von Gordon gestützt, schleppte sich Frank an Bord. Es ging ihm schon etwas besser. Plötzlich hielt er inne und wollte sich von Gordon losreißen.

»Meine Puffotter, die muß mit!« rief er.

»Jetzt reichts aber!« brüllte Bob von seinem Boot aus, »bist wohl übergeschnappt!«

»Kommt nicht in Frage, die Schlange muß mit. Ich werd' sie in einen Blechbehälter legen.«

Conrad zurrte gerade die letzten Gepäckstücke fest, schaute auf, dann hörten wir seine eisige Stimme:

»Komm an Bord, Frank, die Schlange bleibt wo sie ist!«

Frank gehorchte. Wir atmeten auf.

Hippo-Angriff

Vom Westen her sind Flußpferde (Hippopotamus amphibius) guten Gemüte. An Land überrascht, suchen sie meist durch schnelles Rennen in Richtung Wasser das Weite. Dabei zeigen sie, trotz ihres massigen Körpers – 3,50 Meter Länge bei zwei Tonnen Gewicht – eine erstaunliche Gewandheit. In ihrem Element fühlen sie sich schon sicherer. Bullen starten gern Scheinangriffe zur Verteidigung ihres Reviers. Unzähligen sind wir ausgewichen oder schlugen die Angreifer durch bewährten Spektakel in die Flucht. Wir erkannten, wann es wirklich ernst wurde, dann blieb immer noch Zeit fürs Anlegen und den Sprung an Land. Dorthin würden sie nicht folgen, hieß es.

Ich saß auf dem Ruderbock von Wendys Boot. Man rief sich gegenseitig zu, wo Herden schwammen. Meist waren dies ruhige Buchten vor oder nach Stromschnellen. Starke Strömung mochten sie nicht.

Auf dem Bock hatte ich einen guten Überblick und steuerte das Boot je nach Situation aus Buchten heraus, in denen sich Hippos aufhielten, oder bremste, wenn sich Familien mit Kälbern anschickten, den Omo zu überqueren. Löste sich der Bulle von der Herde, pustete, holte Luft, tauchte ab und erschien Minuten später drohend und bölkend in Bootsnähe, so hämmerten unsere Fliegenklatschen gegen die Wülste. Häufig reichte die Maßnahme, um ihn zu stoppen. Aber es gab auch Situationen, da setzte der Bulle zu einem neuen Unterwasserangriff an. Nun waren die Bugmänner gefordert, mit Wucht das Kurzpaddel auf die Wasseroberfläche zu schlagen. Wenn sie richtig trafen, klang es wie Büchsenschüsse, und erschrocken drehten die Bullen endgültig ab.

Vorgestern war es vorgekommen, daß ein ganz wilder Bursche nochmals abtauchte und zwei Meter vor Bobs Boot erschien, um wirklich anzugreifen. Conrad hatte die Situation beobachtet und just im richtigen Moment eine rote Leuchtrakete abgefeuert. Das war dem Bullen dann doch zuviel, er ergriff die Flucht.

»Hippos right!« rief ich wieder einmal übers Wasser.

Gelangweilt schauten wir hinüber zur idyllischen, von schwarzen Lavafelsen eingerahmten Bucht. Die Nachmittagshitze hatte uns schläfrig gemacht. Ich ruderte das erste Boot. Wendy lag im Heck, sie war eingeschlafen. Behutsam zog ich an dem Einschnitt vorbei. Der Omo floß breit und

Als ich Wendies Schlauchboot übernahm, war der Fluß noch ruhig...

...Flußpferdkuh und Reiher nehmen keine Notiz von uns.

träge dahin. Es wimmelte von Flußpferdherden, die gewöhnlich aus zehn Tieren bestanden. Doch hier tummelten sich Hunderte. Ausgewachsene Kühe, Kälber, Jungtiere beiderlei Geschlechts, auch ausgewachsene Bullen. Durchs Fernglas erkannte ich Kolosse mit klaffenden, 30 Zentimeter langen Wunden. Da mußten kurz vorher Kämpfe um Territorien stattgefunden haben. So etwas wurde im Wasser, aber auch am Ufer ausgetragen.

Gerade stemmte sich eine Kuh aus dem Wasser, watschelte zur Grasnarbe. Dort »äste« sie, was am Tage selten zu beobachten war. Unbeholfen folgte ein Kalb.

Cathy Blenn schaute durchs Fernglas und erklärte: »Zoologen haben festgestellt, daß Fluß-

Mit mächtiger Bugwelle vor dem Schädel greift ein Hippobulle an.

Sven traktiert das Omo-Wasser mit knallenden Paddelschlägen. Doch diesmal läßt sich der Bulle nicht beirren. Er greift an und stößt mich aus dem Boot.

pferde pro Kopf und Nacht rund 70 kg Gras fressen. Dichte Populationen weiden pro qkm und Nacht etwa drei Tonnen Grünzeug ab. Dabei sind sie recht wählerisch und bevorzugen kurze, weniger fest verwurzelte Gräser, die sie mit den Lippen ihres 50 Zentimeter breiten Mauls bequem rupfen können.«

Das friedliche Bild geriet jäh in Aufruhr. Die Bullen hatten uns gewittert und stießen laute Grunzgeräusche aus. Die Kuh hechtete ins Wasser, das Kalb folgte kopfüber. Der Omo schwappte ordentlich. Zwei Bullen formierten sich zum Angriff. Bevor sie abtauchten, schoben sie eine mächtige Bugwelle vor ihren Schädeln. Jetzt tauchten sie weg... Minuten später kündigten sie sich durch starke Wasserfontänen an – zwanzig Meter backbord voraus.

Wir fühlten, daß die beiden Bullen es ernst meinten. In allen drei Booten klopfte die Crew, was das Zeug hielt.

»Schlagt mit den Paddeln, die beiden sind giftig!« brüllte Conrad aus dem zweiten Boot.

Da krachten die ersten »Schüsse«.

Vorsorglich hatte Bob die Leuchtpistole geladen und in Richtung Angreifer gefeuert. Erschrocken tauchte ein Schädel weg ... und wieder auf, aber der Abstand zu uns hatte sich vergrößert. Wo befand sich der zweite?

Und dann geschah es: Eine irre Kraft drückte die rechte Bootshälfte unter Wasser. Es zischte laut. Wasser spritzte. Ich fuhr herum, glotzte in ein Maul, groß wie eine offene Scheune, sah gelbe, lange dicke Zähne, die wie Baguettes aufrecht und ungeordnet in einem Rachen steckten, der an ein Riesenwaschbrett erinnerte. Ich sah listige blut- und wasserunterlaufene Augen, aufgeblähte Nasenfurchen, erschrak über furchtbare Narben längs der Lefzen. Im gleichen Moment war das Ungeheuer weggetaucht, und ein Stoß, als explodiere unter uns eine Wasserbombe, warf die Nußschale in die Luft. Ich hörte noch wilde Schreie, dann wurde ich aus dem Boot getragen, schlug mit dem Gesicht aufs Wasser. Und es war, als drehte sich der Fluß über mir, bis er rauschend zusammenfloß. Ich riß die Augen auf, sah nichts, nur braunes, milchiges Wasser.

Die Schwimmweste gab mir Auftrieb. Irgendetwas hing über mir, mächtig wie ein Wal. Der

Hippobulle? Der Bootsrand? Ich stieß mit dem Kopf dagegen. Die Luft wurde knapp, die Lungen schmerzten, in den Ohren brauste das Wasser. Hastig schwamm ich in eine Richtung. Ich konnte auftauchen ... neben dem Boot! Licht, Luft... Himmel nochmal, das war höchste Zeit! Die Hände krallten das Tau längs des Bootes. Keiner mehr an Bord? Ich brülle aus Leibeskräften. Vier Arme packten schließlich zu, hievten mich ins Boot. Schwer japsend lag ich da.

Die Schlauchboote waren dicht aneinandergefahren. Ich vernahm aufgeregtes Stimmengewirr. Dann sah ich Conrad, er sprang auf unser Boot.

»Alles Okay, Croc?«

»Kann nicht klagen«, sagte ich.

Wasser lief mir aus dem Mund.

»Wo steckt der Bulle?« fragte ich.

»Weg!« sagte Conrad.

»Weg? – umso besser.«

Jetzt merkte ich, daß ich wieder in Wendys Boot lag und das wir ziemlich Schlagseite hatten. Das Flußpferd hatte einen Lufttank durchgebissen. Wendy hatte den Ruderbock eingenommen. Sie versuchte, mit kräftigen Stößen in die Flußmitte zu gelangen.

»Haltet endlich euren Rand!« rief sie aufgebracht, »paßt lieber auf, daß nicht noch einer nach uns schnappt.«

Doch die Aufregung hatte sich noch lange nicht gelegt. Außer mir war niemand außenbords gegangen. Ich ärgerte mich über das Mißgeschick. Doch wer je auf dem Ruderbock saß, wußte, wie wackelig dieser Platz war. Zum Festhalten gab es keine Möglichkeiten.

»Ich will raus aus diesem beschissenen Luftkissen!« zeterte Frank auf einmal, »das ist doch kein Boot, das ist ein Sarg. Ich hab' die Schnauze...«

»Reiß dich zusammen!« fuhr Gary dazwischen.

»Zusammenreißen? Dir schlag ich eins aufs Maul. Dein dämliches Gequatsche geht mir schon lange auf die Nerven«, schrie Frank und packte mit der Linken das Kurzpaddel. Seine rechte Schulter mit Arm hing schlaff herab. Schmerz- und wutverzerrt war sein Gesicht. Mit erhobenem Paddel wankte er auf Gary zu.

»Zum Teufel, sind wir hier auf der Bounty?« brüllte ich.

Da war die resolute Wendy dazwischengesprungen, entwendete Frank das Paddel und stieß ihn auf das Sitzbrett zurück. Er saß aschgrau, zusammengesunken da, stierte vor sich hin. Sein Atem rasselte kurz und unregelmäßig. Was mochte in ihm vorgehen? Ich rappelte mich auf und kroch an Franks Seite. Mein Rücken schmerzte. Wahrscheinlich hatte ich beim Sturz ins Wasser das Ruder ins Kreuz bekommen.

»Tut mir leid«, stammelte Frank.

»Schon gut«, sagte ich.

»Ich hab' wahnsinnige Kopfschmerzen«, erklärte er.

»Klar, und dann hast du noch das Gift im Körper.«

Conrad zog mit seinem Boot vorbei und deutete nach vorn, wo der Omo von einem Nebenfluß gespeist wurde. Wir ließen die Boote knirschend auf dem Kies rutschen und sprangen über Bord. Das Wasser des Gebirgsbächleins war klar, kühl – einfach herrlich. Der Länge nach warfen wir uns hinein, kühlten unsere erhitzten Körper und Gemüter. Als Extra-Service gossen wir uns gegenseitig eimerweise Wasser über die Köpfe.

Etwa zehn Kilometer flußabwärts entdeckte Bob eine lauschige Bucht: Am Ufer Kiesgeröll, dem sich ein breiter Streifen feinen Sandes anschloß, der weiter oben in tropischen Busch mit Wiesenlichtungen überging. Als wir anlegten, randalierten Ochsenfrösche. In der gegenüberliegenden Lagune grunzten Hippos. Vor uns gurgelte der Omo, und von weiter weg nahm man wieder das Rauschen von Stromschnellen war.

Es war wie immer nach Sonnenuntergang, wenn die Tsetses sich beruhigt hatten und die »Kleine Nachtmusik« versöhnte. Die Bucht war wirklich romantisch – und doch sollte sie zur Bucht des Schreckens werden.

Wir saßen im Halbkreis ums Lagerfeuer. Vollmond verlieh dem Omo einen geheimnisvollen silbernen Glanz. Merkwürdig: Ich liebte die

Arbeit des Tages auf dem Fluß. Das Gurgeln, Schmatzen, Rülpsen und Tosen der Nacht; das Lager im kurzen Zwielicht, das Zittern der Sterne und das flutende Silber des Mondscheins. Ich liebte alles hier. Doch das war nicht immer so. Es gab Tage, da haßte ich Afrika, die Hitze, den Gestank, das Ungemach.

Feuer

»Ich habe Angst«, flüsterte eine Stimme neben mir.

Ich drehte mich zur Seite und erkannte Frank White.

»Von Zeit zu Zeit haben wir alle Angst, Frank«, sagte ich.

»Früher habe ich nie Angst gehabt. Aber im Boot, als uns das Hippo angriff, glaubte ich, es sei zu Ende.«

»Ich auch, war 'ne verteufelte Situation.«

»Ich seh' den Rachen immer noch. – Das Schlimme ist, daß ich abgesoffen wäre, wenn das Boot gekentert wäre. Schau mal her«, sagte Frank.

Mit zwei Fingern der Linken ergriff er die rechte Hand, hob sie hoch und ließ sie wieder abwärts fallen. Ich erschrak, fragte beiläufig:

»Hast du noch Gefühl im Arm?«

»Etwas, ja. – Mein rechtes Bein ist auch so taub.«

»Laß dich von Sven untersuchen«, riet ich.

Frank sah krank aus. Dicke Schweißperlen tropften ihm von Stirn und Wangen.

»Weißt du, ich komm' aus dem Urwald von Opala in Zaire. Ein ganzes Jahr dumpfer, dunkelgrüner Urwald. Immer nur Modergeruch. Ich roch den Tod. Weißt du, wie der Tod riecht? Faul! Im Urwald fault alles vor sich hin, wie ein von Maden durchsetzter Kadaver. Ja, Croc, ich saß im After Afrikas – und glaub' mir, das macht dich kaputt. Du weißt es, und du kannst nichts dagegen tun. Du bist wie im Delirium«, er seufzte tief.

Ein Vogel schrie durch die Nacht. Bob erhob sich und schlich zum Zelt. Adaye warf einen Ast aufs Feuer.

»Afrika, Afrika«, stöhnte Frank wieder. »Was machen wir hier bloß? Forschen, Beobachten ... doch alles nur Vorwand. Alles längst bekannt, überall niedergeschrieben. Wir fühlen uns als Entdecker – das ich nicht lache! Alles verkappte Abenteurer, romantisch verklärt, kaputt sogar. Arme Irre, die Jugendträumen nachlaufen.«

Er war erregt, ein heftiges Nervenzucken machte sich im Gesicht bemerkbar.

»Und du? Warum machst du den Trip mit?« fragte er.

»Die Mursi...«

»Na klar, die Mursi entdecken«, er lachte trokken auf, »auch so 'ne fixe Idee. Vergiß die Mursi, Croc. Das sind traurige Relikte aus der Steinzeit. Uninteressant für den Rest der Welt. Wir sollten uns dem anderen, dem modernen Afrika zuwenden.«

Ich dachte nach, wurde allmählich ungehalten:

»Warum alles gleichmachen, warum alles unseren Stempel aufdrücken? Ich meine die Welt ist gerade in ihrer Andersartigkeit schön.«

Frank schwieg.

Nach einer Weile erhob er sich.

»Vielleicht hast du recht ... und entschuldige, aber die Einsamkeit, der Urwald, sie machen dich krank.« Während er in die Dunkelheit humpelte, drehte er sich noch einmal um und murmelte:

»Wenn nur die verdammte Angst nicht wäre.«

Es geschah in der Morgendämmerung. Ich schlief noch, als jäh eine dumpfe Explosion das Tal erfüllte. Es folgten Schreie, dann deutlich: »Feuer, die Boote brennen!« Ich hielt das Gehörte für einen wirren Traum. Doch ich war wach, also konnte es kein Traum sein. Ich sprang auf, riß das Zelt auf: Meine Güte! Die Bucht erleuchteten meterhohe Flammen. Die Boote brannten tatsächlich. Wendy rannte kopflos am Ufer umher und schrie: »Hilfe – Hilfe – die Boote!« Gordon stürzte zum Feuer. Conrad, Bob und Gary folgten.

»Trennt die Boote«, brüllte Conrad.

Gordon zog sein Jagdmesser und kappte die Seile. Nun hatte auch ich den Ort erreicht, sprang ins Wasser und drückte ein brennendes Schlauchboot zur Seite. Unter lautem Knall platzte eine Luftkammer. Funken stoben mir um die Ohren. Flammen züngelten am Gummi der übrigen Kammern. Nach mehreren Eimern Wasser war das Feuer gelöscht

Gerade rettete Gordon das zweite Schlauchboot, er zog es aus dem Gefahrenbereich des dritten, total verbrannten. Ringsum kokelte es, und die Luft stank nach verbranntem Gummi. Conrad taxierte kopfschüttelnd den Schaden: Proviant, Gepäck, drei Ruder und Seile waren hinüber, doch den schlimmsten Verlust stellte natürlich das Boot selbst dar. Hoffentlich war das Boot mit dem geplatzten und den versengten Luftkammern noch zu retten?

Wendy warf sich schluchzend an Gordons Brust. Walker tröstete sie väterlich. Wie war das Unglück geschehen? Wendy wollte Kaffeewasser aufsetzen, um das Lagerfeuer rascher zu entfachen, schüttete sie Benzin in eine Schale und begoß damit die Holzscheite. Flammen schlugen hoch und züngelten in die Schale. Ohne nachzudenken, schnippte sie den brennenden Treibstoff hinter

Conrad und Adaye untersuchen das total zerstörte Schlauchboot.

Viele Stunden nimmt die Reparatur der angekokelten Boote in Anspruch.

sich. Ein Windstoß trug ihn zu den Booten, die sofort Feuer fingen.

Der Tag war mit Reparaturarbeiten ausgefüllt. Das verbrannte Boot wurde ausgeschlachtet, die anderen beiden repariert, geklebt und zusätzlich beladen. Conrad gefiel die Tieflage der beiden schwergepackten Boote nicht.

»Wir müssen Gepäck hierlassen. Mit dem Gewicht kommen wir nicht durch die Stromschnellen,« meinte er.

Krokodile

Die Umpackerei hielt uns bis zum Nachmittag auf. Aus armdicken Stämmen schnitzten wir Ersatzruder. Ich beobachtete, wie sich Hardy Germann am Heck eines Schlauchbootes zu schaffen machte. Als er wieder an Land war, meinte er:

Im Omo wimmelt es von Krokodilen.

Gerade schiebt sich eine Echse mit aufgesperrtem Rachen die Böschung hinab.

»Nach dem Pech woll'n wir uns wenigstens 'nen ordentlichen Catfisch grillen. Ich hab' nen feinen Köder an der Angel.«

Wir gönnten uns eine Pause. Die neuen Ruder waren fast fertig. Conrad schritt das Ufer ab und prüfte die Haltetaue der Boote. Man hatte sie um einen glatten Fels geschlungen, der wie eine Insel aus dem Sand ragte. Die Taue hingen schlaff von den Bugs. In der Bucht stand das Wasser, die

Strömung konnte den Booten nichts anhaben. Die Angel war für Conrad nicht sichtbar, da sie vom Heck waagerecht über dem Fluß hing – und Hardy schenkte ihr keine Aufmerksamkeit.

Bob hatte Spiegeleier und Bratkartoffeln gebrutzelt.

»Hardy, was macht der Wels, den du uns servieren wolltest?« fragte Charlotte.

»Schau mal nach, die Angel steckt am zweiten Boot,« sagte Hardy.

Conrad warf den Teller hin und sprang auf. In der Bucht dümpelte nur ein Boot. Jetzt verlor Main die Fassung:

»Ihr verdammten Greenhorns, in den Fluß sollte man euch jagen!«

Conrad, Bob und ich sprangen ins letzte Boot. Main ruderte, Hansen und ich paddelten wie von Sinnen aus der Bucht. Zum Glück war es noch nicht dunkel.

»Stemmt euch in die Riemen Jungs, wir müssen das Boot haben, bevor es in die Stromschnellen kommt,« zischte Conrad.

In dem übernächsten Einschnitt fanden wir es wieder. Es hatte sich in Luftwurzeln von Mangroven verfangen. Wir glitten langsam heran. Bob sprang hinüber.

»Vorsicht!« rief Conrad, »da tummeln sich Krokodile.«

Tatsächlich, das Wasser quirlte und siedete wie ein Powerstream. Ich sah die borkige Lederhaut der Schädel, klaffende Mäuler mit scheußlichen Zahnreihen, dann den mächtigen Schwanz, gezackt wie ein Sägeblatt.

Das Rudel balgte sich untereinander um eine Beute. Vielleicht um den Wels, der an Hardys Angel gehangen hatte? Oder etwas größeres? Gerade schob sich eine Echse vom Land her durchs Wurzelwerk – platsch, glitt sie ins Wasser.

Die Beute war ein Wildschwein. Das stärkste Krok hatte es quer zwischen den Kiefern und versuchte, das Tier in Sicherheit zu bringen. Doch das verhinderten die jüngeren, gewandteren Echsen und rissen das Schwein in Stücke.

Bob ruderte unbeschadet in den Fluß, dann drehte er bei, um in Ufernähe gegen den Strom in unsere Bucht zu gelangen. Hardy trauerte um seine Angel, die das diebische Krokodil samt Boot und Wels entführt hatte. »Wahrscheinlich wird dem Krok die Rute das ganze Leben lang aus dem Rachen hängen«, lachte er gequält.

Stromschnellen

An jenem späten Nachmittag setzten wir die Flußfahrt nicht fort und in der Nacht fanden wir keinen Schlaf.

Am Lagerfeuer: Ich drehte nachdenklich eine Tasse Kaffee in den Händen. Unsere hoffnungsvolle Expedition war haarscharf an einer Katastrophe vorbeigeschlittert, das stand fest. Was wäre geschehen, wenn uns nur noch ein Boot geblieben wäre, oder das Feuer gar alles vernichtet hätte?

Wir dachten alle dasselbe, und Gary Wood sprach es aus:

»Gesetzt den Fall, wir säßen auf dem Trockenen, hättest du uns aus dieser Bratröhre herausbringen können, Conrad?« In Garys Stimme lag etwas provozierendes, vorwurfsvolles.

»Wie dumm und unangebracht«, dachte ich und hoffte, daß sich Conrad, ja die Crew, nicht aufbringen ließ.

Conrads Augen blitzten zornig auf, dann war er wieder ganz ruhig und schaute wie durch Wood hindurch.

»Gary«, sagte er, »dich quälen Heimweh und Fernweh zugleich. Du verreist, weil du Heimweh hast. In der Ferne suchst du das leuchtende Paradies, die verlorengegangene Heimat. Willst im Garten Eden unter glücklichen Tieren wandeln, zufrieden leben und deinen Träumen nachhängen, die Welt verbessern«.

Gary Wood war von der Sorte, die nichts an sich heranließ.

»Den Schuh zieh' ich mir nicht an, Conrad. Als Journalist interessieren mich Fakten. Was du eben brachtest, waren keine Fakten, das waren Sentimentalitäten, die deine Stimmung betreffen. – Also, wie wären wir hier ohne Boote herausgekommen?«

»Ihr habt mich für den Fluß angeheuerte, nicht für Landmärsche«, antwortete Conrad, ergänzte aber: »Wir hätten uns teilen müssen. Ich hätte mit zwei, drei Mann versucht, Hilfe aus den Bergen zu holen, der Rest bliebe am Wasser. Auf jeden Fall gäbe es auf dem Fluß keine Fortsetzung.«

»Wie weit mag Hilfe entfernt sein?« wollte Gary noch wissen.

»Von hier aus hätte man sicher eine Woche zu marschieren.«

»Hast du am Omo schon mal ähnliche Situationen erlebt?« interessierte sich Cathy Blenn.

»Boote sind uns noch nicht verbrannt, aber Verwundete, einen Toten und ein paar zerfetzte Schlauchboote gab's schon.«

Adaye Motto meldete sich zu Wort:

»Ich hab' mal 'nen Hippo-Angriff erlebt, da biß der Bulle in die Wandung und zerrte das Boot mit Mann und Maus unter Wasser. Und das ganze passierte kaum 100 Meter oberhalb der häßlichsten Stromschnellen.«

»Warst du dabei, als ein Vier-Meter-Krok aus dem Fluß schnellte und dem Bootsmann das Ruder aus der Hand riß? Der arme Kerl wär' glatt über Bord gegangen, wenn ihn nicht zwei Leute festgehalten hätten«, erinnerte sich Conrad.

»Wann war das?« fragte Adaye.

»Muß 1984 gewesen sein. Wir hatten noch jemand an Bord, der sich ziemlich am Anfang ein Bein brach.«

»Da war ich nicht mit von der Partie«, erzählte Adaye, »doch mit Kroks hab' ich auch so einiges erlebt. Ich erinnere mich an einen Hans soundso, muß ein Deutscher gewesen sein, dem zog 'n Krok glatt die Hose aus.«

»Wie das?« fragte ich. »Ganz einfach, Hans stand in seinen Pluderhosen immer knietief im Wasser. Eines Tages wurde er gepackt und umgerissen. Hans jedoch war geistesgegenwärtig und hielt sich am Boot fest. Als der Angriff vorüber war, stand er unverletzt da, aber ohne Hose.«

Als wir am nächsten Tag etwa eine Stunde flußabwärts trieben, schickte sich der Omo an, einen neuen, tiefen Ton anzunehmen. Einen unbekannten Ton, der bedrohlich klang, so als stürzten seine Wasser irgendwo da vorn in einen Kessel. Wir trieben weiter darauf zu. Das Geräusch entwikkelte sich zum Spektakel, und die Fahrt beschleunigte sich. Nach der zweiten Biegung wurde es beängstigend laut. Vor uns kochte und brodelte es. Ein Gischtschleier stand über dem Tal. Ich ahnte, daß es schlimm werden würde und machte mich auf alles gefaßt. Conrad wies nach steuerbord und ruderte sein Boot in die Nische, wo ein halbes Dutzend Strudel wirbelten. Bob glitt elegant daneben.

»Vor uns befinden sich schwere Stromschnellen«, rief Conrad, »auf meiner letzten Fahrt schlugen zwei Boote um, wir verloren fast die ganze Ausrüstung. Der Omo zeigt hier seine Zähne, wir müssen sie ihm ziehen. Schauen wir uns die Sache einmal von oben an, Bob.«

Conrad und Bob Stein führten eine Kletterpartie auf halber Höhe der Lavafelswände an. Es dauerte nicht lange, bis wir respektvoll in den »boiling pot« schauten.

Schon ein merkwürdiges Gefühl, vom Rand aus in tosende Fluten zu sehen, die dich später ordentlich in die Mangel nehmen werden. Conrad hockte sich nieder und studierte den Verlauf des Flusses. Unmittelbar hinter der Bucht folgten mehrere Stromschnellen, dann teilte sich die Rinne, links stürzte sie einen Fall hinab, rechts bildeten sich kleine Kaskaden zu einer Treppe, die scharfe Lavabrocken durchsetzten.

Ich stand dicht neben den beiden Wildwasserexperten, als Conrad nach einer Weile sagte:

»Was meinst du Bob, rechts über die Stufen?« Bob wiegte den Kopf und meinte:

»ich wär fürs kurz' und knackige, über den Fall da. Die Stufen haben mir zuviel Felsen, die reißen uns die Flanken auf.«

»Lieber offene Flanken, als die Boote auf den Kopf stellen. Wir rauschen rechts die Treppe runter – klar!«

»Okay, Conrad, du bist der Boß.«

Man krakselte zurück, überprüfte sorgfältig die Ladung, zurrte fester, was zu lose erschien. Dann sprangen wir in die Boote. Ein gewisses Herzklopfen möchte ich nicht verheimlichen. Kaum abgestoßen, erfaßte uns gurgelndes Weißwasser und jagte uns durch steil abfallende »rabbits«. Sie waren turbulenter als alle, die wir vorher »geritten« waren.

Ein Brecher entlud sich über uns, für eine Ewigkeit sah ich nichts. Waren wir doch in den Fall geraten? Nein, noch hingen wir mitten in den Stromschnellen und sausten talwärts. Tosendes Wasser schlug wie Bretter auf uns ein. Eben flog ein Gepäckstück an meinem Schädel vorbei. Eine Leine war gerissen.

Aus den Augenwinkeln sah ich, wie sich Bobs Boot total in die Gischt grub. Als es wieder herausschoß, hing Sven außenbords. Für Sekunden sah ich sein Gesicht. Es war von Todesangst verzerrt. Wieder schlug mir eine Flut erstickend in den Mund, im Schlauchboot schwappte wadentief das Wasser. Jetzt hatte ich das Donnern des Wasserfalls in den Ohren, es übertraf alles: Das Tosen der rabbits und die Schreie der Frauen.

Nun war Conrads Geschick gefordert. Er mußte das Boot aus rasender Fahrt in den Nebenarm nach rechts bugsieren, andernfalls schossen wir den Fall hinab. Sein Manöver kam überraschend und warf uns gegen eine Bordseite. Das Boot wirbelte um die eigene Achse und tobte rückwärts mit starker Drift gegen Backbord. Der Bootsmann verstärkte den Drall durch das Einstemmen des linken Ruders. Die entfesselten Wassermassen drohten Conrad über das Ruder aus dem Boot zu hebeln, doch er hatte sich fest verkeilt, und im ersten Moment sah es aus, als bräche der Schaft unter dem ungeheuren Druck. Das Boot kratzte förmlich die Kurve und wurde auf eine Fläche geschleudert, die den Omo gläsern, wie über künstlich angelegte Kaskaden, abströmen ließ.

Wir rauschten über die Treppe und das Boot wurde zwischen den Lavabrocken hin- und hergestoßen wie ein Punchingball. Conrad hatte die staksigen Ruder ins Boot geworfen und kauerte unter uns. Steuern konnte er in dieser steinigen Wasserwüste ohnehin nicht. Neben mir zischte es scharf, schon sackte ein Luftkörper in sich zusammen. Die Bootsnase wurde herumgerissen, und unter uns schrammte der Boden über Fels. Harte Stöße fuhren mir ins Kreuz. Nur nicht mit den

Hier ist es nur eine kleine Welle, die sich im Boot entleert.

Knien den Boden berühren! Wir flogen über die zweite, dritte und weitere Stufen. Ich spürte die Schläge im Schädel. Ich wußte, daß wir uns jetzt rechts halten mußten. Auf der anderen Seite lauerte eine Wand, und die Wassertreppe prallte genau dagegen. Wenn es nicht gelang, vorher abzudrehen, klatschten wir an diese verdammte Wand wie ein rohes Ei!

Conrad hatte den Verlauf des Omos wie einen Film vor Augen. Längst hatte er das richtige Ruder gepackt, riß das Boot mit kurzen, kräftigen Schüben aus der Gefahrenzone. Wieder einmal peitschte Gischt übers Boot. Erst jetzt wurde mir klar, wie durchnäßt ich war. Wasser strömte vom Kopf und quoll aus den Taschen. Der Sonnenhitze, die vorhin noch auf dem Rücken brannte, war zähneklappernde Kälte gewichen.

Wir sausten über eine schaumig Fläche, als befände sich ein Luftpolster unter uns. Beim Hochschauen wirbelten die Felswände ringsum und drohten niederzustürzen. Und das ganze Chaos von schwarzen, braunen, glatten, gleißenden und spitzen Felsen durchraste unser Boot.

Die Berge traten jäh zurück, Sonnenlicht flutete herab. Vor uns leuchtete eine Felsflanke, über die das Wasser hinwegleckte, um dahinter mit dem Hauptarm in einem tiefen Bassin zu verschmelzen.

»Noch über die Zunge, dann haben wir es geschafft!« rief Conrad und grinste verwegen.

Die »Zunge« war ein Kinderspiel, wir rutschten querab drüber, wie ein Schlitten, der knatternd über Eis fegte. Dann liefen wir in dem Bassin aus, glitten kurz darauf im träge, breiten Flußbett dahin. Das Boot lag im braunen schweren Fluß, und das Wasser im Fluß war sicher und tief. Die Anspannung löste sich, wir lachten.

Conrad hatte das Glas vor seinen Augen, und Bobs Boot im Visier. Es mochte dreihundert Meter hinter uns sein.

»Junge, Junge, die sehen aber ramponiert aus«, meinte er.

»Haben sie Sven an Bord?« fragte ich.

»Kann ich nicht erkennen, aber da liegt einer

Mit hoher Geschwindigkeit wird ein kabbeliges »Waschbrett« abgeritten.

Als wir in ein ruhiges Bassin hineintreiben, löst sich die Spannung. Conrad grinst erleichtert.

ausgestreckt im Boot.«

Bob glitt heran. Steuerbords erkannte ich zwei flache Luftkörper, das brachte sein Boot in eine enorme Schieflage. Der Bootsmann sog Luft durch seinen offenen Mund. Das Gesicht war grau, es wirkte zusammengefallen und um Jahre gealtert. Erschöpft stellte er sein abgebrochenes Ruder aufrecht.

»Alle Wetter, was für ein Ritt! Für unseren Professor wär's fast das Aus gewesen«, keuchte Bob.

Charlotte, Cathy und Wendy lagen wie Schnapsleichen im Heck, während sich Sven mit schmerzverzerrtem Gesicht aufrappelte. Er war an den Beinen lädiert, aber lebendig und augenscheinlich froh darüber.

»Ich kam mir vor wie 'n Copilot beim Motorradrennen mit Beiwagen, nur fehlte der Beiwagen«, stöhnte er.

Seit Tagen trieben wir nun schon durch menschenleeres Gebiet nach Süden. Dann aber änderte der Omo seine Richtung und floß westwärts, an den Ausläufern des 4200 m hohen Mount Guge vorbei. Gegen Abend verengte sich das Tal, die Berge traten ans Ufer. Als wir lagerten, standen sie schwarz und steil wie Spalierwände hinter uns. Tags darauf vernahmen wir zur Mittagszeit wieder dumpfes, tiefes Rauschen – ein bekanntes Rauschen, das ich mit Schrecken wiedererkannte. Wir ankerten am Ufer und lauschtem dem Getöse, das aus dieser Entfernung einem monotonen Hämmern glich. Es mochte an den »rabbits« liegen, die hier besonders eigenwillig durchs Omobett sprangen.

Die Ufer zu beiden Seiten hatten Bäume und Büsche abgeworfen und bestanden nur noch aus Fels und Geröll. Sie waren steil, doch nicht so steil, daß man nicht vorsichtig an ihnen hinaufgehen konnte.

Das Bild, das sich uns oberhalb der Stromschnellen bot, war faszinierend! Die Omowasser wurden tatsächlich über drei Meter hohe Fälle in Trichter geworfen, die sich in wieder neuen Trichtern entleerten, bis das tief ausgewaschene, von mächtigen Felsbrocken unpassierbar gemachte Flußbett irgendwo hinter einer Biegung zur Ruhe kam.

»Mein Gott, da durch?« stieß Charlotte aus. Gary schaute Conrad an und sagte:

»Welche Furt schlägst du vor?«

Eine Karambolage auf bewegtem Omo.

Main reagierte nicht, er war zu sehr mit dem Fluß beschäftigt. Gordon neben mir schüttelte den Kopf.

Beeindruckt gingen wir zum Ankerplatz zurück.

Als letzter traf Conrad ein. Er schaute nachdenklich drein. Dann verkündete er seine Entscheidung:

»Hört mal her Leute, ihr habt die rabbits gesehen. Das Risiko steht 9:1, das wir bei dem Wasserstand die Boote verlieren. Wir werden die Boote entladen und alles am Ufer entlangtragen, bis der Fluß sich wieder beruhigt hat.«

»Könnte man es nicht wenigstens versuchen? Ich brauche noch 'n paar dramatische Aufnahmen«, war Garys Kommentar.

Keiner lachte.

Was Conrad gerade vorgeschlagen hatte: Boote entladen und alles am Ufer entlangtragen, hörte sich plausibel und recht harmlos an, doch in Wirklichkeit war es ein Kraftakt, der uns den Schweiß aus den Poren trieb und an den Rand der Erschöpfung brachte. Die Mücken umschwärmten uns wie Nebelschwaden, und die afrikanische Sonne stach erbarmungslos auf uns nieder. Das Ufer zitterte in der Glut, kein einziger Baum, nicht der Hauch eines Schattens. Die Sonne hing am Himmel wie eine ungeheure weiße Wolke, sie führte ihr Eigenleben da oben, und unten schufteten wir mit trockenen Kehlen und spröden Lippen. Am schlimmsten war es, die beiden unförmigen, schweren Schlauchboote am Abhang entlang zu balancieren.

Endlich hatten wir alles, Fracht und Schlauchboote hinabgeschleppt. Die Sonne stand tief und lange Schatten krochen von irgendwo herauf. Erschöpft ließen wir uns in die Boote fallen und hinab – in die Nacht hinein – treiben.

»In der Wildnis finde ich etwas Wertvolleres und Verwandteres als auf den Straßen und in den Städten. In der ruhigen Landschaft, und besonders in der weit entfernten Linie am Horizont, erblickt der Mensch etwas, das so schön ist wie seine eigene Natur.«

(Ralph Waldo Emerson)

Der Omo im Wandel der Landschaft

Gordon Walkers Kompaß zeigte an, daß wir seit gestern wieder mit Hauptrichtung Süden durch den unteren Teil Äthiopiens trieben. Wir waren nun zwölf Tage auf dem Fluß, und die Boote bewegten sich ruhig durch träges Wasser. Zwar hatte sich der Omo ein tiefes, grünes Bett gegraben, doch oberhalb der Böschung war das Land nur leicht hügelig, die Berge erstreckten sich weit ab vom Fluß, bisweilen zeigten sie sich als blaßblaue Silhouette vor dem fernen Horizont.

Die Flußlandschaft hatte sich zu einem Paradies für Wildtiere entwickelt. Nicht ohne Grund. Der Strom begrenzte hier den östlichen Teil des urwüchsigen Omo-Nationalparks, ein Gebiet von rund 6500 qkm. Gerade marschierte eine Herde Büffel auf, dampfend von aufgeregten Kuhtreibern umgeben. Abseits standen Wasserböcke an der Flußtränke. Ungemein gierig durchwühlten Wildschweine den Schlamm nach Eßbarem. Paviane und Colobus gebährdeten sich in den Baumkronen wie toll. Conrad hatte das Glas vor Augen und gab weiter, was er an Vögeln ausmachte: Pelikane, Tropikvögel, Kronen- und Seidenreiher, auch Löffler, Ibisse und Störche,

Am Ufer steht ein kapitaler Büffel. Mit geblähten Nüstern und blutunterlaufenen Augen glotzt er uns nach.

neben verschiedenen Enten- und Gänsearten.

»Das ist Afrika wie ich es liebe«, sagte er aus tiefer Überzeugung und gab das Fernglas Hardy. »Das sind die Momente, die mich immer wieder hierhertreiben; an den Ort, wo die Zeit stillzustehen scheint.«

Aufzeichnungen wurden gemacht. Sven beobachtete und Charlotte döste in der Hitze. Hardy ließ unentwegt seine Kamera surren, die Vogelwelt, die gesamte Flora und Fauna dieses Omo-Abschnitts entzückten ihn. Mir fiel auf, daß die Krokodile jetzt größer und schwerer geworden waren, auch ihre Population hatte sich erhöht. Fast auf jeder Sandbank ließen sie sich von der Sonne bescheinen. Ihre Rachen hielten sie aufgesperrt, ihre Zähne saßen wie Sägeblätter in den Kiefern. Bemerkten sie uns, klappten die Gebisse zu, bevor die Echsen behende ins Wasser glitten. Die Nilpferde zeigten sich am unteren Omo nur noch vereinzelt. Conrad meinte, daß ihnen die Flußvölker heimlich nachstellten, selbst im Omo-Park scheuten sie sich nicht, die Dickhäuter zu fangen oder abzuknallen. Hunger kennt keinen Artenschutz! Cathy Blenn hatte über alle gesehenen Kroks und Hippos buchgeführt. Ihre Statistik wies 1378 Flußpferde und 203 Krokodile auf...

Jäh und unerwartet explodierte der Fluß in den trägen Nachmittag hinein. Ein unglaublicher Peitschenhieb teilte das Wasser am Bug, und heraus schoß eine tonnenschwere Lanze, fünf Meter lang. Das Wort: »Krokodil!« blieb uns vor Schreck im Halse stecken. Wir rutschten in die Bootsmitte und schauten wie gebannt auf die Wasserfläche. Da, ein Stoß von unten. Hatte sich die Echse im Gummi festgebissen? Sie tauchte wieder auf, diesmal zwei Meter rechts vom Boot. Ich sah Reihen dicker Hornwarzen auf dem Rücken und grausliche Zähne, die aus dem geschlossenen Maul klafften, eiskalte Augenpaare, fähig zu paralysieren.

Bob und Conrad hatten gleichzeitig die Signalpistole gezückt. Während ich noch wie gelähmt das schaurig-schöne Reptil anstarrte, hatten sich Adaye und Hardy die Paddel gegriffen und hielten sie wie Schwerter über ihren Köpfen. Zwei Schüsse krachten, die Leuchtmunition tanzte für einen Augenblick über den schuppigen Rücken, dann tauchte er weg ... und blieb vom Fluß verschluckt. Nur zögernd kehrte die alte Gelassenheit an Bord zurück.

Schließlich konnte sich ein solcher dramatischer Auftritt jeden Moment wiederholen. Die Bootsmänner luden für alle Fälle ihre Revolver nach. Und wir legten die Paddel griffbereit. Neben Jagdmessern waren sie die einzigen Waffen für den Nahkampf – geradezu lächerlich, wenn so ein ausgewachsenen Krokodil wirklich ernst machen sollte.

»Der Schwanz ist bei den Kroks das Gefährlichste«, erklärte Frank White, der die Szene vom zweiten Boot aus beobachtet hatte.

»Ich erinnere mich an eine Fahrt auf dem Uele in Zaire. Unser Einbaum wurde mit einem einzigen Schwanzhieb in der Mitte durchgeschlagen!«

»Seid auf der Hut!« warnte Conrad, »die Kroks sind tückisch und äußerst gefräßig in diesem Abschnitt.«

Und tatsächlich, kaum eine Stunde später biß eines ins Ruder, das knackend zersplitterte. Kurz darauf versuchte sich ein riesiger, gelber Rachen mit fürchterlichen Zähnen, im Wulst festzubeißen, was ein Hagel von Paddelhieben verhinderte.

Unser Nachtlager befand sich diesmal auf einer Halbinsel, die wie eine Zunge in den Fluß ragte. Conrad erklärte, daß wir möglicherweise im Stammesgebiet der Bodi seien. Wenn wir unbehelligt bleiben wollten, sollten wir uns so leise wie möglich verhalten. Die Bodi gelten als aggressiv und diebisch. Sicherheitshalber sollte heute Nachtwache geschoben werden.

Die Einteilung war schnell getroffen. Ich meldete mich mit Hardy für die Wache von ein bis drei Uhr.

Am nächtlichen Himmel stand Vollmond, silbern flutete sein Licht über den Strom und das Lager. Auf dem Leuchtzifferblatt erkannte ich, daß es kurz vor Mitternacht war. Ich verspürte Unruhe und fand keinen Schlaf. Als ich aus dem Zelt schaute, erkannte ich Charlotte und Sven am heruntergebrannten Feuer. Sie wachten von elf bis eins. Charlotte saß vorgebeugt da, als studierte sie etwas auf ihren Knien.

»Sonderbar«, dachte ich, »woher rührt nur diese Unruhe?« Ein deutliches Gefühlt sagte mir, daß diese Nacht Augen hatte, Ohren, Arme und Beine. Befanden wir uns auf Bodigebiet, so beobachteten uns die Krieger des Stammes. Fragte sich nur, ob in guter oder böser Absicht? Ich ging hinüber ans Feuer und setzte mich zu den beiden. Jetzt erkannte ich, daß die Schwedin im Licht einer Taschenlampe las. Vor ihr lagen Artikel von Wissenschaftlern, die sich mit den Flußvölkern befaßt hatten: Torney, Almagor, Turton, Haberland, Pauli, Jensen, Schulz-Weidner... Unsere Ethnologin führte einen Stapel von Auszügen der Literatur über die Altvölker Südäthiopiens bei sich.

»Wir werden beobachtet«, flüsterte ich.

»Das Gefühl haben wir auch, aber noch nichts verdächtiges gesehen«, sagte Sven.

Wir horchten in die Dunkelheit. In der Steppe war das schaurige Lachen einer Hyäne vernehmbar. Von irgendwo das schwache Bellen eines Hundes – weit weg, wahrscheinlich lebten dort auch Menschen. Der Fluß gurgelte monoton, und im Dickicht knackte es ein – zweimal. Der Kegel von Charlottes Taschenlampe erleuchtete die Stelle. Nichts!...

Ich habe mich eifrig bemüht, der Menschen Tun weder zu belachen, noch zu beweinen, noch zu verabscheuen, sondern zu begreifen.

(Benedictus de Spinoza, Philosoph)

Flußvölker

Bodi – aggressive Viehzüchter

Das wilde und stolze Hirtenvolk der Bodi, sie selbst nennen sich Mékén, bewohnt den nördlichen Teil der Ebene zwischen Omo und Dime-Gebirge. Mit ihren südlichen Nachbarn, den Mursi, leben sie in Erbfeindschaft, hieß es. Mitunter liefern sie sich blutige Überfälle, dabei kommt es zu Mord und Raub. Aber es sind nicht nur die Konflikte zwischen Bodi und Mursi, die das Tal in der riesigen Omo-Schleife in Atem halten. Da kämpfen Bumé gegen Geleba, Hamar gegen Mursi, Mursi gegen Bumé und Bodi. Zwischen den Fronten werden kleinere Stämme, wie die Bacha und Kure, aufgerieben.

Der britische Völkerkundler David Turton lebte zwei Jahre im unteren Omogebiet. Angesichts der ewigen Stammesfehden und der grassierenden Krankheiten nannte er die 5800 qkm große Niederung zwischen Omo und River Mako »Ebene oder Tal des Todes«. Fürwahr, keine einladende Bezeichnung für ein Gebiet, das wir uns als Ziel ausgesucht hatten!

Professor Eike Haberland weilte in den fünziger Jahren bei unerforschten Völkern Südäthiopiens. Über das kriegerische Volk der Bodi hat er Interessantes berichtet. Eine Passage behandelt die Stammeskämpfe, die mit unvorstellbarer Grausamkeit ausgetragen werden. Wir bekamen Gänsehaut, als Charlotte am Feuer las: »Die Kriege wechseln sich ohne eigentlichen äußeren Grund ab: Sind die Mursi dieses Jahr bei den Bodi eingefallen, so rauben die Bodi das nächste Jahr bei den Mursi. Man schlägt alles tot, was man trifft, ohne Unterschied von Alter und Geschlecht, tötet selbst Säuglinge und schlitzt schwangeren Frauen den Leib auf. Den getöteten Männern schneidet man die Geschlechtsteile ab, den Frauen die Brüste, steckt diese auf einen Speer und zieht mit der Beute triumphierend nach Hause. Dort gibt man ein Fest und hängt die Trophäen am Kralzaun auf. Als Höhepunkt des Festes setzt sich der Sieger auf sein Lieblingstier und verkündet singend seine Taten...«

Charlotte las noch eine Weile weiter. Da ging es um Stockduelle, Feste der Bodi, Hochzeit und Brautpreise. Sie schüttelte sich und meinte:

»Ob das heute – 35 Jahre später – noch so ist?«

»Warum nicht?« sagte Sven, »die Völker leben in praktisch unbeschränkter Freiheit. Die Polizeistationen von Dime und Gerfa mischen sich nicht ein.«

Gerade wollte Charlotte den Bodi-Artikel in ein Kuvert schieben, brüllte es aus einem der äußeren Zelte:

»Räuber – Hilfe!« Gary Wood kam herausgestürzt. Im Nu war das Lager hellwach. Taschenlampen blitzten auf, ein großes Lamento hob an. Wir rannten um unsere Zelte herum, zur Feuerstelle zurück ... mit anderen Worten, recht aufgescheucht durcheinander... Die Diebe verschwanden als unerkannte Schatten im Wald.

Noch in der Nacht nahmen wir den Umfang des Schadens auf: Die Zelte von Charlotte, Sven, Hardy und Gary waren an der Rückwand aufgeschlitzt worden. Conrad untersuchte den sauberen Schnitt und meinte:

»Die Zelte wurden mit Rasierklingen aufgetrennt.«

»Rasierklingen, die Missionare oder Touristen ihnen geschenkt haben!« lachte Bob trocken.

Zum Glück fehlten keine lebenswichtigen Dinge. Es ging um Schuhe, T-Shirts, Hemden, Hosen, eine Menge Filmdosen und zwei Thermosflaschen. Während Gary gestikulierend zum dritten Mal in Szene setzte, wie er durch die Diebe geweckt wurde, schaute Conrad nachdenklich über die Ebene, ins Land der Bodi.

»... Stellt euch vor, ich lag in den schönsten Träumen, da tastet eine große, schweißfeuchte Hand in meinem Gesicht herum. Ich machte die Augen auf und sah einen langen, schwarzen Arm, der von außen durch mein aufgeschnittenes Zelt ragte und am Ende des Arm's erblickte ich ein Gesicht. Mondlicht hatte es zur Fratze ausgeleuchtet...«

»... In den Augen glühte das Weiße, das Gebiß war gefletscht wie bei einem Raubtier.«

»Ich weiß, ich weiß Gary, nun hast du endlich den Aufhänger für 'ne Story«, warf Bob ein.

Gary zog beleidigt ab. Von Stund an sprach er nie wieder über sein Erlebnis.

Wir waren gerade beim Frühstückmachen, als Conrad, ohne aufzusehen, sagte:

»Wir bekommen Besuch, laßt euch nichts anmerken. Es sind Bodi, die wahrscheinlich nichts mit der Sache zu tun haben.«

Drei schlanke Männer traten ungeniert ins Lager. Ein Älterer war vollkommen nackt, mit kahlrasiertem Schädel. In den Ohrläppchen trug er große Messingringe. Seine Hände spielten mit einem Buschmesser. Die beiden Jüngeren waren spärlich, mit einem Schultergewand aus Baumwolle, bekleidet. Rote Glasperlen schmückten ihre Hälse. Während der Kleinere mit einem Speer bewaffnet war, hing dem Großen, eine imposante Erscheinung, eine alte Büchse von der Schulter. Kein Zweifel, die Leute befanden sich auf ihrem Territorium, das zeigte ihr sicheres Auftreten.

Am Morgen nach dem nächtlichen Diebstahl besuchen uns Bodi-»Krieger«.

»Salaam«, sagte der Ältere und reichte jedem die Hand.

»Salaam« (etwa: guten Tag) erwiderten wir. Man betrachtete sich gegenseitig mit großem Interesse. Wir, wie die Bodi, befingerten die jeweils unbekannten Gegenstände des anderen. Sie untersuchten Armbanduhren, Knöpfe, Gürtelschnallen; wir eine Tabaksdose aus Horn, den Schmuck, die Waffen ... extreme Kulturkreise nahmen Kontakt auf.

Der Alte zog aus einem Lederband, das er als Manschette trug, eine Rasierklinge und gab durch Gesten zu verstehen, daß er so etwas haben wollte. Wir gaben vor, keine Klingen zu besitzen, dafür teilten wir Metallspiegel aus.

Charlotte und Gordon bearbeiteten Conrad und Adaye Motto, die Männer zu fragen, ob wir nicht ihr Dorf besuchen und einige Tage dort verbringen könnten. Adaye hatte sich bislang im Hintergrund gehalten, jetzt trat er vor und brachte den Bodi unser Anliegen vor. Nach einigem Hin und Her waren sie gegen Zahlung von zwei Stück Seife und zwanzig Birr, in gut erhaltenen Scheinen, bereit, uns wenigstens ihr Dorf zu zeigen.

»Die härteste ›Währung‹ bei den Bodi sind Patronen für ihre alten österreichischen Mauser-Gewehre,« sagte Adaye, »aber so etwas führen wir nicht, genausowenig wie Maria-Theresien-Taler. Neben Rindern waren die Taler beliebte Zahlungsmittel. Birr, unsere offizielle Währung, akzeptieren sie erst seit wenigen Jahren«.

Wir ließen die Bodi am Frühstück teilhaben, dann brachen wir das Lager ab. Die Männer liefen ein Stück den Fluß hinab und holten ihre mit Luft gefüllten Ziegenhäute aus dem Gestrüpp hervor. Sie stiegen zu uns in die Boote. Ziegenhäute benutzten sie als Schwimmblasen, mit denen sie den Omo durchquerten. Eine waghalsige Angelegenheit, wenn man an die lauernden Krokodile dachte, und in der Tat haben die Flußvölker häufig Tote und Verletzte zu beklagen, die auf das Konto der Reptilien gehen. Da sich die Menschen jedoch meist im trockenen, höhergelegenen und gesünderen Hinterland aufhalten, besitzen nur wenige Sippen Einbäume.

Wir passierten die Landzunge, trieben noch ein Stück den Strom hinunter, bis Bogoah, der ältere Bodi, zum Anlegen aufforderte. Das Ufer war verlassen, verfilzt und steil. Wir machten die Boote fest. Bob Stein, Wendy und Hardy blieben freiwillig als Posten zurück. Wir folgten den »Wilden« durch die Steppe. Die gespenstische Ruhe machten Adaye und Conrad nervös. Früher hielten sich immer Bodi in Ufernähe auf, begrüßten die seltenen Flußfahrer mit lautem »Salaam-Salaam«, winkten sie heran, um mit ihnen zu handeln und zu tauschen. Doch jetzt die bedrükkende Stille?

Wir wanderten am Rand der weiten, menschenleeren Savanne entlang nach Osten. Das Gefühl des Unbehagens wuchs. Adaye kratzte sich verlegen am Kopf und versuchte, mit den Fremden ins Gespräch zu kommen, wollte wissen, ob es Krieg mit den Nachbarn gäbe. Doch die Männer, sie kamen mir mit ihren Waffen und hartem Ausdruck in den Gesichtern tatsächlich wie echte Krieger vor, blieben stumm und verschlossen.

Vor den fernen Bergen stand eine mächtige Staubwolke. Im Fernglas erkannte man Rinder, die nach Norden getrieben wurden. In einem Baobab kaprizierte sich eine Gruppe geiler Paviane. Die Hitze kroch wie flüssiges Gas aus dem Elefantengras und tanzte über der Ebene. Als wir eine Bodenwelle durchschritten, hörten wir Hundegekläff, es verriet, daß Menschen nicht fern sein konnten. So war es auch. Wir sahen Palisadenzäune, dahinter Bienenkorb-Hütten. Wir näherten uns einem Kral und nun traten mehrere schlanke, aber muskulöse Krieger aus der Deckung. Sie waren individuell gekleidet: Khaki-Shorts, Lendentücher die einen, Umhänge aus Leder oder Baumwolle andere. Auch unbekleidete Männer erschienen. Alle waren bewaffnet und sei es mit einem Stock, der an einem Ende dick ausgearbeitet war – zu einer Keule oder einem Totschläger.

»Du liebe Zeit«, flüsterte Charlotte, »rechts außen, der Lange, der trägt mein Hemd.«

»Verdammt, seht euch den in der zweiten Reihe an, der hat doch Hardys Shirt an«, sagte Conrad.

Der Schwarze steckte in einem weißen Hemd mit der Aufschrift »Alaska«.

»Es war ein Fehler, das Dorf zu besuchen«, stöhnte Adaye.

»Warum?« fragten wir.

»Sie werden sich bedroht fühlen, weil sie glauben, wir sind gekommen, um das Diebesgut zurückzuholen.«

»Und?« fragte Sven.

»Sie werden uns angreifen!«

»Quatsch nicht!« zischte Conrad, schritt weiter und setzte sein freundlichstes Gesicht auf.

Doch die Männer vor den Hütten schauten finster wie ein Grab. Am Zaun, aus undurchdringlichem Akaziengestrüpp, versperrten uns die Bodi den Weg. Conrad sprach Amharisch zu den Leuten, er wußte, daß meist einer im Dorf die Sprache verstand und bat, zum »Kumuru«, dem Häuptling, vorgelassen zu werden. Die Krieger murmelten durcheinander.

Schließlich sprach einer recht erregt auf uns ein – in Amharisch.

Conrad hörte ruhig zu, dann übersetzte er was der Bodi gesagt hatte:

Etwas abseits des Geschehens steht eine junge Bodi-Frau.

Ein grimmig schauender Veteran hat sich mit einem Buschmesser bewaffnet.

»Wir sollen schleunigst das Dorf verlassen. Es gäbe mit einem Nachbarvolk Streit. Der Häuptling wünsche uns nicht zu sprechen. Er berate gerade mit seinen Dorfältesten.«

Conrad unternahm noch einen Versuch. Sprach von unseren friedlichen Absichten. Der Bodi-Mann wurde jetzt ungehalten. Die Lage war ernstlich gespannt.

Wir verließen bei gereizter Stimmung das Dorf. Natürlich folgte uns die wilde Meute. Einige Hitzköpfe trabten voraus, andere hielten sich dicht an unsere Fersen. Mit ihren Waffen fuchtelten sie ziemlich nervös in der Luft herum. Es mußte ein wahnsinniges Bild gewesen sein, wie wir da mit nackten und halbnackten Bodikriegern im Eilmarsch dem Fluß zustrebten.

»Greif um Gottes willen nicht zur Kamera, Croc!« beschwörte mich Adaye. Auf seiner Stirn standen Schweißperlen.

»Ich bin doch nicht Lebensmüde!«

Wir spürten, daß die Lage prekärer wurde. Doch noch war das Omo-Flußbett nicht in Sicht.

»Was ist bloß in die Bodi gefahren?« fragte Charlotte fassungslos.

»Ein stolzes, kriegerisches Hirtenvolk läßt sich auch von Weißen nicht beeindrucken. – So aufgebracht habe ich sie allerdings noch nicht erlebt«, sagte Conrad, »sicher liegt es am Streit mit den Mursi.«

Der Alkalistaub drang in alle Poren und schmerzte in den Augen. Schweiß strömte in Bahnen vom Körper. Wir hasteten über einen Hügel..., dann sahen wir Bob und Hardy. Sie schauten einen Moment in unsere Richtung, dann verschwanden sie. Am Omo brachen wir durch die Böschung und sprangen in die Boote. Augenblicklich stießen wir ab. Die Bodi bauten sich oben am Uferrand in einer Reihe auf. Wer sie so sah, mochte glauben, daß sie uns zum Abschied zuwinkten. Das Gegenteil war der Fall: Eine Batterie Steine klatschte ungezielt ins Wasser und auf die Boote.

»Scheinen irgendwie böse auf euch zu sein, die Leute«, meinte Bob »hatten uns schon gedacht, daß wir uns auf schnelles Ablegen einzustellen haben.«

»Ethnologie ist heute Gott sei Dank nicht mehr das Bestaunen und Werten von Ausdrucksformen exotischer Naturgemeinschaften. Sie dient vielmehr der Bereicherung und Erweiterung eines Menschenbildes in der Gesamtheit und prägt somit eine vielschichtige Vorstellung von uns selbst.«
(W.-U. Cropp)

Mursi – Volk in Bedrängnis

Die folgende Nacht verbrachten wir auf dem Fluß, in den Booten. Je zwei Personen hielten Wache. Die übrigen fielen sitzend in einen unruhigen, schlechten Halbschlaf.

Am nächsten Tag waren wir wie gerädert. Die Sonne erschien als glühender Ballon und stach erbarmungslos. Tsetses peinigten in häßlichen Wolken. Rücken und Gesäß schmerzten. Fünfzehn Tage Flußfahrt hatten uns ausgelaugt, zermürbt. Apathisch hingen wir im Boot, ließen Fliegen und Mücken gewähren. Jede Bewegung bedeutete eine schier unmögliche Überwindung...

Ich lehnte mich zurück, starrte den Fluß entlang, hing schweren Gedanken nach. Wir trieben durchs »Tal des Todes«. Gehörte das Ostufer bereits zum Land der Mursi? Wir wußten es nicht. Vielleicht war es auch noch Niemandsland, umkämpfter Todesstreifen. Ich hatte gehört, daß die Mursi nach Norden drängten, aus der südlichen Omo-Schleife heraus, um gesünderes Hochland für ihre Rinderherden zu besiedeln. Sicher war das der Grund für die häufigeren Grenzkonflikte mit den Bodi.

David Turton beschrieb das 6000-Menschen-Volk der Mursi als »Naturgemeinschaft in Bedrängnis«, als »Stamm ohne ausreichenden Lebensraum«: Im Süden und Westen engte sie der verseuchte Omo und der Stamm der Bumé ein, im Norden die Bodi, im Osten der Fluß Mago und das Hamar-Volk. Ihre Zeburinder trieben sie Jahrhunderte in die Mursi-Berge. Doch die dürren Savannen der Hänge dort reichen den Herden nicht aus, sie brüllten nach mehr Gras; die Menschen riefen nach mehr Milch, mehr Blut und Fleisch, weil das Vieh zu mager war.

Hatten sich die Mursi zu einem großen Aufbruch formiert, der es unmöglich machte, sie aufzusuchen? Nur wenige Weiße haben sich ihnen vom Fluß her genähert. Kaum jemand weilte länger in ihren Pflanzlagern. Auf der Suche nach der Omo-Mündung unternahm die »Italienische Geographische Gesellschaft« unter Vittorio Bottego 1896 eine Südäthiopien-Expedition und stieß erstmals zu den Flußvölkern. Die Mursi bezeichnete Bottego als die barbarischsten und wildesten, denen man möglichst nicht begegnen sollte.

Der Forscher beschrieb die Menschen außerdem als Viehdiebe, die ansonsten ihr Leben als Jäger, Fischer und Sammler fristeten. Was er nicht wissen konnte, daß im Land der Tellerlippenfrauen eine furchtbare Hungersnot tobte, die sich unter dem Begriff »rokobo« in das Gedächtnis der Menschen gegraben hatte. Eine Rinderpest hatte ihre Viehherden hinweggeraft, und ausbleibender Regen die Sorghumfelder verdorren lassen. So streifte der Stamm wie hungriges Wild auf Nahrungssuche durch die Ebene. (Unter schweren Strapazen setzte Bottego seine Reise entlang des linken Omo-Ufers fort und bewies, daß der Fluß

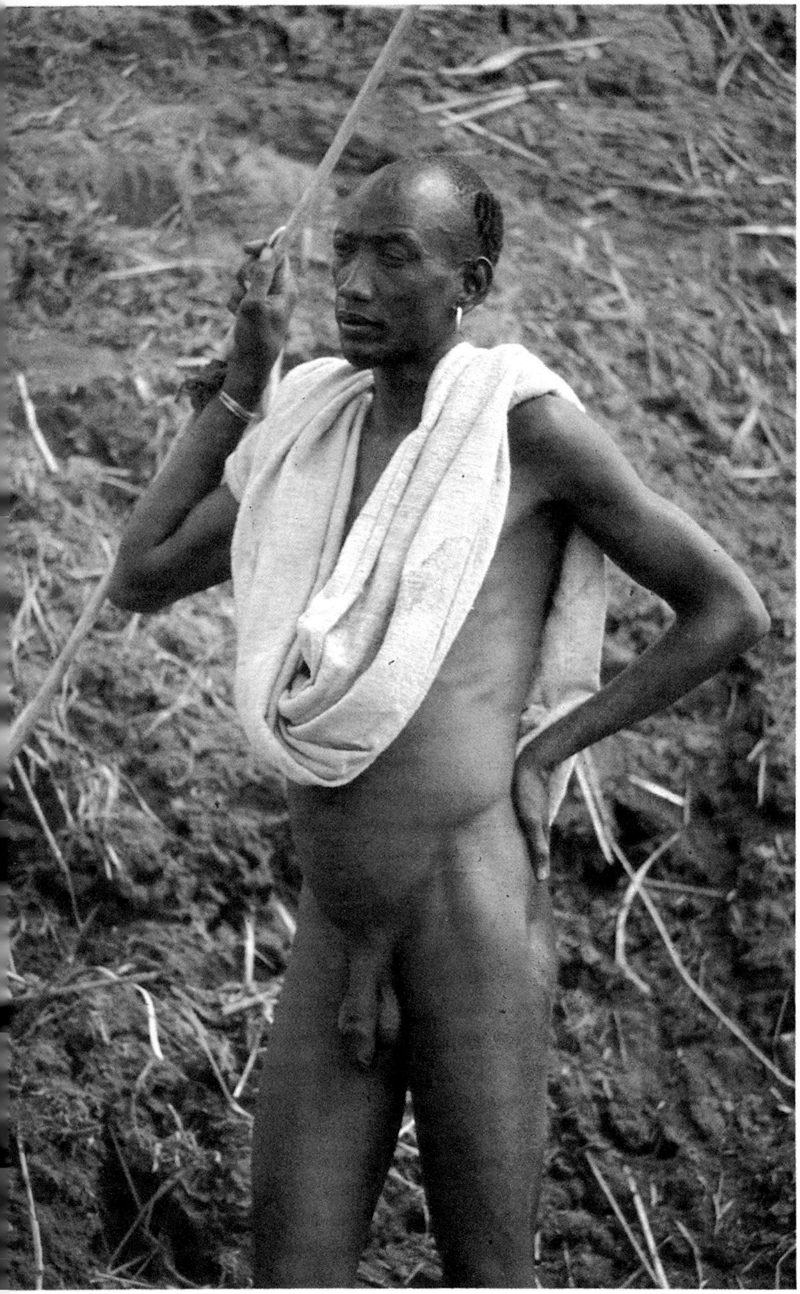

Einer der ersten Mursi taucht am Omoufer auf.

im Rudolf-(Turkana-)See, nicht wie damals angenommen im Nil oder dem Indischen Ozean mündete).

Bis heute führen die Mursi ein isoliertes Leben. Ihr etwa 2400 qkm großes Stammesgebiet ist schwer zugänglich und von Feinden umgeben. Das wird sie äußerst mißtraurisch gemacht haben, folgerte ich und hatte Zweifel am richtigen Zeitpunkt unserer Reise. Würden wir sie überhaupt zu Gesicht bekommen? Wenn ja, wie würden sie reagieren? Mit Steinen werfen, oder aus dem Hinterhalt schießen? Das mußte nicht so sein: Vor Jahren einmal, so erzählte man sich, wurde eine Mursigruppe besucht, deren Frauen äußerst scheu waren. Ein weibliches Expeditionsmitglied machte ihren Oberkörper frei und näherte sich den barbusigen Eingeborenen, was zu einer freundlichen Begegnung führte.

Wir trieben viele Stunden an verwaisten Ufern dahin, »Hippos right – Crocs ahead!« rief Conrad einmal wieder über den Fluß.

»Auch das noch!« murmelte ich, rutschte an die Bordwand, packte das Kurzpaddel und schlug aufs Wasser...

Plötzlich standen sie im gleißenden Gegenlicht. Uns war entgangen, wie sie aus dem Busch des Steilufers in ein Sorghumfeld (Hirse) getreten waren. Fünf Männer: Groß, schwarz, glänzend, kerzengerade wie Pagoden. Zwei waren nackt. Einige hatten Speere in den Fäusten, alle den ›Ekicholong‹ (Nackenstütze oder Schlafstuhl) am Arm. An den Hüften baumelten Pangas. Ihre Beine standen wadentief im Hirsegrün. Mißtrauisch spähten sie herüber.

»Da stimmt was nicht!« flüsterte Conrad, »die Gesichter gefallen mir nicht.«

Wir trieben langsam näher, musterten uns gegenseitig – spannende Minuten lang. Einer der Schwarzen bückte sich und ergriff einen Stein.

»Stop!« sagte Conrad.

Gordon und Bob stachen die Ruder ein. »Salaam, salaam!« riefen Conrad und Adaye gequält freundlich und winkten. Ein rauher Chor antwortete vom Ufer:

»Salaam, salaam«, ohne besondere Regung.

»Waren das Mursi?« fragte ich mich. Auf den ersten Blick sahen die Männer wie Bodi aus. Sicher, es waren auch Niloten, die mit Bodi,

Aus den Ambas geht's auf dem Omo ins Land der Mursi hinab. Omo-Stromschnellen jagen das Schlauchboot Gypsy zu Tal...

Geschafft!
Ein Katarakt wurde sicher bezwungen.

Doppelseite:
In der Omo-Schleife Südäthiopiens liegt das Land der Mursi. Eigentlich sind sie Viehzüchter, doch karger Boden und Hunger reißt ihre Familien auseinander. Während die Hirten im Hochland kleine Herden mit mageren Rindern betreuen, pflanzt und fischt der übrige Teil der Sippe am malariaverseuchten Omo und lebt in provisorischen Pflanzlagern.
Gordon fing im Omo einen prächtigen Wels.

Mursi-Hirten im Gespräch. Viel lieber wären sie jetzt draußen beim Vieh. Das Leben im Pflanzlager ist für sie eine Erniedrigung.

Noch ist der Omo einer der ursprünglichsten Flüsse unserer industrialisierten Welt. Hautnah erlebten wir dort wehrhaftes Großwild.

Krokodile und angriffslustige Flußpferde verteidigen ihre Reviere.

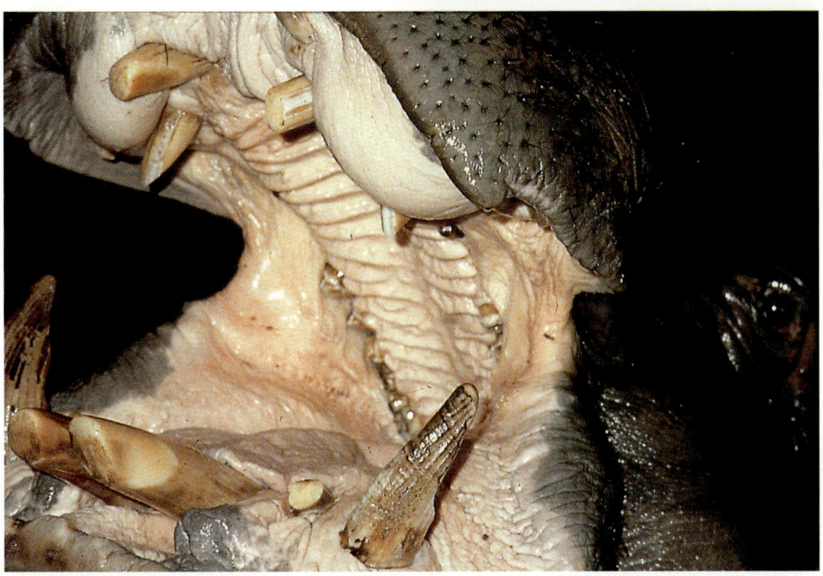

Beim Sturz in den Omo bot sich mir das Bild des aufgesperrten Flußpferd-Rachens.

»Wer schön sein will muß leiden!« Das gilt auch für die junge Ligguin. Ihr wurde gerade der Pflock eingesetzt. Die Qualen erträgt sie stumm ergeben...

...Bis sie den »sehan«, die große Lippenscheibe tragen kann, wie andere verheiratete Frauen, werden noch einige Jahre vergehen.

Zaschallai ist eine besonders schöne Surma-Frau mit großem Lippenteller, Ohrenscheiben und typisch rasiertem Kopf. Sie ist erstaunlich hellhäutig.
Surma und Mursi sind verwandte Völker. Ihre »Entenschnabel-Frauen« haben die Ethnologen von jeher fasziniert.

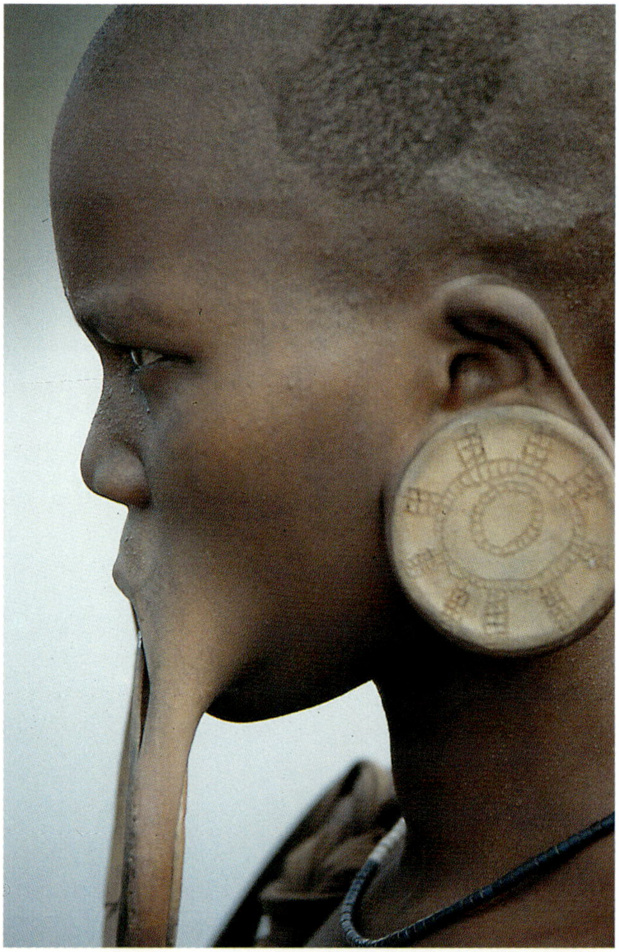

Der Abschied naht: Eine Mursi-Frau hat ihre Lippe entblößt und schaut versonnen über den Fluß.

Mursi leben in ständigem Kleinkrieg mit den Nachbarn im Norden, Osten, Westen und Süden. Die blutige Auseinandersetzung mit den Bumé im Südwesten ist wenige Wochen alt. Wir campieren in der Missionsstation Kibisch, wo Bumé-Frauen lebhaft mit uns Handel treiben.

Autor vor einem Termitenhügel in Afrika.

Bumé und Surma eine Volksgruppe bildeten. In die knisternde Spannung rief ich hinein:

»Ante neh Tdàma?« (Amharisch: Seid ihr Tdàma?) Ich wußte, daß sich die Mursi »Tdàma« nennen und hoffte, sie zu beeindrucken.

»Tdàma, Tdàma!« antwortete man von drüben...

Endlich hellten sich die finsteren Mienen doch noch auf. Wir faßten Mut und ruderten langsam heran – warteten ab. Nach einer Weile war der Bann gebrochen: Scheu lugten die Frauen aus dem Dickicht, gingen wieder in Deckung ... zeigten sich etwas deutlicher, palaverten untereinander. Nun standen sie neben dem Männern im Sorghum-Feld. Lendenschürzen umschlangen ihre Hüften. An ihren Armen klimperten dicke Ringe. An den Taillen befanden sich Lederbänder, besetzt mit Kaurimuscheln und leeren Patronen. Ihre kurzgeschorenen Schädel glänzten eingeölt, sahen aus wie in Ton modelliert. Ich entdeckte, daß unter den Frauen einige tätowiert waren: Wie aufgereihte Kaffeebohnen saß Narbe an Narbe auf Leib, Schulter, oder auf dem Rücken ... doch das Eindrucksvollste an ihnen waren ihre Gesichter mit den Scheiben! Wie Teller hingen sie an den Unterlippen ... kein Zweifel, es waren Mursi. Ich war am Ziel – wir hatten das Land der Entenschnabelfrauen erreicht!

Etwas zögernd noch halfen uns die Männer beim Anlegen. Am Ufer verhandelten wir mit dem Sippenchef, einem Riesen mit markanten Gesichtszügen. Als Zeichen friedlicher Absicht legte er sein Gewehr, einen alten italienischen Schießprügel, ab. Der Eingeborene sprach einige Brocken Amharisch, so konnten wir uns schlecht und recht verständigen. Die anfängliche Skepsis der Männer wurde rasch verständlich: Die Sippe war an den Fluß gezogen, hatte provisorische Hütten errichtet, Hirse und Mais gesät – dann kam Unheil über die Gemeinschaft. Das Dorf wurde überfallen. Es passierte vor wenigen Tagen. Bumé-Krieger seien es gewesen, berichtete man.

»Bumé?« fragten wir verwundert.

»Ja«, hieß es aufgeregt, »die Feinde kamen heimlich nachts über den Omo, überfielen das Dorf, raubten Saatgut, plünderten Hütten und verschwanden wieder.«

»Aus welcher Richtung kamen sie?« wollten wir wissen. Alle Arme wiesen nach Südwesten, tatsächlich ins Land der Bumé oder Nyangatom, wie das Hirtenvolk an der Grenze zum Sudan auch genannt wird.

Bumé, ebenfalls Seminomaden, besitzen große Viehherden, die ständig zwischen Äthiopien und

Mursi-Frau mit auffallender Narbentätowierung.

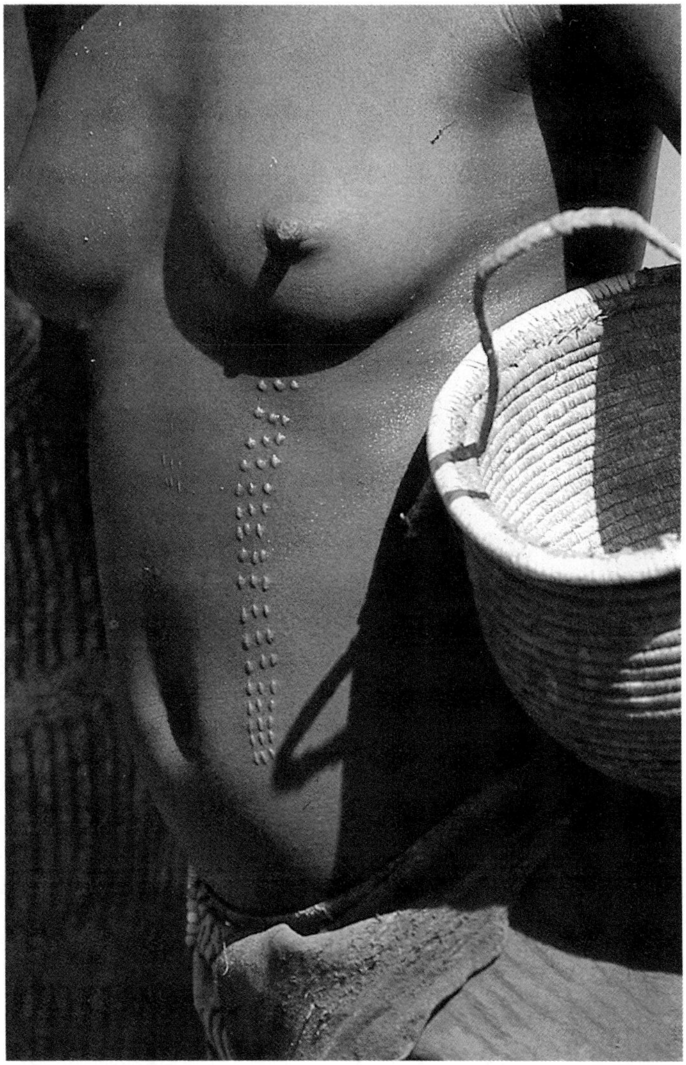

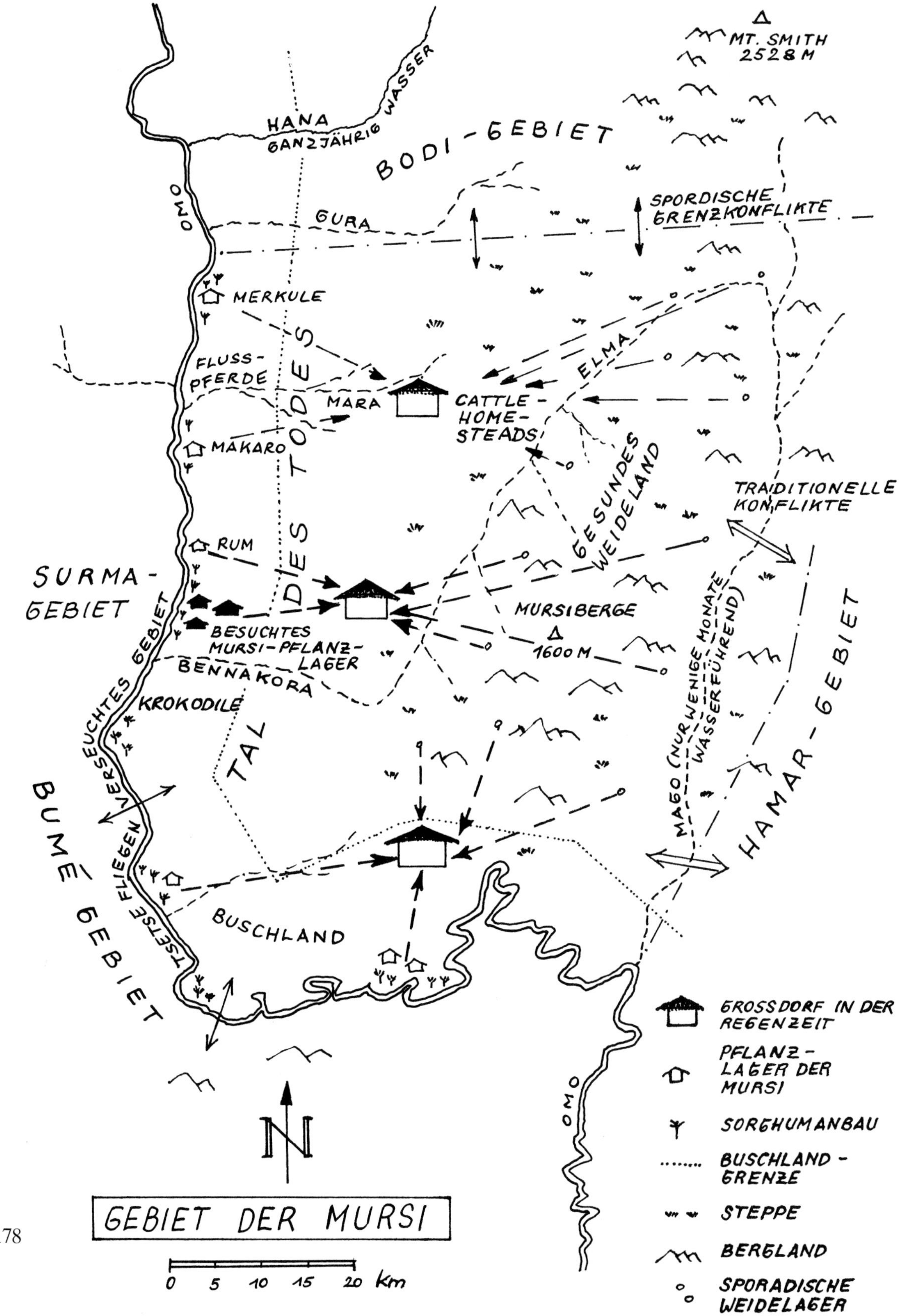
MT. SMITH
2528 M
HANA
GANZJÄHRIG WASSER
BODI-GEBIET
OMO
SPORDISCHE
GRENZKONFLIKTE
GURA
MERKULE
ELMA
FLUSS-
PFERDE
MARA
CATTLE-
HOME-
STEADS
MAKARO
TAL DES TODES
GESUNDES WEIDELAND
TRADITIONELLE
KONFLIKTE
RUM
SURMA-
GEBIET
MURSIBERGE
1600 M
BESUCHTES
MURSI-PFLANZ-
LAGER
BENNAKORA
KROKODILE
VERSEUCHTES GEBIET
TSETSE FLIEGEN
BUMÉ GEBIET
MAGO (NUR WENIGE MONATE WASSERFÜHREND)
HAMAR-GEBIET
BUSCHLAND
OMO
GROSSDORF IN DER REGENZEIT
PFLANZ-
LAGER DER
MURSI
SORGHUMANBAU
BUSCHLAND-
GRENZE
STEPPE
BERGLAND
SPORADISCHE
WEIDELAGER
N
GEBIET DER MURSI
0 5 10 15 20 Km

dem Sudan hin und her getrieben werden. Überfall auf ein Pflanzlager? Das machte uns stutzig. Sicher auch Bumé und Mursi stritten sich bisweilen erbittert, doch bisher nur draußen in den Weidelagern, wo Vieh zu erbeuten war. Vielleicht hatten ja auch Mursi-Sippen untereinander Krach bekommen und sich durch einen Überfall für ein entführtes Mädchen, einen Totschlag oder Beleidigungen gerächt? Eine Auseinandersetzung, die nicht so gern zugegeben wurde. Für die Männer am Fluß waren es Bumé, und wir wollten es nicht in Frage stellen. Was wirklich geschah, erfuhren wir später in der Mission Kibish, rund 80 km südwestlich von hier.

Unter verfeindeten Stämmen galt als eine Art Naturgesetz das Besagte: Kein Stamm darf in einen Zweifrontenkrieg verwickelt werden. Zwar bekämpfte man sich dieses Jahr mit den Bodi, im nächsten mit den Hamar und im dritten mit den Bumé, doch nie verbündeten sich zwei Stämme mit dem Ziel, den Gegner in seiner Existenz zu gefährden, geschweige denn auszurotten. Was könntee die Menschen zu dieser abnormen Handlung getrieben haben? Raumnot? Hunger? Ernährt das Gebiet die Völker nicht mehr? Ist die Dezimierung eine brutale Auslese, die als natürliches Regulativ Überbevölkerung verhindern und das ökologische System vor dem Umkippen bewahren soll? Oder gibt es gar politische Motive?

Stammesfehden arten nicht selten in Gemetzel mit zehn, zwanzig Toten aus. Fern der Polizei. In der Hauptstadt tut man so, als gäbe es keine Mursi, keine Entenschnabelfrauen. Das Naturvolk wird geleugnet. Von den Mursi gibt es keine Fotos, kaum Literatur, nur spärlich und widerwillig Auskünfte. Tellerlippenmenschen gehören in keinen modernen Staat.

»Die Regierung schämt sich dieser Menschen«, das bestätigte auch Adaye Motto. Wäre mit dem Untergang der Mursi vielleicht der Verlust des Makels steinzeitlicher Rückständigkeit verbunden?

Nun wird verständlich, daß es sehr schwierig ist, eine Erlaubnis zu erhalten, die gestattet, das Sperrgebiet »Tal des Todes« frei bereisen zu können.

Der Überfall konnte abgewehrt werden, den-

Im Kral der Mursi schwelt das typische Kochfeuer.

Blick in eine bienenkorbförmige Hütte des Pflanzlagers.

Eine verletzte Mursi wird behandelt.

noch gab es Verletzte und materiellen Verlust zu beklagen. »Hakeem? Medhaneet?« (Arzt? Medizin?) fragte der Dorfchef. Sven, der Mediziner, meldete sich. Augenblicklich waren wir willkommene Gäste. Die Schwarzen packten einen Teil des Gepäcks, dann setzte sich eine kleine Karawane den Hang hinauf in Bewegung. Der Anführer ging vor mir. Ich bemerkte, daß er sein rechtes Bein nachzog und sah eine häßliche Narbe zwischen Ferse und Wade.

Versteckt hinter dornigem Akaziengestrüpp entdeckten wir ihre kleinen, bienenkorbförmigen Behausungen, sahen den Kralsplatz mit dem typischen Feuer in der Mitte. Es stank bestialisch! Süßlicher penetranter Geruch faulen Fleisches lastete im Dorf.

Rasch klärte sich auf, daß der grausame Gestank nicht von Menschenfleisch, sondern von einem riesigen Brocken Flußpferdfleisch herrührte, der am Feuer, neben einem brodelnden

Wasserkessel, in der Sonne lag.

Am Abend bat uns der Dorfchef Koikato zu bleiben. Um das Dorfleben nicht zu stören, schlugen wir die Zelte abseits des Krals auf. Die Wachen wurden verstärkt. Mursikrieger strichen um ihre Hütten, um sich vor weiteren Überraschungen zu schützen, und wir konnten nicht ganz sicher vor den Mursi sein. Auch ihnen eilt der Ruf voraus, äußerst diebisch und verschlagen zu sein. (Ein Vorurteil, das auf falsche Verhaltensweisen der Besucher schließen läßt. Wer sich beim Häuptling oder Dorfchef vorstellt und willkommen ist, genießt Schutz und wird nicht bestohlen.)

Allmählich normalisierte sich das Leben im Kral. Doch wir hielten es für ratsam, auf Distanz zu bleiben, um den Tagesablauf ungestört beobachten zu können. Das war nicht ganz einfach, denn die Kinder umlagerten unsere Zelte und die Frauen wollten mit uns Handel treiben: Allerlei Gegenstände eintauschen, einfach kaufen und verkaufen, wenn möglich, etwas geschenkt bekommen. Zeitweise erinnerte unser Zeltplatz an einen orientalischen Basar.

Am dritten Tag waren wir als Handelspartner nicht mehr interessant – und als Conrad mit Cathy, Hardy, Wendy, Gary und Bob ein Schlauchboot zur Weiterfahrt beluden, konnten wir Zurückgebliebenen das Mursileben im Dorf in Ruhe studieren. Wir wurden akzeptiert und Koikato bot uns sogar an, eine halbfertige Hütte auszubauen und zu beziehen. Diese Geste werteten wir als große Ehre.

Leider war unser Aufenthalt bei dem Naturvolk recht begrenzt. Vor dem Aufbruch der Vorhut wurde ein bestimmter Tag im November festgelegt, an dem wir uns in der Schwedischen Mission am ausgetrockneten Kibish-Flußbett einzufinden hatten. Der Kibish ist der Grenzfluß zum Sudan, und die Mission liegt im Bumé-Gebiet. Wenn die Bumé ihre Kriegszüge ausweiteten, mußte man auf alles gefaßt sein.

Wir freundeten uns mit den Mursi an und faßten Vertrauen zueinander. Das Teilhaben am Alltag der Menschen war eine faszinierende Erfahrung. Natürlich gab es auch Mißverständnisse und Verständigungsschwierigkeiten, die sich aber alle ohne Konflikte beheben ließen. Der Dorfchef Koikato auf der einen und Adaye, der Oromo, auf der anderen Seite, erwiesen sich dabei als hilfreiche Vermittler mit psychologischem Einfühlungsvermögen. Sven analysierte den Gesundheitszustand des Dorfes. machte Aufzeichnungen über Art und Umfang der diagnostizierten Krankheiten. Da gab es Fälle akuter Magen-Darmbeschwerden, Schlafkrankheit, Malaria, TB, Rachitis, leichte Hungerödeme bei Kindern, eitrige Furunkel.

Große Sorgen bereitete Sven der arglose Genuß des mit Bilharzie und allerlei gefährlichen Erregern verseuchten Omo-Wassers. Auch Fleisch wurde in einem Zustand beginnender Verwesung gegessen. Mit diesem Fleisch im Magen hätten wir uns totsicher vergiftet. Bei den Mursi führte es allenfalls zu Magenbeschwerden, die Sven mit Vitamintabletten behandelte. Ich war mit Svens Arbeit zuwenig vertraut, um über all seine Beobachtungen, Befunde, Rekonstruktionen von Krankengeschichten, berichten zu können. Auf jeden Fall gingen seine Untersuchungen weit über rein immunologische Erhebungen hinaus.

Mich interessierte das Verhalten der Menschen, ihre Reaktionen, ihr traditionsbedingtes Handeln, ihre Anpassungsfähigkeit in einer im Grunde menschenfeindlichen Umgebung. Ich möchte etwas über Sitten, Gebräuche, Mythen wissen. Endlich vor Ort erfahren, was es mit den deformierten Lippen der Frauen auf sich hat... Es ist die Humanethnologie im weitesten Sinne, die mich begeistert.

Charlotte hielt die Sprache und den Gesang der Mursi fest. Machte Tonbandaufnahmen und Notizen über die Bedeutung der Worte, Begriffe und Liedtexte. Ihre Arbeit könnte man als ethnologische Linguistik bezeichnen. Während Gordon Walker völkerkundlicher Autodidakt war wie ich. Allerdings hatte auch er ein Spezialgebiet: ›Die Funktion des Gegenständlichen‹. Äußerst genau stellte er Zeichnungen und Skizzen von allerlei

Geräten, Waffen, Instrumenten und dergleichen her, die er mit exakten Funktionsbeschreibungen ergänzte. Seine Detailversessenheit brachte Adaye bisweilen zur Verzweiflung, während Koikato mit seinen Leuten stundenlang im Sand hockte und mit stoischer Gelassenheit in Mursisprache, einem harten, gutturalen Idiom, Auskunft gab. Alsdann begann das Rätselraten um die möglichst korrekte Übersetzung. Übrigens ein schwieriges und zeitraubendes Unterfangen, da Adaye die Bedeutung mancher Mursiworte nicht kannte und dem Chief der passende amharische Begriff fehlte. Zur Verständigung mit uns mußte noch der englische Ausdruck, zumindest eine treffende Umschreibung, gefunden werden. Zur Überprüfung der Authentizität der Übersetzung war es notwendig, daß die Fakten im Abstand einiger Tage hinterfragt wurden.

Natürlich bin auch ich Adaye mit meiner Fragerei auf die Nerven gegangen, und ich weiß, daß die traditionelle Methode der Befragung nicht die beste ist, um tiefergehendes Wissen über Naturgemeinschaften zu erhalten. Der bekannte Verhaltensforscher Prof. Irenäus Eibl-Eibesfeldt sieht in der Frage an sich einen aggressiven Akt: »Man wird zum Eindringling in die Intimsphäre«. Eibl-Eibesfeldt war auf Menschenforschung in allen Erdteilen unterwegs und lieferte der Wissenschaft durch eine von ihm entwickelte »distanzierte Beobachtungsmethode« einen Schatz an Kenntnissen über unsere letzten frei lebenden Naturmenschen.

»Disanzierte Beobachtungsmethode« bedeutet im wesentlichen zweierlei: Erstens, den Naturmenschen nicht ausfragen, sondern neugierig machen, so daß dieser von sich aus etwas über seinen Gast wissen möchte. Im Gespräch wird über die eigene Lebensform erzählt. Schon bald regt dies den Gastgeber an, seinerseits zu berichten. Zweitens, zeigt im Falle der fotographischen Dokumentation das Objektiv nie auf das Objekt. Spiegel leiten den Strahlengang so um, daß die Kamera im Winkel von 90 Grad abgewandt eine Person aufnehmen kann.

Ich hatte mich, so gut es die Umstände zuließen, der »distanzierten Beobachtungsmethode« bedient. Also möglichst wenig direkte Fragen gestellt und beim Ablichten von Personen ein Winkelokular eingesetzt. Dies erlaubte, daß ich mich beim Fotographieren abwenden konnte.

»Ich bin überzeugt, daß wir moralisch am Ende sind, wenn verkannt wird, was die Existenz unserer letzten Naturvölker bedeutet. Ihre Gesellschaftsform hat die gleiche Daseinsberechtigung wie die der Spezies ›Industrie-Mensch‹!«

(W.-U. Cropp)

Trennung – das Los der Mursi

Der Mursikral beherbergte fünf Familien. Er lag etwas oberhalb des Bennakora-Wadis, auf einer von Buschwerk umwucherten Anhöhe, die einen schönen Blick auf den Omo gestattete. Seit August war die Hauptregenzeit vorüber, am Fluß, der sich jetzt immer tiefer in sein Bett verzog, war unschwer zu erkennen, daß seit geraumer Zeit Trockenheit herrschte.

Im Kral lebten auffallend wenig Männer und Jugendliche. Überhaupt zählte ich nur vierzehn Bewohner. Viel zu wenig für fünf Familien, die hauptsächlich aus Frauen, Kindern und alten Leuten zu bestehen schien.

Im Pflanzlager begegneten wir verhältnismäßig vielen Kleinkindern, Frauen und alten Leuten.

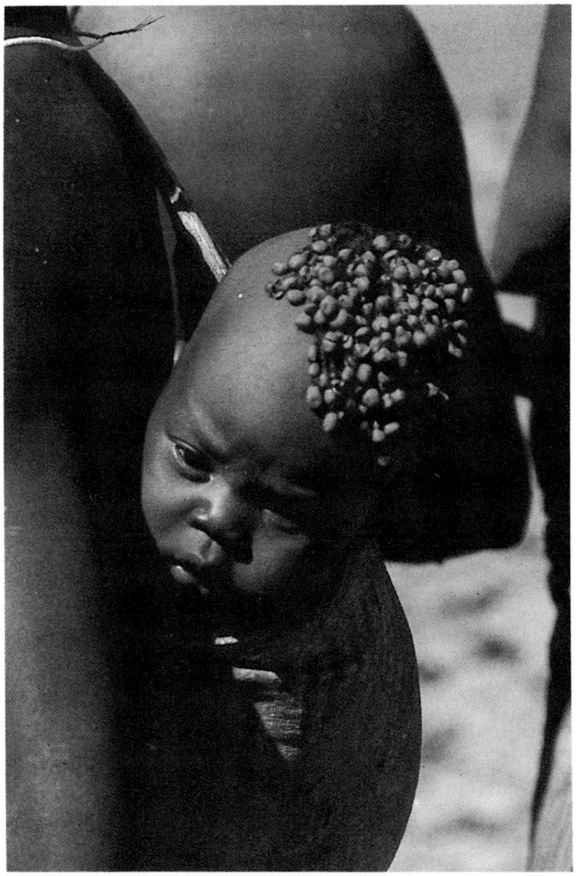

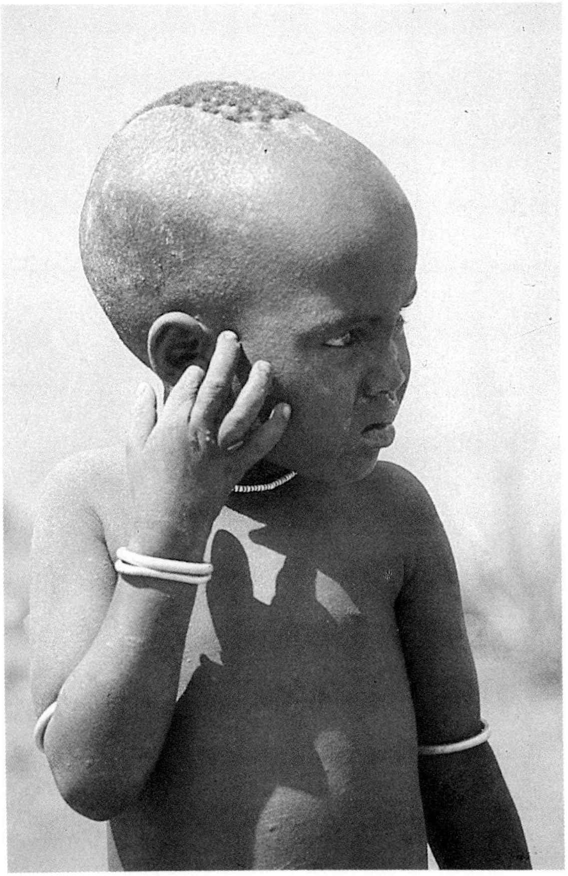

»Die Männer sind draußen in den Bergen beim Vieh«, erklärte uns Koikato. So war es auch.

Um in dem unfruchtbaren Tal zu existieren, führten die Mursi ein Leben in getrennten Wirtschaftsräumen. Monatelang von Frauen und Kindern getrennt, immer in Angst und Ungewißheit, ob den Männern bei den Herden etwas zustieß. Gefahren lauerten ständig. Da verbargen sich Viehräuber, Löwen und Hyänen. Die Hirten konnten krank werden oder einen Unfall erleiden. Umgekehrt war das Leben in den von Mücken verseuchten Pflanzlagern nicht minder gefährlich: Krokodile schnappten zu, die gefährliche Speikobra (Naja nigricollis) mochte ebenso wie die Grüne Mamba (Dendroaspis angusticeps) ihr tödliches Gift anbringen; auch Krankheiten, die rasch das Ausmaß von Seuchen annehmen konnten, waren allgegenwärtig.

In der Vorstellung der Mursi war das Hüten des Viehs die weitaus wichtigere, die gefährlichere und männlichere Arbeit. Sie barg große Verantwortung. Schließlich repräsentierten die Herden das Vermögen und Ansehen des Stammes. Und jeder Junge sehnte sich danach, endlich mit dem Vater, dem Onkel, Brüdern und Herden von 50 oder 100 Rindern im Osten, zwischen den meist trockenen Flußläufen Elma und Mago, herumzustreifen. Hautnah mit den Rindern leben, nachts bei der Herde schlafen dürfen, immer auf der Hut und bereit sein, jedes einzelne Tier mit dem Einsatz des Lebens vor Widersachern zu schützen, mit dem Speer oder der alten Donnerbüchse in der Hand – ja, das war ersehnte Männerarbeit! Und dann später einmal eine eigene Herde durch die Savanne treiben können, welch' herrliche Träume, an denen sich Mursijungen berauschten.

Wer mit der Herde zog, nicht mehr am Omo-Ufer sitzen mußte, um die Vögel mit Steinen zu vertreiben, der war schon fast ein Krieger, das Ansehen stieg von Jahr zu Jahr.

Es kam vor, daß die Familien über ein langes halbes Jahr und darüber hinaus getrennt lebten, je nach Entwicklung der Regenzeiten; die große erstreckt sich zwischen Juli und August, die kleine im Zeitraum Februar bis April.

In Zeiten der Bedrängnis, wenn Hamar-Krieger aus dem Südosten heranschlichen und nachts die Weidelager überfielen, Hirten erschossen, Vieh raubten, wieder und wieder Bandenangriffe drohten, dann kam es schon einmal vor, daß Mursihirten ihre Herden kurzerhand an den Omo trieben, zu den Pflanzlagern, um den Attacken auszuweichen. Doch diese unfreiwilligen Besuche waren von kurzer Dauer, denn das Vieh mußte spätestens nach einer Woche zurück ins Hochland, raus aus dem von Tsetsefliegen verseuchten Flußgebiet. Anderenfalls würden die Rinder krank werden und sterben.

»Einmal im Jahr ziehen die Familien zu großen Verbänden zusammen«, erklärte Koikato, »das ist in der Regenzeit im zweiten Monat des Jahres.«

Also im Juli, denn wie bei den Bodi hat das Jahr der Mursi 13 Monate, wobei mit dem Juni das Jahr und die erste Saat beginnt. Im Juli nun treffen sich Pflanzer und Hirten auf halbem Wege, etwa zehn Kilometer östlich vom Fluß, in sogenannten »cattle homesteads«, großen Rinderlagern. Für wenige Wochen leben die Mursi dann wie in einem Freudentaumel. Die Entbehrungen sind vergessen, die Trennung vorbei. Es werden geräumige Hütten gebaut. Das Vieh wird jeden Abend zurück ins Dorf getrieben, wo es sicher, hinter Zäunen aus Dornengestrüpp, die Nacht verbringt.

Während dieser Zeit der Lebensfreude finden die Brautpreisverhandlungen statt, wird geheiratet, getanzt, musiziert. Da dröhnen die Trommeln bis spät in die Nacht, wild tanzen sich Männer und Frauen in Trance. Und zu keiner Zeit werden so häufig »dongas« (Stockduelle) ausgetragen, wie jetzt.

»Jeder, der sich stark und geschickt fühlt, kann seine Kräfte messen«, berichtete Koikato und erklärte uns den Ablauf der Kampfspiele: Um den Mädchen zu imponieren, schlagen sich meist Jugendliche und unverheiratete Männer. In Arenen, den »guls«, steht man sich in einer Art »Rüstung« gegenüber. Sie wird »tumoga« genannt

Ein von Stockduellen (dongas) gezeichneter Mursi-Schädel.

und besteht aus strohgeflochtenem »Helm«, Leopardenfell auf der Brust. Den Rücken schützt Rindleder, und die Arme werden mit Flechtwerk bandagiert.

Das Duell ist ein kurzer, aber heftiger Schlagaustausch mit zwei Meter langen Holzstangen. Zu jedem Zweikampf gehört der »kwethana«, der »Schiedsrichter«. Er pfeift an. Dann sausen die Schläge herab. Es gilt, den Gegner in kürzester Zeit niederzustrecken. Einem Champion gelingt dies mit zwei, drei Schlägen. Der erste fetzt dem Kontrahenten den »Helm« vom Kopf, der zweite kracht an die Schläfe ... der Mann fällt wie ein Baum und manchmal steht er nie wieder auf.

Todschlag kann sich zum ernsten Konflikt mit dem gegnerischen Clan entwickeln. Der verlangt nämlich »Schadenersatz«, in der Regel 20 Rinder. Kann die Sippe des Totschlägers das Bußgeld nicht aufbringen, bleibt nur die Flucht in ein abgelegenes Dorf, manchmal sogar außerhalb des Mursi-Territorium. Der geschädigte Clan will Rinder oder tödliche Rache. Irgendwann, wenn sich die Gemüter beruhigt haben, allerdings kann das Jahre dauern, wird der »Held« wieder auftauchen, mit zwei, drei Kühen als Versöhnungsgeschenk, und der Fall erledigt sich.

Bewundernden Blicken der Mädchen kann der Totschläger gewiß sein, denn seine Brust ziert seit jenem Schlag eine Narbe, die besagt, daß er eine Menschtötung vorweisen kann. Die Schmucknarbe ritzt der »Held« mit der Speerspitze in den Körper und streicht Asche in die Wunde, so daß diese sichtbar bleibt.

In den großen Viehlagern ißt man sich wenigstens einmal richtig satt! Hungrigsein ist bei den Mursi ein normaler Zustand. Lediglich als Opfertiere werden Rinder geschlachtet, um sie täglich zu essen, sind sie zu wertvoll. Es wäre ein Frevel,

Herden, die gewissermaßen zur Familie gehören, durch profanes Aufessen zu dezimieren. Mursi und Rind gehen eine, das ganze Leben begleitende Symbiose ein. Milch und Blut sind das Äußerste, was der vierbeinige »Partner« zur Ernährung beisteuert. Selbst in Notzeiten werden Rinder selten getötet, eher sind Mursi geneigt, sie gegen Getreide einzutauschen.

Milch und Blut, das Fleisch der Opfertiere – alles ist endlich wieder reichlich vorhanden. Zusammen mit Hirse-, Maisbrei und Bohnen werden die Töpfe in den langen Monaten der Trennung nie mehr so voll wie jetzt sein. Aus Freude an dem Nahrungsüberfluß ziehen Mädchen durch die Dorfgassen und streuen Getreide wie Konfetti aus.

Die Mursi wissen, daß sie in ihrem angestammten Gebiet von der Viehzucht allein nicht überleben können. Das karge Weideland läßt keine größeren, existenzsichernden Herden zu. »Transhumanz« in brutalster Form wurde ihre Überlebensformel, eine Wirtschaftsform also, bei der das Vieh von Hirten auf entfernte Weiden getrieben wird, während ein anderer Teil der Familien weit weg in Pflanzlagern Ackerbau betreibt. In Zeiten guter Regenperioden geht diese Überlebensstrategie auf. Doch der Regen fällt unregelmäßig und unterschiedlich stark. »Hunger gehört zu unserem Leben«, sagt Koikato, »wir können damit umgehen und murren nicht. Von unseren Vätern wird uns die Geschichte von einem Mann erzählt, der so dick und fett war, daß er nicht mehr laufen konnte. Also mußte er zurückgelassen werden, während die Familie in neue Siedlungsgebiete zog. Der dicke Mann starb jämmerlich und allein.«

Unschwer ist zu deuten, daß dem Mursi von frühester Jugend an die Gefahr der Völlerei vor Augen geführt werden soll, und der Hunger als Preis für Schlankheit und Mobilität zu sehen ist.

Vor der Ernte reicht die Nahrung in den Pflanzlagern auch bei größter Enthaltsamkeit nicht aus. Jagd und Fischfang helfen, die kritische Zeit zu überbrücken. Die Nachbarvölker mit ihren großen Herden schauen auf Stämme herab, die, um satt zu werden, jagen, fischen, womöglich noch Beeren sammeln müssen. Unter der Arroganz leiden die Mursi. Und weil sie die ungerechte Verteilung satten Weidelandes nicht hinnehmen wollen, drängen sie nach Norden ins gut bewässerte Bodiland.

Ein anderes, aufs Überleben abgestimmte Verhaltensmuster bringt uns zurück in die cattle homesteads, damit zu einer wichtigen Aufgabe, die die Zusammenkunft an die Väter heiratsfähiger Töchter stellt: Bei den Mursi heiratet nicht der, der will, sondern der, der kann und darf. Erst einmal muß der Sohn an der Reihe sein. Der Zweitgeborene heiratet nämlich niemals vor einem Erstgeborenen. Dann muß die Familie, gemeinschaftlich mit der Sippe, den Brautpreis überhaupt aufbringen können. Er variiert, je nach Ansehen der Braut, zwischen 20 und 35 Rindern. Im allgemeinen kann sich der heiratsfähige Mann, selten ist er unter 30 Jahre alt, seine Zukünftige selbst aussuchen, die Gefühle der Frau spielen dabei keine Rolle.

Die im Durchschnitt 15 Jahre alte Braut wird zum Schein entführt. Und nun beginnen die langwierigen Brautpreisverhandlungen, die der Vater mit der Familie der Braut führt. Steht die Rinderanzahl fest, wird vereinbart, wer vieviel Tiere aus der angeheirateten Sippe erhält.

Wie traurig wäre das Leben der Menschen ohne die alljährlichen cattle homesteads? Koikato dachte oft an die Zeit zurück, und die übrigen Männer im Pflanzkral besangen abends am Feuer die schönen Mädchen, das Leben mit dem Vieh und ihre Geschicklichkeit beim Stockduell. Und wenn sie Hirsebier getrunken hatten, klang heiseres Triumphgeheul durchs Omo-Tal, indem sie ihre Feinde, Hamer und Bodi, verächtlich machten und über eigene listenreiche Viehraubzüge berichteten:

»Habt acht auf eure Rinder,
ich, Akuul, werde euch besiegen und sie euch entreißen,
Feigling du, nimm dich in acht vor Akuul,

ich habe die Kraft meines Ochsen Nangu,
und ich werde dich mit meinem Speer durchbohren,
ich werde mir eine Narbe in die Brust schneiden,
die Braut wird lachen und es gut finden.«

Akuul, ein Krieger, der in diesem Jahr hier auf dem Felde half, sehnte sich nach seiner Herde und nach dem Treiben im großen Kral. Die Einzelheiten übersetzte uns Adaye so plastisch, daß wir uns das Leben dort gut vorstellen konnten:

Vor Sonnenuntergang treiben die Hirten das Vieh in die Krals. Auch in der Regenzeit sind die Tage heiß und trocken, da es meist nur nachts regnet und die Feuchtigkeit rasch verdunstet. Wie ein riesiges Heerlager erscheinen die dampfenden, blökenden, Leib an Leib gepferchten Tiere, die Hüttensiedlungen und das geschäftige Kommen und Gehen von Frauen, Männern und Kindern. Diffuses Licht der Abendsonne vermischt sich mit den dichten Rauchschwaden der Dungfeuer. Man läßt sie schwelen, um Insekten von den Tieren fernzuhalten.

Wenn Hirten und Herden kommen, herrscht immer Hochbetrieb. Junge Frauen melken frische Milch für das Abendessen. Dabei hocken sie in der gedrängt stehenden Herde fast unter den Leibern und spritzen die Milch in eigens fürs Melken hergestellte Holzkannen. In die Milch wird später warmes Blut gerührt. Doch Blutzapfen ist Männersache und fast ein Ritual. Wie es auch bei den Bodi Brauch ist, schnürt man die Halsschlagader ab, die rasch anschwillt. Nun schießt der Hirte einen kurzen Pfeil in die Ader und fängt das im hohen Bogen spritzende Blut mit der Milchkanne auf.

Bei der Familie des Hirten Akuul gab es neben der Blut-Milch-Suppe noch Kürbisfleisch, Hammel am Spieß und Hirsebrei, das Essen war reichhaltig wie sonst nie übers Jahr. Beim Einnehmen bestimmter Speisen taten sich die verheirateten Frauen etwas schwer. Die Lippenteller waren hinderlich, so mußten sie sich Fleisch- oder Obststückchen regelrecht in den Mund schütten.

Akuul ging noch mal zu seiner Herde, stellte sich vor seinen Lieblingsochsen, er bekam in kurz nach seiner Initiation (Aufnahme in den Kreis der Männer) geschenkt, und sang ihm ein Loblied:

»Nangu, mein Ochse, ist furchtlos,
Er hat keine Angst.
Der Speer ist rot gefärbt vom Blut des Feindes,
Umgepflügt ist die Steppe vom Krieg.
Wir greifen an, mein Ochse Nangu und ich.
Nangu, mein Ochse, stampft den Feind nieder.
Ich bin Nangu der Ochse und furchtlos...«

Danach reinigte er sorgsam das Fell des Tieres mit Asche. Auch das Gehörn wurde mit Asche eingerieben.

Jeder Hirte besitzt einen Lieblingsochsen, dem er besondere Zuneigung entgegenbringt und durch Quasten an den Hörnern, Halsglocken und Geschirr herausputzt.

Akuul inspizierte nun seine Herde. Sie war 80 Tiere stark. Sie gehörte vier Sippen, und er hatte die Verantwortung übertragen bekommen. Der Hirte und seine drei Helfer schätzten sich glücklich, soviel Vertrauen zu besitzen.

Akuul streichelte liebevoll jedes Rind und sprach es mit Namen an. Natürlich kannte er ihr genaues Alter und die Namen aller Tiere, sogar die Kosenamen, die vergeben wurden, wenn sich an die Geburt oder das Leben des Rindes besondere Ereignisse knüpften. Aber auch, wenn besonderes Aussehen eine Rolle spielte. Der Name seines Lieblingsochsen »Nangu« bedeutete »der besonders Kräftige«. Sein Kosename lautete »Krimbitin«, »der mit den gerade gewachsenen Hörnern«. Nach den Tieren wurden häufig auch Menschen benannt. Ligguin, Akuuls jüngere Schwester, war besonders stolz auf ihren »Ngalibong-Namen« (Ochsennamen), er bezog sich auf eine sehr helle Kuh mit rotem Kopf und rotem Schwanz. Sie wurde am gleichen Tag wie das Mädchen geboren. Rinder mit einer so ausgefallenen Zeichnung gelten als besonders begehrenswert. Übertragen hieß das Mädchen »die schöne Kuh«.

Erst als die Sonne hinter den Hügeln der Steppe versank, schritt Akuul zur Hütte zurück, um sich

mit Freunden Geschichten zu erzählen, zu rauchen oder Mankalla, ein in Afrika weitverbreitetes Brettspiel, ähnlich Backgammon, zu spielen.
Frauen und Kinder waren unterdessen auch nicht untätig. Sie schwärmten aus, um Kuhdung zu sammeln. Dung ist in holzarmen Gebieten ein wichtiges Brennmaterial. Auch der Rückstand der Lagerfeuer, die Dungasche, findet vielerlei Verwendung: Speisen werden damit gewürzt, Teller und Schalen reibt man mit ihr aus, hier hat Dungasche die Funktion von Scheuersand. Messing-, Arm- und Fußreifen werden mit ihr auf Hochglanz poliert. Beim Zähneputzen verwendet man Asche als Schleifmittel. Sie wird mit dem Zweig des »tooth-brush-tree« (Zahnputzbaums) auf den Zähnen verteilt, dann sorgfältig in kreisenden Bewegungen geputzt.
Wenn die Fliegen besonders lästig sind, reiben sich die Mursi ihre meist kahlen Schädel mit Asche ein. Außerdem waschen sie sich mit Urin und Asche die Haare. Kleinkinder tragen Frisuren, die aus roten runden Klößchen bestehen. Das sind ins Haar gedrückte Kügelchen aus Asche und lateriter Erde. Dann spielt Asche eine große Rolle bei der Säuberung der Rinder von Zecken und Maden. Beim Melken haben die Mursifrauen stets zwei Behältnisse bei sich. Die Holzkanne für Milch und eine Kalebasse für Urin. Läßt die Kuh während des Melkens Wasser, wird die gelbe Flüssigkeit aufgefangen. In einem Land, in dem Wasser knapp und meist verseucht ist, stellt Rinderurin einen Ersatz für kostbares Naß zum Waschen dar.
Vor den Hütteneingängen hörte man nun wieder das monotone, dumpfe Schlagen, das das Zerstoßen von Mais und Hirsekörnern anzeigte. Die Mahlzeit für den nächsten Tag wurde vorbereitet. Wer etwas Zeit hatte, dachte an seine Schönheit, zupfte im Schein des Kralfeuers lästige Körperhaare aus oder rasierte einer Freundin den Schädel.
Heute abend verstummten die Trommeln bei Akuuls Sippe. Die Familien waren müde und über eine Nacht ohne festlichen Umtrieb ganz zufrieden. Immerhin war man seit fünf Uhr morgens auf den Beinen. Das erste Hahnenkrähen ist der Wekker der Mursi. Der Tag war schwül und heiß gewesen und die Herde schwer zusammenzuhalten. Die Frauen waren von ihrem Weg an die Omofelder, wo sie viele Stunden in glühender Sonne Unkraut gejätet hatten, rechtschaffen müde. Gegen 20 Uhr verkrochen sich die Männer in ihren Hütten, wo sie sich neben Ziegen und Schafen schlafen legten. Kurz darauf folgten die Frauen. Die suchten ihre eigenen Behausungen auf, legten sich zu ihren Kindern, zu den Nebenfrauen oder verschwanden in den Hütten ihrer Männer. Um 20.30 Uhr war es an jenem Abend ungewöhnlich ruhig im südlichen Bereich des cattle homesteads. Aber der Nachtwind trug Fetzen von Trommel- und Flötenmusik und Gesang heran, und wer auf die Plattform jener Gestelle steigen würde, die zur Lagerung von Getreide dienten, der würde sehen, daß auch heute Nacht kräftig gefeiert wurde. Da loderten Lagerfeuer, da spendeten Fackeln gespenstisches Licht; und gaukelnden Schatten gleich, tanzten die Sippen aus den Clans der Olkom und Makam. Man tanzte und sang und kämpfte die Nacht hindurch bis in den Morgen hinein, bis Tänzer und Stockkämpfer ermattet zu Boden fielen...

Die Tage im lebenslustigen cattle homestead vergingen rasch, sie waren gezählt. Traurig schauten die Mursi zum wolkenlosen blauen Himmel empor. Der nächtliche Regen fiel spärlicher. Die Lebensbedingungen wurden täglich härter. Die Steppe der näheren Umgebung war abgeweidet und verdorrt. Das Ende der Regenzeit war gekommen. Jeder wußte, was dies zu bedeuten hatte: Abschied, Trennung für lange, harte Monate. Trennung, um zu überleben. Lösen von Kindern, Frauen, Freunden und Verwandten – je nach Beschluß des Rats der Alten, der bekanntgab, wie die Weidelager und die östlich gelegenen Pflanzlager zu betreiben waren... Dann kam der Tag der Wahrsager und Medizinmänner. In jeder Herde gab es eine heilige Kuh, die sich durch Wuchs, Stellung des Gehörns oder Farbe ihrer

Decke auszeichnete. Heute wurden die heiligen Kühe gemolken. Der Medizinmann sprengte einen Teil ihrer Milch mit der Hand – einen anderen Teil spie er mit dem Mund über dürres Gras, als Bitte für eine gute nächste Regenzeit.

Mittags wurde ein Ochse geopfert, sein Leib aufgeschlitzt und die Gedärme freigelegt. Nachdenklich studierten die Wahrsager die Lage der Innereien. Der Mastdarm symbolisierte den Omo, die geschlossene Fläche des Magens die Mursi-Berge mit ihren Weidegründen. Blutflecken auf dem Magen gaben Hinweise auf gefährdete Weideplätze. Je nach Lage des Blutes mochte es sich um Bodi-, Hamar oder Bumé-Viehräuber handeln, die dort lauerten.

Aus »Därmen orakeln« spielt im Leben der Mursi eine große Rolle. Wichtige Entscheidungen, also auch Kriegszüge oder der Aufbruch in neues, weniger bekanntes Territorium, werden an Hand des geöffneten, freigelegten Leibs überprüft. »Wir lesen aus der Lage der Eingeweide viel mehr heraus, als die Weißen dies aus einer Landkarte vermögen«, sagte Chef Koikato.

Es dauerte geraume Zeit, bis sich die Experten einigten, wo die günstigsten Weidelager dieser Saison zu vermuten waren. Ein Clanhäuptling verkündete das Ergebnis des Orakels am Ende einer hitzigen Debatte und läutete eine Kuhglocke dazu. Es ging ein Murren der Zustimmung und Ablehnung durch die Reihen der Anwesenden. Das Vieh würde in den nächsten Monaten am sichersten in einem Gebiet weiden, in dem Elma und Mago zusammenfließen, hieß es. Also nördlich der Mursi-Berge, und 30 km vom cattle homestead entfernt. Koikato, Akuul, einige weitere Männer nebst ihren Familien werden an ihre Hirsefelder bei Rum ziehen.

Die Sippen konnten unabhängig von Empfehlungen auseinandergehen. Im allgemeinen folgte man jedoch kompetenten Ratschlägen, insbesondere, wenn sie sich mit den Nachrichten deckten, die Hirten lieferten, die das Umland täglich durchzogen. So war bekannt, wo sich in diesem Jahr die besten Salzböden fürs Vieh befanden, wo sich Löwen und Hyänen derzeit aufhielten und auf welcher Höhe sich der Omo-Wasserstand befand. Auch die Vorhaben einiger Viehdiebe ließen sich durch Späher ausfindig machen. Zum Schluß erklärte der Häuptling, daß die ersten Herden morgen aufbrechen sollten.

Die Leute gingen nachdenklich zu ihren Hütten. Was mochte die Zukunft bringen? Würde es ein schlimmes Jahr werden für die Hirten draußen oder die Familien am Fluß? Bange Fragen, die man sich im Mursiland, daß nur schwer Mensch und Tier ernährte, immer wieder stellte.

Koikato verstand sich auf das Sandalen-Orakel. Er ging hinter seine Hütte, zog die Sandalen aus, preßte sie vor die Brust, konzentriert, als wollte er seinem Medium die Kraft seines Geistes übertragen, und warf sie auf den Boden. Die Sandalen landeten auf den Sohlen und lagen sich mit den Spitzen gegenüber. Der Mursi grinste in sich hinein. Der Gedanke an das Pflanzlager war ihm nicht mehr so verhaßt. Aus den Sandalen las er, daß es am Fluß Wild geben wird; Großwild, das er töten würde. Koikato war einst ein hervorragender Hirte gewesen, aber auch ein guter Jäger.

Vor vielen, vielen Jahren erschlug er einen Mursi aus dem Makam-Clan beim Stockduell. Mit Vieh konnte er den Schaden nicht gutmachen, also flüchtete er außer Landes zu den Batscha, einem Jägervolk. Dort lernte er Wild erlegen und die Deutung des Sandalen-Orakels.

Im Laufe der nächsten Tage herrschte Aufbruchstimmung. Hirten und Helfer sicherten mit ihren Hunden die Herden und trieben sie ins Elma Wadi hinein, dann nach Norden, bis sie nur noch als hohe Staubfahne wahrnehmbar waren.

Die Männer folgten dem Vieh mit leichtem Gepäck: Speere, Buschmesser, den Schlafstuhl (ekicholong) mit der Tabaksdose am Arm. Die Wohlhabenden führten Patronengurte und Gewehre, meist den 8-mm-Mannlicher, mit, den die Italiener zwischen 1936 und 1941 ins Land brachten. Die Rinder wurden nicht beladen ... es war schon ein sehr karges, enthaltsames Leben, daß die Männer in den Bergen erwartete!

Im Dorf wurden kleinere Hütten abgebaut, damit die Frauen sie durchs Buschland tragen und an den nächstgelegenen Feldern am Omo wieder aufstellen konnten. Doch die meisten Unterkünfte gab man einfach auf. Die Pflanzer rafften ihre Gegenstände zusammen: Holzkrüge, Kalebassen, Decken, Felle, Schüsseln, wickelten sie in Kuhhäute, verschnürten alles zu einem Paket und balancierten den Hausstand auf ihren Köpfen.

Wie üblich bei den Mursi, schritten Knaben und Männer leichten Fußes mit ihren Waffen vorweg, während die Frauen, fast taumelnd vor Hitze und Gewicht, folgten. Chef Koikato führte die Karawane – sie setzte sich aus fünf nicht mehr kompletten Familien zusammen – durch dichtes Busch- und Waldland gen Südwesten an die Sorghumfelder, unweit des Wadis Bennakora. In drei Tagen hatte sich das quirlige cattle homestead in eine öde, trostlose Fläche voll Staub und Lehm verwandelt, und die einstigen Bewohner führten in kleinen Gruppen weit im Mursiland verstreut ihr Eigenleben.

»Die bunte Vielfalt der Kulturen droht der Uniformität der technischen Massengesellschaft zu weichen... Zwar wird eine Verklärung der Naturvölker im Sinne einer Rousseauschen Schwärmerei der Wirklichkeit nicht gerecht. Ihr Dasein ist nicht frei von Angst und Not. Dennoch ist an ihrem Leben einiges, worauf wir mit Wehmut blicken, weil wir es verloren haben.«

(Irenäus Eibl-Eibesfeldt)

Aufregung im Pflanzlager – Alltag

Auch bei den Ackerbauern war das Kikeriki des Dorfhahns der morgendliche Wecker. Sein erster Schrei erscholl mit der Präzision einer Quarzuhr um 4.47 Uhr. Ich spähte durch die Gitterstäbe meiner Hütte. Draußen war es stockdunkel. Aber ich wußte, daß der Hahn ganz in der Nähe saß ... und wieder krähte. Er liebte meine halbfertige Behausung, weil er, neugierig wie Hähne sind, sehen konnte, was im Innern vorging. Mursihütten lassen nur durch einen kleinen Kriechgang etwas Licht ins Innere, ansonsten sind sie dicht wie ein Bienenkorb.

Als mir Koikato den »Rohbau« vor einigen Tagen anbot, nahm er natürlich an, daß ich ihn fertigstellte und mit Charlotte bezog. Sein Erstaunen war groß, denn die Ärztin blieb in ihrem Zelt, und mir war die Frischlufthütte sehr viel angenehmer, außerdem konnte ich beobachten, was im Dorf geschah. Nur regnen durfte es nicht. Um den Krabbeltieren den Weg in Ohren- und Nasenöffnungen nicht so leicht zu machen, schlief ich nachts auf einem ekicholong. Das ist der bei allen nomadisierenden Hirtenvölkern so beliebte kleine Holztisch, tagsüber als Hocker, nachts als Nackenstütze verwendbar. Sehr praktisch, aber nichts für verweichlichte Stadtmenschen! Ich wachte regelmäßig mit schmerzhafter Genickstarre auf... Der verdammte Hahn schrie wieder. Ich warf einen Ast in seine Richtung. Krächzend wechselte er den Standort. Bei den Mursi führen Hahn und

Die halbfertige Mursihütte richtete ich mir behaglich ein.

Hennen ein recht sorgloses Leben. Sie wandern nicht in den Topf, auch ihre Eier ißt man nicht. »Wir halten uns das Federvieh des Krähens der Hähne wegen. Manchmal schlachten wir es bei kleineren Opfern, werfen es hinterher aber fort. Die Eier sind giftig«, hatte mir Ligguin, die Schwester Akuuls erklärt und sich mit schmerzverzerrtem Gesicht den Bauch gerieben. In der Tat war es riskant, in diesen Gegenden Eier zu essen, fast alle hatten Salmonellen.

Allmählich kam Leben ins Pflanzlager. Frauen und Mädchen huschten als erste aus den Hütten. Etwas verschlafen folgten die Männer. Sie entfachten die zu glühender Asche heruntergebrannten Kralfeuer und begaben sich zum Waschen an den Fluß. Im schummrigen Licht sah ich, daß auch Ligguin auf den Beinen war. Ihre Haut glänzte pechschwarz, wahrscheinlich hatte sie gerade ihr Morgenbad genommen.

Ligguin war ein zierliches, fast graziöses Mädchen um die fünfzehn. Nach Mursigeschmack machte sie ihrem Namen »schöne Kuh« alle Ehre. Ihren Reiz unterstrich eine Reihe Schmucknarben, die unterhalb des rechten Busens begann und fast bis an den Bauchnabel reichte. Aber auch die geweiteten Löcher in den Ohrläppchen, die meist verzierte Tonscheiben verschönten, machten Ligguin ungemein attraktiv. Wenn sie lachte, sah man, daß ihrem Gebiß vier der unteren Schneidezähne fehlten. So, wie es bei den Mursi Sitte ist, werden im Alter von zehn Jahren den Jungs zwei und den Mädchen vier der unteren Vorderzähne mit einer Speerspitze herausgebrochen. »Es sieht schöner aus«, behaupteten die Männer, »außerdem sitzt später der Lippenteller besser am Mund der Frau.«

Nun ist die Konsistenz der Mursinahrung meist pastig, schleimig oder breiig, und dafür braucht man in der Tat kein vollständiges Gebiß.

Über das genaue Alter Ligguins war sich der Vater nicht ganz sicher, aber er wußte, daß sie das zweite Kind seiner dritten Frau war. Bisher war Vater Nydur mit seiner Tochter sehr zufrieden. Sie war gesund, fleißig, willig und das wichtigste, er hatte sie vor vier Wochen im cattle homestead mit dem wohlhabenden Hirten Majark verheiraten können. Zwar war sie nicht seine erste Frau; Majark war schon 35 Jahre alt und bereits verhei-

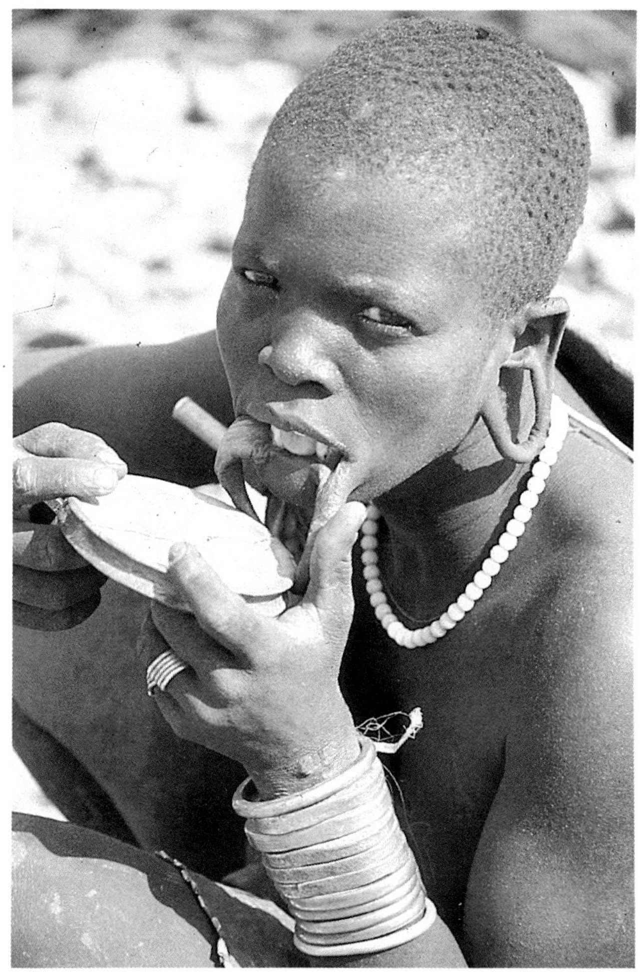

ratet, aber dafür bezahlte er mit seiner Sippe 25 prächtige Rinder. Außerdem wurde verabredet, daß Ligguin erst im Frühjahr zu ihrem Mann ziehen brauchte. Während der nächsten Monate war Majark noch zu sehr mit dem Hüten seiner Herde beschäftigt. Nydur freute sich, seine Tochter noch als Hilfe in der Familie zu haben.

Ligguin selbst war es ziemlich gleichgültig. Anfangs war sie zwar über die Brautverhandlung ihres Vaters unglücklich, da ihre Zuneigung einem jungen Burschen aus der Nachbarschaft galt. Doch der konnte lediglich zehn Rinder auftreiben und schied somit als ernstzunehmender Kandidat aus. Im Augenblick merkte Ligguin noch keine Veränderung in ihrem Leben. Durch die Trennung von ihrem Mann ging alles seinen gewohnten Lauf. Sicher hatte sie im cattle homestead die Hütte mit Majark geteilt und ihm den Haushalt geführt. Die Pflichten als verheiratete Frau lagen aber noch vor ihr. Man erwartete, daß sie die Lippenscheibe trug und natürlich so rasch wie möglich schwanger wurde und möglichst einen Sohn gebar.

Der Gedanke an die Lippenscheibe erfüllte sie mit Stolz, aber auch mit Angst. Sie hatte sich erzählen lassen, daß es höllisch wehtat, wenn die Unterlippe durchstoßen wird. Etwa so wie damals, als man ihr die Zähne ausbrach. Irgendwann, wenn ihr Vater sie abends beiseite nahm und die Trommeln einen bestimmten Klang hatten, wußte sie, daß der Medizinman im Lager weilte, um ihr die Lippe zu durchstechen. Es konnte schon morgen oder übermorgen sein...

Nur mit einem kurzen Lederrock bekleidet, in dem sie auch geschlafen hatte, räumte sie erst einmal den Platz vor ihrer Hütte auf. Dann fegte sie mit ihrem kleinen Bruder sorgfältig den Hof. Inzwischen waren auch die anderen Familien

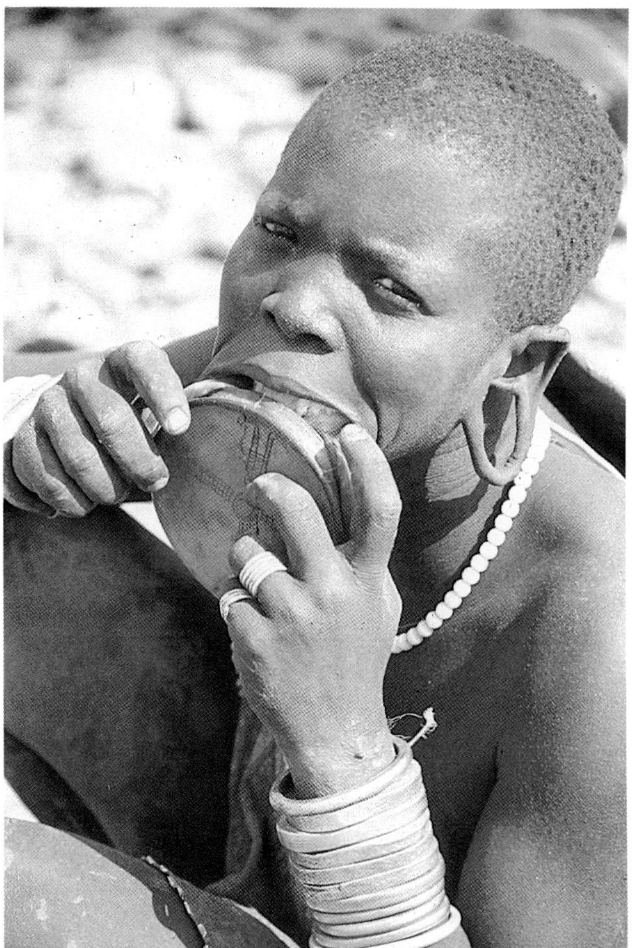

Doppelseite von links nach rechts:
Eine Mursi-Frau demonstriert das Einsetzen ihrer Lippenscheibe.

Wenn die Mittagshitze schier unerträglich wird, setzen sich die Frauen gern in den Schatten eines Unterstandes und arbeiten an einem besonderen Schmuckstück, der Lippenscheibe.

wachgeworden. Ligguins hochschwangere Cousine gesellte sich zu einem Morgentratsch dazu.

Später schwang sich die Cousine einen Tonkrug aufs Haupt und begab sich zum Fluß hinunter. Der Krug faßte mindestens 20 Liter Wasser. Nachher wird sie mit über 20 kg auf dem Kopf die steile Böschung hinaufklettern, und das kurz vor der Niederkunft! (Meiner Frau möchte ich das nicht zumuten.)

Ligguin holte ebenfalls Wasser für ihre Familie. Koikato und Akuul saßen mit anderen Männern im Halbkreis vor dem Feuer, rauchten und schärften ihre Speerspitzen mit Steinen. Sie wollten heute im Omo Fische jagen. Keine rühmliche Beschäftigung für Mursi-Krieger, aber eine notwendige und immer noch besser als jäten oder Vögel verscheuchen.

Bis zur nächsten Ernte vergingen noch einige Wochen. Der Vorrat an Mais und Hirse schwand. Und die besten Fleischbrocken vom Flußpferd hatten die Buméräuber gestohlen. Ein Umstand, der den Sippenchef rasend gemacht hatte.

Als nämlich Koikato die Familien an den Fluß gebracht hatte, begab er sich ans Omo-Ufer. Das Sandalenorakel hatte ihm Jagdglück geweissagt, er glaubte daran, und die Chance mußte genutzt werden. Als erfahrener Jäger wußte er, wo er den Hippos am besten auflauern konnte. Die feinen Drahtschlingen hatte er geschickt getarnt. Er wartete zwei Tage und zwei Nächte, dann endlich verfing sich ein Koloß mit dem Fuß in einer Schlinge. Mit zwei Flintenschüssen streckte er das Hippo nieder, Schlingen sollten verhindern, daß sich Tiere in den Fluß schleppen, um später tot abwärts zu treiben.

Die Männer ergriffen ihre Wurfwaffen und stiegen den Pfad zum Fluß hinab. Gordon schloß sich an. Unter Anleitung von Akuul hatte er gestern zwei Speere hergestellt, die er jetzt ausprobieren wollte.

Mit großem Hallo erschienen die Fischjäger am Nachmittag wieder. Sie hatten reiche Beute gemacht. Unter mehreren kleineren Fischen wurde ein mächtiger Wels von 1,50 Meter Länge herangeschleppt, und das Tollste war, daß ihn Gordon mit einem Speer gefangen hatte, über den sich selbst die kleinen Jungs kaputtgelacht hatten. Ab heute hieß Gordon bei den Mursi »großer weißer Fischtöter«. Im Gefolge der Krieger zog er stolz an meiner Hütte vorbei:

»So ist es im Leben, Croc,« sagte er lachend, »Glück ist dem Tüchtigen hold.« »Dem Ahnungslosen, dem Unkundigen meinst du wohl?«

Am Abend ließ Koikato nach mir rufen. Er saß in der Mitte zweier Männer. Rechts hatte Nydur Platz genommen. Links ein sehr alter Mann, den ich zuvor nie gesehen hatte. Ich fühlte, daß es sich um eine wichtige Unterredung handelte und wartete gespannt ab. Der alte Mann hockte mit untergeschlagenen Beinen und gerader Haltung auf einer Bastmatte. Den Kopf hielt er etwas schief. Ich sah in trübe, starre Augen, die mich nicht wahrnahmen. Der Mann war blind.

Sein sechster Sinn sagte ihm, daß ich vor ihm saß, zusammen mit Adaye Motto. Mit hoher Altmännerstimme fragte er, was ich zu Hause täte, und ob ich Rinder hätte. Ich betrachtete seine würdevolle Gestalt: Ein Mann von natürlichem Adel! Er mußte eine angesehene Persönlichkeit sein, vielleicht jemand aus dem Ältestenrat mit höchstem Einfluß, denn bei den Mursi war es nicht üblich, daß Behinderte offiziellen Gesprächen beiwohnten. Und diese Unterredung war so förmlich wie eine Aufsichtsratsitzung. Ich antwortete:

»Wir sind gekommen, um das Leben der Mursi kennenzulernen«.

Als der Blinde im Verlauf des Gesprächs noch erfuhr, daß ich zu Hause keine Rinder hatte und im geschlossenen Haus arbeiten mußte, schüttelte er geringschätzig den Kopf und sagte nichts mehr. Für ihn war ich schlicht untendurch.

Es entstand eine endlose Pause, und ich nahm an, die Besprechung sei zu Ende. Dem war nicht so.

Ligguin brachte einen großen Topf Hirsebier, der aus Halbschalen getrunken wurde. Es schmeckte wie dünne Sauermilch. Zügig tranken die Mursi drei Schalen leer. Nun ergriff Chef Koikato das Wort. Er berichtete über die nördlichen Nachbarn, die Bodi und die Auseinandersetzungen mit ihnen oben im Norden, wo sich die Wadis Hana und Gura befinden. Als ich Koikato fragte, ob die Bodis Erbfeinde seien, die schon immer bekriegt wurden, verneinte er dies, und meinte, daß es viele Gemeinsamkeiten gäbe. Man spreche eine ähnliche Sprache, habe ähnliche Sitten und heirate untereinander. Gegen die Erbfeinde der Mursi, die Hamar, wäre man auch schon gemeinsam in den Krieg gezogen. »Die Mursi sind ein großes Volk, das auf unfruchtbarem Boden lebt, die Bodi sind nicht so zahlreich, aber sie leben auf gutem Boden, also zogen wir in den Norden, um auf grünen Savannen zu weiden. Das hat die Bodi gegen uns aufgebracht,« erklärte Koikato pathetisch.

Ausschweifend sprach er dann von der Zeit als Jäger bei den Batscha, von seiner Rückkehr zu seinem Stamm, schließlich von einer riesigen Rinderherde, die er mit Kriegern seines Clans den Hamar östlich des Mago-Flusses abjagte. Seit diesem Raubzug war er der angesehenste Mann zwischen Elma und Omo. Er wurde zum Häuptling über mehrere Sippen gewählt, obwohl er keinem Häuptlingsgeschlecht entstammte.

Jahre später brachte er seine Herde einmal in die Mursi-Berge. Es war zu einer Zeit, da die Löwen hungrig waren und dreist Kälber und Kühe aus der Herde schlugen. Nachts trieb er sein Vieh eng zusammen und schlief bei ihm. Eines Abends griff ihn ein »men-eater« an, ein Löwe, der schon einmal einen Menschen getötet und gefressen hatte. Zum Glück wurde er nur leicht am Bein verletzt, da seine Viehtreiber mit einem Bündel Speere zur Stelle waren und die Raubkatze töten konnten. Langes Gehen fiel Koikato seit diesem Zwischenfall so schwer, daß er kein Hirte mehr sein konnte. Der Löwe hatte ihm an der Ferse einen Muskel durchgebissen. So blieb für Koikato nur das Pflanzlager übrig und ab und zu die Möglichkeit zu jagen. Was natürlich das Leben draußen bei der Herde überhaupt nicht ersetzte.

Wieder entstand eine Pause, die durch einige Schalen Hirsebrei überbrückt wurde.

Nydur wurde auf einmal konkreter. Er fragte, ob ich verheiratet sei. Ich bejahte es. Dann fragte er, ob Charlotte und Gordon verheiratet wären. Beide seien ledig, sagte ich.

»Warum heiraten sie nicht?« fragte Nydur. Ich wußte keine Antwort. »Stammen sie aus der gleichen Sippe? Oder sind sie Geschwister?«

»Weder noch.«

»Wie kann ein Vater zulassen, daß seine Tochter mit fremden Männern umherzieht?« Wir zuckten mit den Schultern.

»Mein Sohn Akuul«, begann Nydur geradeheraus, »ist ein sehr guter Hirte und im heiratsfähigen Alter. Ich möchte, daß er eine besonders fleißige und schöne Frau bekommt. Ich dachte an die weiße Frau, die für meinen Sohn sicher das richtige ist.«

Ich war ehrlich gesagt sprachlos und stellte mir Charlotte mit einer Scheibe in der Lippe vor, so groß wie ein Suppenteller. Adaye kicherte spitzbübisch in sich hinein und bemerkte:

»Cleverer Bursche, der Nydur. Schätze, daß er durch die Heirat seiner Tochter 30 Rinder auftreiben kann.«

»Red' nicht so einen Quatsch, Adaye, sag' ihnen klar und deutlich, daß es völlig absurd ist, weiter über die Sache zu reden.«

Der Oromo übersetzte, doch die Herren ließen sich nicht beeindrucken. Sie meinten es ernst, und wir sollten gefälligst ernsthaft über das Angebot nachdenken. Fünfunddreißig Kühe wären aber das Maximum. Mir kam die Angelegenheit schließlich so verrückt vor, daß ich Adaye drängte, das Gespräch zu beenden.

»Du kannst nicht einfach aufstehen und weggehen, immerhin bist du hier zu Gast.«

»Schon gut, rede mit ihnen über Rinder, aber bring' sie von dem Frauenhandel ab.«

Die Mursi blieben beim Thema. Aus dem Dunkel trat plötzlich Charlotte und setzte sich keck und nichts ahnend neben Adaye. Augenblicklich erstarb das Gespräch. Aus den Gesichtern der Mursi las ich Entrüstung, ja Grimm. Wie konnte es eine Frau, dazu noch eine unverheiratete, wagen, unaufgefordert in eine ernsthafte Männerangelegenheit hineinzuplatzen? Man gab uns zu verstehen, daß die Unterredung zu Ende sei, und begab sich zu den Hütten.

Einerseits war mir nicht ganz wohl, die Mursi so brüskiert zu haben, andererseits war es sicher das beste, Nydur durch Charlottes Erscheinen davon zu überzeugen, da »so ein respektloses Frauenzimmer« nicht die Richtige für seinen Sohn sein konnte. So war es auch. Das Thema wurde nie wieder angeschnitten.

Tags darauf ging ich mit Gordon und einigen Mursi zum Fischen.

Diesmal ist der Mursifischer erfolgreich und schleppt einen schweren Wels ins Lager.

Akuul zeigt ein Kuduhorn, aus dem die Mursi Blasinstrumente herstellen.

Am anderen Ufer tauchte eine Frau auf und rief den Fischern etwas zu. Wir stakten mit dem Einbaum zu ihr hinüber und nahmen die Frau auf. Aus dem freundlichen Palaver war zu schließen, daß man sich kannte.

Ich schätzte die Frau auf Anfang zwanzig. Sie war hellhäutiger als die Mursi, trug einen Lederumhang, der an einer Schulter gehalten wurde. Ihr Gesicht entstellte eine sehr große verzierte Lippenscheibe. Zwei kleinere Scheiben hingen in ihren geweiteten Ohrläppchen. Rechtes Schulterblatt und Rücken waren mit vielen kleinen Schmucknarben tätowiert. Später erfuhr ich, daß sie eine Surma war.

Mursi staken im Einbaum über den Omo.

Surma (Surme oder Corma) ist ein kleiner, vom Aussterben bedrohter Stamm mit knapp 2000 Seelen, eng mit den Mursi verwandt. Es sind freundliche Ackerbauern, die Mais, Bohnen und Hirsefelder auf der linken Omoseite bestellen. Von Zeit zu Zeit besuchen sich die Stämme und heiraten untereinander. Die Frau hieß Zaschallai, sie blieb für einige Tage im Dorf, um eine weitläufige Verwandte zu besuchen.

Das Zupfinstrument der Surma-Frau.

Zaschallai hatte ein kleines Zupfinstrument mitgebracht, auf dem sie uns melodische Weisen vorspielte. Wenn sie sich unbeobachtet fühlte, entlastete sie manchmal ihre Lippe und klappte die schwere Tonscheibe heraus. Die offene Unterlippe hing dann wie eine Schaukel bis übers Kinn herab. Auch ihr fehlten vier der unteren Schneidezähne, und ich konnte ihr weit in den Mund sehen. Wenn sie meine neugierigen Blicke bemerkte, spannte sie den Teller rasch wieder in die Lippe, denn es galt bei den Surma als unschicklich, sich so »entblößt« zu zeigen.

Mursi und Surma sind die einzigen Völker Äthiopiens, deren Frauen dem Brauch folgen, Lippen durch das Einsetzen von Scheiben zu »verschönern«. In Afrika ist es allerdings noch bei den

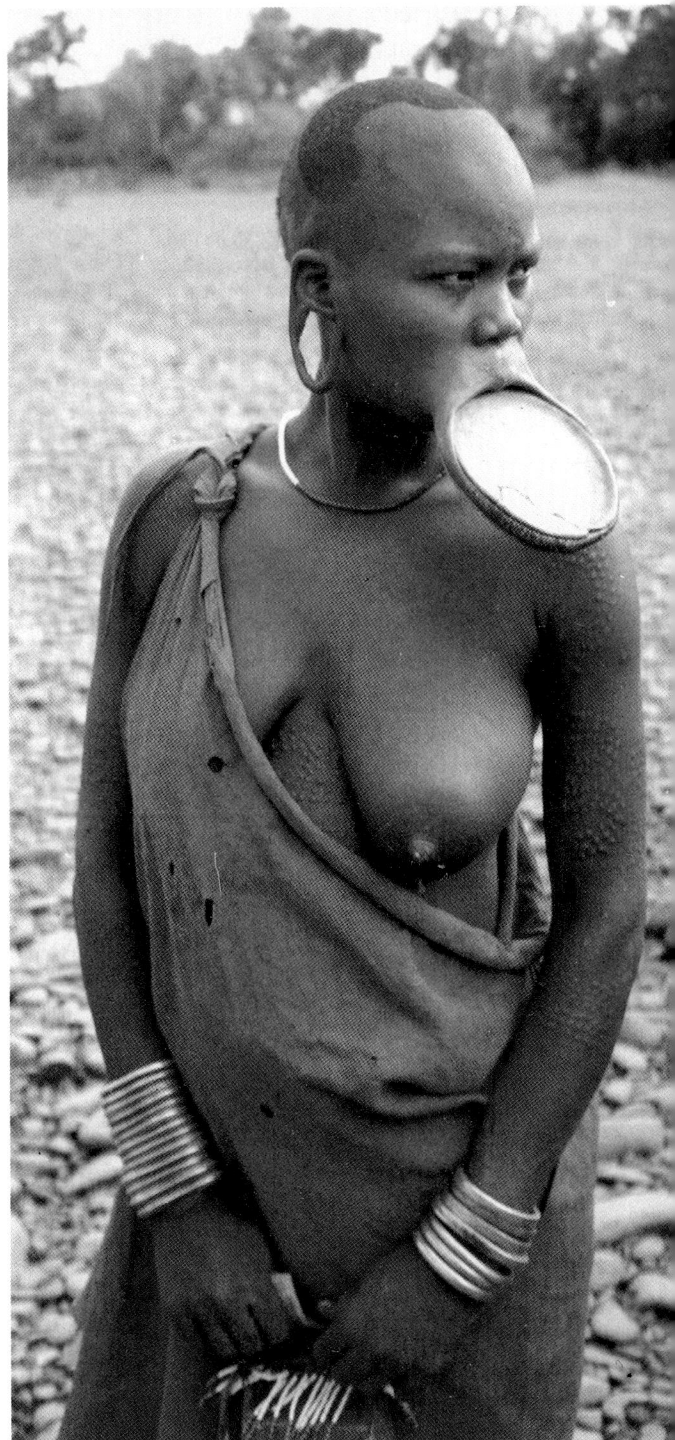

Zaschallai, die Schöne aus der Nachbarschaft.

Sarafrauen (südöstlicher Tschad) und einer kleinen Splittergruppe der Boussa (im westlichen Teil Nigerias) Sitte, so herumzulaufen. Bei den Briten heißen Stämme mit Lippenscheiben kurz »Duckbilles«.

Von den Mursikriegern erfuhr ich, daß Zaschallai als ausgesprochene Schönheit galt. Sie wußte es, aber sie gab sich in keiner Weise arrogant. Was ihre Haartracht anging, da war doch eine gewisse Eitelkeit erkennbar. Sie ließ sich täglich bestimmte Stellen des Kopfes mit der Rasierklinge ausputzen. Zaschallai kontrollierte den Schnitt durch Tasten und in der Spiegelfläche eines Metallstückes. Wenn die Geheimratsecken oder der Hinterkopf nicht glatt genug waren, bat sie die Freundin, schärfer zu rasieren, wobei es nichts ausmachte, wenn Blut tropfte.

Koikato lief heute mit ernster Miene durch den Kral. Er war besorgt, daß sich etwas Schlimmes ereignen könnte. Aber was? Hinter der Hütte hatte er das Sandalen-Orakel befragt. Heimlich, keiner sollte es sehen und sich womöglich ängstigen. Er wußte um seine seherischen Fähigkeiten, manchmal hatte er selbst Angst davor. Er wußte es eigentlich seit der Kindheit, seit ihm die beiden oberen Schneidezähne zuerst wuchsen. Im Dorf nannte man ihn damals »barari«, jemand der Macht über den Regen hatte. Und wirklich, Koikato hatte die Gabe, den Regen vorauszusagen. Sein Vater drängte ihn, Medizinmann zu werden, doch er wollte es nicht.

Das Orakel hatte Unglück prophezeit. Vielleicht ließ es sich durch ein Opfer vermeiden. Koikato hatte am Pfahl ein Huhn geschlachtet, ließ sich das Blut in den Mund laufen und speite es dreimal auf die Erde. Aber danach fühlte er sich nicht wohler. Ihn trieb eine starke Unruhe, die anhielt, als er mit einigen Leuten am Fluß Buschwerk für ein neues Feld roden wollte. »Roden ist Männerarbeit«, hatte mir Koikato gesagt, damit reichte er mir ein Buschmesser...

Und tatsächlich, zwei Ereignisse bestimmten den Verlauf des Tages. Ein freudiges erreichte uns, als wir die ersten Quadratmeter freigeschlagen und ein kräftiges Buschfeuer entfacht hatten. Das schlimme Ereignis erfuhren wir später im Dorf, wo Koikato sogar etwas über seine Sorge, die sich als berechtigt erwies, und seine Fähigkeiten offenbarte.

Auf dem Feld hatte die Cousine plötzlich einen spitzen Schrei ausgestoßen, die Hacke weggeworfen und war den Hang hinauf in ihre Hütte geeilt. Sie fühlte ihr Kind kommen, die Wehen setzten ein. Halb sitzend, halb liegend lehnte sie sich an die Hüttenwand und gebar rasch und ganz allein. Als sie sah, daß es ein Junge geworden war, rief

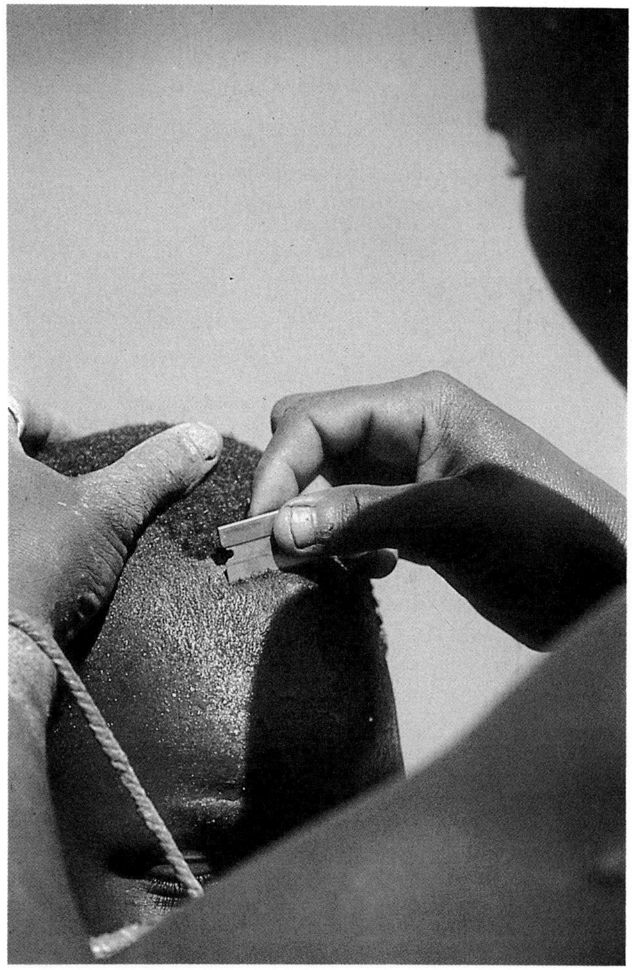

Auf einen ordentlichen Kopfputz legen die Mursi- und Surma- Frauen besonderen Wert.

Trotz der vielen gefräßigen Krokodile im Fluß baden die Mursi bisweilen recht sorglos.

sie es laut aus dem Eingang. Ihr Mann, der vor der Hütte gewartet hatte, schlüpfte nun zu ihr.

»Mit der Speerspitze durchtrennt er die Nabelschnur«, erklärte mir Adaye später, »einem Mädchen wird sie mit dem Rasiermesser durchschnitten. Der Vater gibt dem Neugeborenen einen Namen, der meist ein Rindername ist. Bis das Kind laufen lernt, wird der Mann nicht mit dieser Frau schlafen.«

Es verging kaum eine Stunde, da stand die Cousine vor der Hütte und schickte sich an, leichte Arbeit zu verrichten. Der Vater opferte aus Dankbarkeit für den Sohn zwei Hühner am Pfahl. Hernach setzte er sich mit männlichen Verwandten ans Feuer und palaverte, rauchte und trank Hirsebier. Jungsgeburten werden gefeiert, natürlich nur unter Männern.

Auch über Mädchengeburten freute man sich,

Stolz wird Muthur, der neue Erdenbürger, vorgestellt.

nur beeinträchtigten diese nicht den Tagesablauf von Vater und Sippe. Das Baby lag unterdessen in der dunklen Hütte, säuberlich in frische Durrablätter gewickelt.

Doch das friedliche Ereignis der Geburt wurde bald durch ein schlimmes Unglück überschattet; Gordon kam mit Akuul die Böschung heraufgehastet und berichtete atemlos, daß der halbwüchsige Dour, ein Vetter Akuuls, von einem Krokodil getötet worden sei.

»Ich kann's einfach nicht fassen! Dour stand vier Schritt neben mir und bis zur Hüfte im Wasser. Wir hatten die Bucht vorher nach Kroks abgesucht. Plötzlich riß er die Arme hoch. Bevor er schreien konnte, wurde er unter Wasser gezogen. Was blieb, waren kleine Wasserwirbel. Furchtbar, wie ihn der Omo verschluckte.«

»Bist du sicher, daß es ein Krokodil war?« fragte Sven, der sich gerade noch mit der Cousine über die Geburt unterhalten hatte.

»Ganz sicher! Der Boden war fest. Sumpf kann ihn nicht hinabgezogen haben.«

Vor Nydurs Hütte, kurz darauf auch vor anderen, dröhnten jetzt die großen, dumpfen Todestrommeln: »Dum – Dum – Dum«, klang es schaurig bis in den Fluß hinab zu den Krokodilen.

Im Dorf hob Geschrei und Wehklagen an. Frauen und Mädchen begannen zu weinen. Ein Chor tränenlosen, leidenschaftlichen Geheuls der Klageweiber. Sie trommelten ihre geballten Hände gegen die Schläfen und bewegten ihre Oberkörper auf und ab. Inbrünstig ausgeführte Bewegungen ließen ihre Körper erzittern. Vor jeder Hütte klagten die Weiber. Mehr und mehr Stimmen fielen ein...

Die Männer, die die Geburt des Jungen feierten, erhoben sich und verschwanden gesenkten Hauptes.

Ich saß lange am Feuer, fand keine Ruhe, die Trommeln dröhnten im Kopf nach. Leben und Tod – Freud und Leid, wie dicht lag es beieinander, wie unbegreiflich war alles?

Die Trauer war heftig, aber kurz. Verwandte des Verunglückten schlachteten eine Ziege. Symbolisch wurde deren Fell zusammengelegt, verschnürt und in der Nähe des Dorfes vergraben. Über dem Grab wurde ein Steinhaufen errichtet, in der Hoffnung, daß die Seele des Verstorbenen unter der Erde oder im Fluß bleibt und nicht mehr als ruheloser, böser Geist im Dorf Verwirrung stiftete.

Die Trauer um Dour war groß. Als Zeichen der Anteilnahme bemalen sich die Mursi Gesicht und Körper mit Kalk.

Als äußeres Zeichen der Trauer bemalten sich die nächsten Verwandten Gesichter, einige auch die Arme und Oberkörper mit kalkhaltiger Erde, die ein paar Tage später wieder abgewaschen wurde.

Der neue Erdenbürger entwickelte sich augenscheinlich gut. Er wurde uns heute, zwei Tage alt, vorgestellt. Der Vater hatte ihm den Namen »Muthur« gegeben, was etwa »ein Ochse mit mächtigem Schädel«, bedeutet.

Seine Haut war hell, das Gesicht noch etwas schrumpelig. Die Augen hatte das Bürschchen fast zugekniffen, da sie das grelle Licht nicht vertrugen.

Die Mutter legte ihm ein Blatt auf die Augen, dann zog sie sich mit dem Kind in die Hütte zurück.

»Am vierten Tag werden rituelle Waschungen vorgenommen«, sagte Adaye, »im cattle homestead« wäscht die Mutter sich und das Kind früh morgens mit Rinderurin. Im Pflanzlager verwendet sie mit Ziegenurin gefärbtes Wasser. Mittags folgt eine Waschung mit warmem Wasser, und abends reiben sich beide mit Fett ein. Nach einer Woche schläft der Säugling nachts auf der Mutter und tagsüber hängt er in einem Ziegenlederbeutel auf ihrem Rücken. So ist er immer bei ihr, bei der Arbeit auf dem Feld oder beim Stampfen von Mais im Dorf. Das Baby liegt nackt in einem Lederbeutel, der unten einen kleinen Schlitz hat. Wenn Muthur Wasser lassen muß, so kann er dies am Rücken der Mutter. Die Feuchtigkeit trocknet rasch, er wird nie wund.«

▷

Heute herrscht im Kral auffallende Inaktivität. Versonnen sitzt ein »Krieger« im Schatten. Sicher denkt er an die Herde seiner Sippe oben in den Bergen.

»Aus freien Mursi, die den Mut haben anders zu sein wie wir, wird bald ein assimiliertes Lumpenproletariat – bindungslos – würdelos, wenn wir nicht akzeptierten, daß sie Geschöpfe sind wie du und ich. Sie wollen keine Akkulturation, sie wollen leben wie ihre Väter, im Land ihrer Väter.«

(W.-U. Cropp)

Wer »schön« sein will muß leiden

Der »komoru« war im Dorf. Es hieß, daß er vom Pflanzlager Koibatha heruntergewandert sei. Ich merkte es am Ablauf des Tages. Die Männer gingen weder zum Roden noch zum Fischen, sie saßen im Staub und schnitzten an Schlafstühlchen oder bearbeiteten Messingreifen. Sie schienen sich auf Abruf bereitzuhalten. Auch die Frauen blieben heute überwiegend im Dorf.

Bisher hatte ich weder Koikato noch Nydur oder den Blinden gesehen. Wahrscheinlich palaverten sie mit dem komoru, ihrem Medizinmann, den von uns noch niemand zu Gesicht bekommen hatte.

Ich saß mit Sven und Adaye vor meiner Hütte, als jemand vorbeihuschte, der Sven einen kurzen, aber bösen Blick zuwarf, ein Blick, der Gift und Galle sprühte.

»Das war er«, sagte Adaye, »ich glaube, er ist über alles im Bilde und über unsere Anwesenheit nicht sonderlich begeistert.«

»Der sieht in mir lästige Konkurrenz«, bemerkte Sven.

Der witch-doctor war ein katzenhafter Mann um vierzig. Sehr feingliedrig mit wirrem Gesichtsausdruck. Sein Kopf zierte ein Federputz. Um die Taille baumelten Katzenfelle, die einen zottigen Rock bildeten. Dicke Messingreifen schmückten seine Gelenke. Er stand jetzt vor Nydurs Hütte.

»Die Aufgabe des Medizinmannes ist es, Krankheiten zu heilen, bei denen herkömmliche Arzneien versagt haben«, erklärte Adaye, »gegen gute Bezahlung natürlich. Er verabreicht nach Geheimrezepten angefertigte Mixturen, die bisweilen auch Erfolg haben. Die Mursi wenden sich nur in Ausnahmefällen an den komoru. Seine übernatürlichen Kräfte sind ihnen unheimlich.«

»Ist er Ligguins wegen da?« fragte ich.

»So ist es. Das Durchbohren der Frauenlippen und das Ausbrechen der Zähne bei Kindern ist mehr als eine Sitte, es ist ein ritueller Akt, dem der Medizinmann häufig beiwohnt. Besonders die Lippendeformation verleiht den Mursi eine unauslöschliche, ewige und unglaublich starke Bindung an ihr Volk,« sagte Adaye.

Ich suchte eine Antwort auf die Frage, warum sich die Frauen der schmerzhaften, absurden Prozedur unterzogen. Gab es überhaupt eine Antwort? Die Lippenscheibe, der »sehan« als Identifikationsmerkmal, war das die einzige Erklärung?

Es mußte mir gelingen, mit Koikato oder Nydur darüber zu sprechen!

Heute abend wird sich der erste Akt vollziehen, man wird ihr die Lippe für den Pflock öffnen, und dem Pflock werden Scheiben folgen, die größer und größer sein werden.

»Die Vorfahren der Mursi wollten ihre Frauen durch Entstellung vor dem Zugriff der Sklavenjäger schützen«, das ist eine andere Version für den Brauch. Doch sie kann nicht stimmen. Die Mursi sind ein altes und wehrhaftes Nilotenvolk, das im Laufe seiner Geschichte nie versklavt worden ist oder durch Sklavenjäger in ernsthafte Bedrängnis geriet. Selbst wenn die Frauen der perifer lebenden Mursisippen anfangs versklavt worden wären und die Tellerlippen als Schutz eingeführt hätten, die Gesichtsveränderung wäre heute, in Zeiten relativer Ruhe, längst nicht mehr Brauch. Nein, die Eingriffe waren tiefen mystischen Ursprungs, davon war ich überzeugt. Nur wie kam ich ihnen auf die Spur?

Kurz und hart wurden die Faßtrommeln geschlagen. Niemals zuvor hatte ich einen derartigen Klang vernommen. Begleitet von drei Frauen, dem Medizinmann und ihrem Vater Nydur, begab sich das Mädchen Ligguin, die zwar verheiratet, aber noch keine richtige Frau war, zur Hütte ihres Vaters. Ich sah ihr junges, ebenmäßiges Gesicht. Ihre Augen waren ängstlich geweitet. Die Ohrläppchen hingen als Schlingen am Hals, sie hatte die Tonscheiben herausgenommen.

»Was geschieht jetzt?« fragte ich Adaye. Der Oromo war sichtlich verlegen.

»Ehrlich gesagt, ich weiß es nicht. Dieser Zeremonie darf man nicht beiwohnen.«

Am nächsten Morgen sah ich Ligguin wieder. Sie wirkte irgendwie anders, merkwürdig verquollen, älter. Von gestern abend bis heute morgen war Ligguin um Jahre gealtert. Ich erschrak. Schweißperlen standen auf ihrer Stirn, und Blut troff aus der Unterlippe. In der Lippe steckte ein Holzpflock von etwa drei Zentimeter Durchmesser.

Ligguin mied die Sonne. Sie sagte kein Wort, da das Sprechen schmerzte. Sie aß auch nichts. Um das Bluten und die Schmerzen zu lindern, drückte sie sich ein Stück Durrablatt als Heilpflaster zwischen die Lippen.

Abends war sie schweißüberströmt. Sie hatte Fieber und zitterte erbärmlich. Sie mußte wahre Tantalusqualen erdulden. Kein Schimpfen, kein Jammern, kein Aufbegehren! Wir litten mit ihr.

Argwöhnisch beobachtete Vater Nydur seine Tochter. Am nächsten Tag war Ligguin so geschwächt, daß sie in der Hütte blieb. Nun war der Vater in großer Sorge. Der Brautpreis, 25 Rinder, war bereits bezahlt worden. Wenn Ligguin der Pflock entfernt werden mußte, so war dies ein Grund für den Bräutigam, die Braut zu »reklamieren«. Nydur und seine Sippe liefen Gefahr, alle Rinder wieder herausrücken zu müssen. In Ausnahmefällen verzichteten die Ehemänner auf die Teller, nur, dazu waren sie vorher zu fragen. Welch' schlimme Vorstellung, eine Tochter zu besitzen, die mit Mängeln behaftet war. Bei den Mursi galt Unfruchtbarkeit als der größte Makel, doch ähnlich schlimm war es, wenn der sehan nicht getragen werden konnte.

Strahlend erschien Ligguin am dritten Tag. Sie war fieberfrei, die Infektion zurückgegangen. Sie konnte den Pflock tragen, durfte eine vollwertige, akzeptierte ... und schöne Frau werden, wie es die Tradition vorschreibt.

Ich beobachtete jetzt häufig, daß sie nach der Feldarbeit und in den Mittagspausen verschieden große Scheiben formte. Diese entstanden aus braunschwarzen Lehmklumpen, die Ligguin zwischen den Handflächen rundflächig preßte und am Rand mit einer Kehle versah. Die Scheiben ließ sie von der Sonne härten. Schließlich ritzte sie den größeren »gebrannten« Scheiben ein bestimmtes Muster ein, das sich von dem des Surma-Tellers unterschied.

Im Abstand von jeweils einigen Wochen wird Ligguin mit immer größeren Tonscheiben ihre Unterlippe weiten, bis sie schließlich den verzierten »Teller« einhängt, der wie eine Untertasse oder ein breiter Schnabel ihren Mund ziert.

Mit einem Zucker- und einem Salzbeutel begab ich mich mit Adaye zur Nydur. Wir redeten über dies und das. Es gab unendlich viel zu fragen und zu berichten: Was wohl die Rinderherden draußen in den Bergen machten? Ob es Überfälle gab? Wie wird die Ernte ausfallen? Während Nydur redete, schnitzte er an einer Holzkeule.

Der Mursi warf feuchtes Holz aufs Feuer. Rauchschwaden zogen wie Abendnebel durchs Dorf. Nydur legte Speerspitze und Keule in den Schoß und starrte in die Glut. Wir schwiegen.

Und dann, leise wie im Selbstgespräch, begann er zu erzählen. Allmählich offenbarte Nydur die Ahnengeschichte seines Volkes. Wir durften an einem Teil der Mythologie teilhaben:

In grauer, weiter Vorzeit wuchs fern im Süden an einem großen See ein riesiger Baum. Aus dem Stamm schnitt Gott »tumu« zwei Brüder. Die Brüder zogen nach Norden an einen großen Fluß, an den Omo. Dort verfeindeten sie sich, weil sie beide dieselbe heilige Kuh begehrten. Die Männer trennten sich und siedelten rechts und links des Omo. Jeder gründete ein Volk, der eine Bruder das Volk der Surma, der andere das Volk der Mursi. Geraume Zeit später trafen sich die Stämme am Berg Tirma.

Die Surmafrauen erregten großes Aufsehen durch ihre helle Haut, aber noch mehr durch

Im »Gespräch« mit der Surma Zaschallai.

mächtige Tellerlippen, die sich beim Reden wie Entenschnäbel auf- und abbewegten. Auch waren ihre Stimmen angenehm gedämpft. Nicht so häßlich schrill wie die der schmucklosen Mursifrauen.

Seit jenem Treffen am Berg Tirma lebten Surma und Mursi in Freundschaft, und die Mursifrauen übernahmen den Brauch, sich durch Lippenscheiben ebenso attraktiv zu machen, wie es die Nachbarinnen taten.

In der Hütte des Vaters wird die verheiratete Tochter auf den Boden gelegt und von drei Frauen festgehalten. Der Medizinmann nimmt die Unterlippe zwischen zwei Finger, zieht sie vor und schneidet mit einem runden, scharfen Messer von innen durch die Lippe. Den Schnitt reißt er etwas auf und drückt einen Balsaholzpflock hindurch, um die Voraussetzung für die spätere Scheibe, den sehan, zu schaffen.

Nydur meinte nach einer Pause:

»Uns gefallen Frauen mit großem sehan besser als jene ohne Schmuck. Wer den sehan trägt, ist gesund, widerstandsfähig und nicht wehleidig. Von solchen Frauen werden gesunde, starke Kinder geboren. Darauf müssen wir achten.«

»Wie lang wird der Brauch am Leben bleiben?« fragte ich.

»Bis in alle Ewigkeit«, antwortete Nydur prompt. Doch dann schränkte er ein.

»Der Widerstand wächst, die Frauen wollen keine Schmerzen mehr erdulden. Es gibt mehr und mehr Frauen in unserem Volk, die den sehan nicht tragen. Vielleicht werden unsere Kinder den Brauch ablegen. – Ich glaube, das wird eine schlimme Zeit. Wir werden unsere Frauen aus den anderen nicht mehr heraushören und sie aus der Ferne nicht mehr erkennen können. Wir werden nicht mehr stolz auf sie sein, und unsere Frauen werden nicht mehr stolz sein, aus dem Volk der Mursi zu stammen.«

Nydurs Einschätzung zur Erhaltung der Tradition war realistisch. Der Lebensraum der Mursi trat immer stärker aus der Isolation. Man wird bald dem »Einheitsgesicht« von draußen entsprechen.

Schließlich könnte die Regierung die »Schönheitsoperationen« verbieten. Leicht möglich, daß in fünf oder zehn Jahren keine Lippe mehr angestochen wird. Auch die letzten Naturmenschen werden sich anpassen, ihre vielschichtige, subtile, für uns bisweilen schockierende Ausdrucksform, tief im Mystisch-Kulturellen verwurzelt, aufgeben. Entstehen werden Mursi des 20. Jahrhunderts – geschichtslose, traditionslose Afrikaner? Ein Vorteil? Ich erinnere mich der Worte Claude Lévi-Strauss: »Stets wird die Naturgesellschaft negativ definiert. Das ist falsch. Alle Gesellschaftsformen unserer Erde sind ungemein kompliziert und ein notwendiger Bestandteil des menschlichen Daseins schlechthin.«

Mit Eifer versucht der »zivilisierte« Teil der Menschheit das »armselige« Leben der Naturvölker zu »verbessern«. Der Erfolg ist, daß Kulturen vernichtet und deren Menschen dem Konsum anheimfallen. Einem Konsum, der sie weder reicher noch glücklicher macht.

Die Zeit des Abschieds war gekommen. Lebt wohl, kleine Ligguin, Vater Nydur, Chef Koikato. Auch du, Krieger Akuul. Friede dem Dorf und den Herden. Wir haben euch liebgewonnen. Ein Teil von mir wird dortbleiben, am Omo, im Tal des Todes, bis ich wiederkomme, um ihn auszulösen. Gebt acht auf die Zivilisation, sonst braust sie über euch hinweg wie ein Sturmwind, und ich werde euch nicht mehr erkennen, weil ihr ausseht wie alle anderen.

Alles, was wir irgend entbehren konnten, gaben wir Koikato: Tabak, Mehl, Zucker, Salz, Nüsse, kleine persönliche Dinge. Jeder reichte uns zum Abschied die Hand, selbst Koikato und Nydur trennten sich von Charlotte in Freundschaft. Wir bestiegen das Schlauchboot und wollten gerade ablegen, als mich eine Hand am Ärmel berührte. Es war Ligguin. Sie wickelte etwas aus ihrem Lederrock und gab es mir. Dann entfernte sie sich. Das Etwas war ihre größte Lippenscheibe, mit feinen bogenförmigen Mustern versehen.

»Danke, kleine Ligguin, danke.«

Wir stießen ab. Dorfbewohner winkten am

Die Zeit des Abschieds ist gekommen. Auch Charlotte und der Sohn Nydurs, Akuul, scheiden in Freundschaft.

Ufer. Wo war der Alte, der Blinde? – Die Trommeln gaben die Antwort, und Koikato raunte über das Wasser:

»Horcht, horcht – die Todestrommel, er ist gestorben.«

Die Mursi eilten die Böschung hinauf und verschwanden. Langsam folgte Koikato... Wir trieben den Fluß abwärts...

Die Mursi winken... bis plötzlich die Todestrommeln dröhnen.

»Die Geschichte wird es eines Tages beweisen... Afrika wird seine eigene Geschichte schreiben.«

(Patric Lumumba)

Kibish – Mission im Land der Bumé und ... Abschied vom Gestern

Ohne Zwischenfälle erreichten wir das Land der Bumé. Wo der Omo seinen Verlauf abrupt ändert und für siebzig Kilometer in nordöstlicher Richtung fließt, endet Mursigebiet, das der Bumé schließt sich an und erstreckt sich von hier aus bis in den Sudan hinein. Das viehzüchtende Nomadenvolk der Bumé oder Nyangatom gehört anthropologisch zu den Niloten und ist damit mit den Mursi verwandt, als Volksgruppe werden sie zu den Turkana gezählt, deren Stammland der nördliche Turkana-(Rudolf-)See ist.

Zum Turkana-See und der Mündung des Omo mögen uns jetzt höchstens 80 Kilometer Luftlinie trennen, doch der Wasserweg beträgt über 300 Kilometer. Ein langgezogener Bergrücken leitet den Omo um, und erst mit den Einfluß des Mago erhält er seine ursprüngliche Richtung nach Süden zurück. Unendlich träge schlängelt er sich nun auf das Binnenmeer Turkana zu, wo er übergangslos in einem riesigen Sumpfdelta verwässert. Nach dem Victoria-See ist der Turkana-See das größte Binnenmeer Afrikas. Er wurde 1888 als letzter der großen Seen des Erdteils entdeckt.

Wir werden die mächtigen Schilfgürtel des Turkana-Sees nicht sehen, unsere Omo-Flußfahrt endete heute am großen südlichen Knie. Adaye hatte an einem spärlich mit Hirse kultivierten Hang anlegen lassen. Wir luden das Schlauchboot aus, schleppten Gepäck, schließlich auch das Boot selbst hinauf in den dichten Busch.

Hilfreiche Bumé gingen beim Einrichten des letzten Flußlagers zur Hand. Der Boden wurde von Blatt- und Astwerk gesäubert, dann schlugen wir die Zelte auf. Am Nachmittag machte sich ein Bumé-Kurier auf den Weg zur Mission am Wadi Kibish. Er sollte den Missionaren unsere Ankunft melden und um ein Fahrzeug bitten, mit dem das Schlauchboot und ein Teil des Gepäcks zur Mission gebracht werden konnte.

Am Kibish befand sich eine Piste, auf der alle paar Monate eine DC3 herniederrumpelte. In drei Tagen wurde eine Militärmaschine erwartet, und es war geplant, daß wir dann ausgeflogen werden sollten.

In den frühen Morgenstunden des nächsten Tages traf ein Landrover mit großer Ladefläche ein. Am Steuer saß Lars Olson, ein Schwede. Er leitete die Missionsstation. Vom Beifahrersitz stieg Conrad. Man sah ihm an, daß er erleichtert war, uns vollständig und gesund wiederzusehen. Buméhelfer sprangen von der Ladefläche. Wir beluden zügig das Fahrzeug, füllten unsere Feldflaschen und traten einen heißen Marsch durch die Wildnis an. Lars fuhr unterdessen mit den Eingeborenen zur Station zurück.

Conrad führte uns etwa einen Kilometer oberhalb des Flusses entlang, so daß wir einen letzten herrlichen Blick über den Omo genossen. Auf einer einzigen Sandbank zählte ich fünfzehn Krokodile. In unmittelbarer Nähe spazierten Marabus, Reiher, Ibisse und Störche. Wir störten die Tiere nicht, und es kam mir vor, als spazierten Adam und Eva auf Gemälden des Mittelalters zwischen Kranichen und Löwen.

Der Pfad führte jetzt in die Steppe. Conrad hielt und wies in eine mit Akazien und Euphorbien durchsetzte Ebene:

»Der direkte Weg zur Mission beträgt rund 13 Meilen und geht hier entlang. Es geht geradenwegs durch die Steppe. Später wird es verdammt heiß werden.«

Nach einigen Stunden gelangten wir an den Rand einer mächtigen, leicht hügeligen Ebene. Irgendwo hinter dem Horizont mußte der Turkana-See liegen, und das Land dazwischen gehört zu den interessantesten Aufmarschgebieten internationaler Expeditionen zur Erforschung der Urzeit. Spektakuläre Funde verzeichnete eine Omo-Expedition mit kenyanischen, amerikanischen und französischen Wissenschaftlern unter Louis S. B. Leakey. Auf Anhieb fand man den drei Millionen Jahre alten Unterkiefer eines Australopithecinen, des ersten in Äthiopien. Als »Australopithecius aethiopicus« begründete diese Entdeckung den Ruhm des Omo-Tals.

Seit 1968 prospektieren fast ununterbrochen Paläoanthropologen aus Amerika und Frankreich. Ein französischer Wissenschaftler war von den trächtigen erdgeschichtlichen Horizonten regelrecht begeistert: »Es ist wie eine schwindelerregende Tauchfahrt in die Tiefe der Urzeit. Einzigartig mitzuerleben, wie die Natur Seite um Seite eines Buches aufblättern läßt, das vier Millionen Jahre Omo-Geschichte nachweist.«

Hinter der nächsten Bodenwelle hatten wir die Büffel vor uns. Eine mächtige Herde! Im Gegenwind rochen wir ihre starken Ausdünstungen. Noch saßen die schneeweißen Kuhreiher auf ihren massigen Rücken, wie Möwen auf Basaltfelsen. Gleich werden sie auffliegen und die Büffel stutzig macht. Syncerus caffer wird böse herumglotzen und der Leitbulle eine drohende Haltung am linken Flügel einnehmen. Genauso kam es auch. Die Herde schwenkte zur Seite und stand da wie eine schwarze Wand.

»So ein Individuum wiegt mehr als eine Tonne. Und wenn es wütend ist, greift es dich unbarmherzig an und bläst dir das Lebenslicht aus. Ein Kabelnetz von Muskeln verleiht ihm dabei eine unglaubliche Geschwindigkeit. Mit seiner Hornkappe und einer mittleren Hornspannweite von 120 Zentimetern hat er die Rammkraft einer Diesellok«, sagte Conrad.

Glockengeläut und die obligate hellgraue Fahne alkalihaltigen Staubes kündigte eine Rinderherde an. Sie wurde von drei Bumé – aus der gleißenden Sonne heraus – direkt auf uns zu getrieben.

Hustend standen wir in der vielleicht 150 Tiere starken Herde. Der Staub legte sich auf die Haut und kratzte in der Kehle, während die Rinder, nach Wasser blökend, an uns vorbeizogen. Sie waren erschreckend mager, ihre Knochen stachen als Skelett durchs Fell. Jeder Huftritt wirbelte Staub auf. Die Herde stampfte durch totes, dürres Land, daß sie selbst auf dem Gewissen hatte. Das ganze Gebiet war hoffnungslos überweidet.

Einen Moment verweilten wir bei den malerischen Bumé. Sie waren in Baumwolltogas gehüllt und führten augenscheinlich nicht mehr als ihren Schlafstuhl, einen Speer aus Stahl und Keulen mit sich. Doch das war nicht alles. Als die Toga des Älteren aufging, sah ich, daß ihm eine Maschinenpistole, eine russische Kalaschnikow, von der Schulter hing.

Bumékrieger rasieren ihre Haare nicht ab, im Gegenteil, sie tragen einen kunstvollen Kopfputz. In die Haare wird roter Lehm eingearbeitet, der als Befestigung für allerlei Zierrat dient. An der Art der Frisur lassen sich Alter und Rang ablesen. Ihr Gruß war ein leichtes Händereiben, dann gingen sie ihres Weges, der Herde nach.

»Hast du die Kalaschnikow gesehen?« fragte ich Conrad.

»Ja, wurde ihm sicher drüben von sudanesischen Freischärlern geschenkt. Als Gegenleistung für Unterkunft und Verpflegung.« Und auf dem Weg nach Kibish erwähnte er:

»Die Bumé sind ein 5000-Seelen-Volk, daß wie Mursi und Bodi hauptsächlich von der Viehzucht lebt. Häuptlinge kennen sie nicht. In der Sippe gilt das Recht des männlichen Erstgeborenen. Ein solcher Sohn erbt die Herde der Sippe und verheiratet seine jüngeren Geschwister nach eigenem Gusto.«

Ich hatte von einem Serge Tornay gehört, einem französischen Ethnologen von der Université Nanterre. Dr. Torney lebte mit seiner Frau sechs Jahre in Bumé-Krals und erlernte die Sprache der Bumé. Der Wissenschaftler wurde mehrmals Augenzeuge blutiger Gemetzel zwischen Bumé und Gelaba (Dassanetch). Das letzte große soll 300 Menschenleben gefordert und das Gebiet um den Berg Nakua bis an den Kibish heran fast völlig verödet haben.

Nachmittags erreichten wir die Mission.

Bei Dunkelheit stiegen wir später zum Waschen in das Kibish Wadi hinab, kaum 50 Meter von der Station entfernt.

»Gleich auf der anderen Seite befindet sich der Sudan«, sagte Lars, der uns zum Brunnen begleitete, der nichts weiter darstellte als ein acht Meter tiefes Loch im trockenen Flußbett.

»Kontrollen gibt es hier nicht. Die Bumé scheren sich einen Teufel um Grenzformalitäten.«

Am Brunnen herrschte reger Betrieb. Frauen mit Tonkrügen und Kalebassen bildeten eine Schlange und warteten geduldig, bis sie mit dem Schöpfen dran waren. Wir schlossen uns ihnen an. Auf sudanesischem Gebiet schlichen Hyänen durch den Busch. Wir hörten ihr Heulen, Brüllen, Knurren. Dann lachte es laut mit irrer Hysterie.

»Was Hyänen so von sich geben, ist bislang noch nie richtig charakterisiert worden«, meinte Lars und drehte sich zur Böschung.

»Wie wär's damit: Es klingt wie'n Gesellschaftsabend in der Frauenabteilung einer Irrenanstalt«, sagte Conrad.

»Verdammt treffend«, meinte Lars.

Unsere Gruppe war wieder komplett. Halbkreisförmig hatten wir unsere Zelte um eine ausladende Akazie gruppiert. Ich lag ganz außen, da ich mein Zelt als letzter errichtete. Am Feuer kauerten Bumé-Krieger. Wie Scherenschnitte hoben sich ihre Gestalten vom Feuerschein ab: Ich sah ihre mit Feder geschmückten Schädel, die Speere und rechteckigen Schilder. Regungslos saßen sie da und starrten ins Feuer. Die Weißen hatten sich zur Ruhe begeben. Allmählich lösten sich die Bumé aus ihrer Starre und verschwanden wie Schatten.

Alles schlief. Ich lag schwitzend da und sah die Sterne und den Mond durch den schmalen Spalt des Zelteingangs. Und dann wurde der Spalt größer. Die Zeltplane ging langsam auf. Ein schlanker Körper duckte sich am Eingang: Licht fiel auf eine runde Metallscheibe eines Handgelenks.

An einem Stiel glänzte etwas. Das Mondlicht fing ein Stück Stahl auf. Mein Körper spannte sich. Er reagierte, während der Verstand blockiert war. Die Zeltplane öffnete sich weiter. Ein Kopf mit zwei Federn bewegte sich vor. Ein Arm mit einem Speer wurde sichtbar. Ich lauerte sprungbereit. Sein schwerer Atem war zu hören. Dann sagte eine tiefe, schnarrende Stimme auf Englisch:

»All clear? – Good night, Sir!«

Schwer atmend fiel ich zurück, und die Person entfernte sich mit einem erstaunten, gedankenvollen Seufzen...

Am nächsten Morgen erfuhr ich, daß Kaimito in mein Zelt geschaut hatte, ein Bumé-Krieger, den Lars als Wächter eingesetzt hatte. Kaimito lebte mit seiner Familie schon fast ein Jahr in der Nähe der Station. Trotz seines fortgeschrittenen Alters war er sehr wißbegierig und besuchte die Missionsschule, wo er neben Amharisch auch etwas Englisch lernte. Gerade wollte ich mich in der Mission umschauen, da erschien Kaimito. Er gab mir die Hand und murmelte etwas Unverständliches. Wahrscheinlich wollte er sich für seine nächtliche Störung entschuldigen. Mit seinen beiden Straußenfedern, die in den Lehmkappen steckten, einem Bärtchen und einer Pfeife im

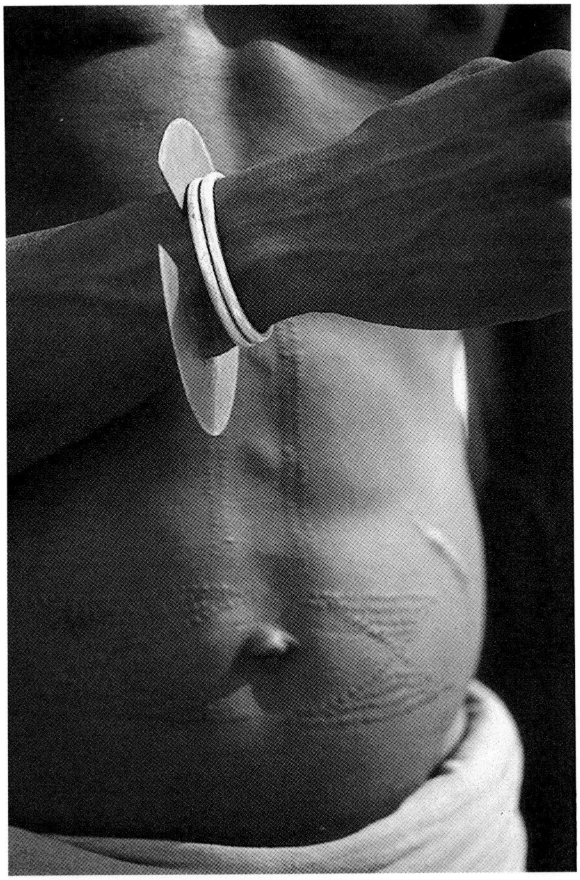

Die timblle, das scheibenförmige Kampfmesser der Bumé ist eine gefährliche Waffe an den Handgelenken der Männer.

Mund sah er ausgesprochen attraktiv aus. Dennoch verblaßte er neben seiner Frau! Sie hatte ihn begleitet und stand nun etwas verlegen bei ihm. Ihre Haare waren kunstvoll zu vielen kleinen Zöpfen geflochten und mit einem roten Band durchwebt worden. Sie trug schwere Ohrringe, und um ihren Hals hingen eine Unzahl bunter Perlenketten, die wie eine Halskrause von den Schultern bis unters Kinn reichten.

Buméfrauen verbringen ein Leben in Ketten. Die ersten bekommen sie als Kleinkinder umgehängt, dann folgten im Laufe der Jahre größere und schwerere, aber abgelegt werden sie nie.

»No school today«, grinste Kaimito und ließ sich zu einem sit-in vor meinem Zelt nieder. Seine Frau hatte er für die geschäftliche Seite der Unterhaltung mitgebracht. Sie bot allerlei Schmuck, Behältnisse und Waffen an. Ich erstand einige Ketten und zwei »timblle«, jene scharfen Kampfmesser, die einige Krieger an den Handgelenken trugen.

Vor meinem Zelt entwickelte sich rasch ein Basar, der weitere Bumé anlockte, aber auch Cathy, Hardy, Gordon und die anderen der Gruppe neugierig machte.

Eine schwer mit Ketten behängte schwangere Bumé. Der reiche Schmuck ist ein Zeichen ihres Wohlstandes.

Des Handelns müde, wurden die Buméfrauen jetzt gesellig und begannen zu singen. Dabei stampften sie mit den Füßen und bewegten die Ellenbogen auf und ab. Sie forderten unsere Frauen auf, mitzuhüpfen, was sie gern taten. Die Bumé-Krieger bildeten mit uns einen Kreis, alle sangen aus voller Brust – natürlich konnten wir uns nicht auf den Text einigen – und klatschten ausgelassen in die Hände.

»So improvisiert man eine fidele Tanzparty«, meinte Bob Stein und grölte weiter.

Die Stimmung war bombig. Bald war die ganze Mission von der Feier erfaßt, die aus dem Nichts, aus purer Lebensfreude, am Spaß aneinander entstanden war. Trommeln wurden herangetragen, eine Art Xylophon, Holzflöten, Viehglocken, Saiteninstrumente, Antilopenhörner, Trillerpfeifen, Gordon hatte seine Gitarre unterm Arm. Und dann tauchte Frank White mit einer Mundharmonika auf, die er uns immer vorenthalten hatte.

Das Buschorchester konnte sich sehen lassen. Nun heizten die Profis, die Dorftrommler, die Stimmung systematisch höher. Menschen standen dichtgedrängt, wie eine im Rhythmus wogende Kulisse. Junge Burschen sprangen in die Mitte und veranstalteten akrobatische Luftsprünge, bis ihnen der Schweiß in Rinnsalen vom Körper lief ... dann wankten sie in die Menge zurück. Zwei Hornbläser stießen verzückt urige Laute aus ... so wechselten die Sondereinlagen Schlag auf Schlag. Während ringsum die begeisterte Menge immer aufs neue aufputschte. Die Musik hatte mittlerweile ein irres Tempo angenommen, sie riß mit, ging in die Beine, ließ das Blut wallen! Man verspürte unbändige Lust, einfach in die Mitte zu springen und wild draufloszuhüpfen.

Tanz und Musik wurden noch heftiger, unheimlicher. Das Trommeln nur noch beständiges, hartes Pochen...

Jäh erstarb alles, die schrillen Töne, die Trommeln, der Tanz. Keuchend fand man zu sich selbst. Als sich Staub und Schweißgeruch gelegt hatten, liefen die Leute auseinander. Nur wir, unsere Gruppe, stand beisammen, ungläubig staunend über das abrupte Ende.

Die Missionsstation war ein weitläufiges Gelände, ein Dorf schon, daß hohe Dornenhekken umgab. Dank des Brunnens wirkte die Anlage wie eine Oase inmitten einer gelbgrauen Halbwüste. Drei Steinhäuser beherbergten die Schule, eine Krankenstation und die Unterkunft der schwedischen Leitung. Innerhalb und außerhalb des eingezäunten Areals hatten Buméfamilien Hütten errichtet, um als Helfer oder Gäste am Leben der Mission teilzuhaben. Manche Familien blieben nur wenige Wochen, andere viele Monate. Je nach dem Willen des Sippenchefs, der wiederum richtete sich nach den Hirten, die die Herde betreuten, oder nach den Pflanzzeiten. Bumé trieben auch etwas Ackerbau.

Die Mission wurde 1972 gegründet und von schwedischen Spenden und Steuergeldern des Landes unterhalten. Lars Olson arbeitete seit 1980 hier. Ein hagerer, kleinwüchsiger Missionar voller Energie, Mitte 40 und Sprecher des dreiköpfigen Führungsteams aus Schweden. Seine nächsten Mitarbeiter: Peer Andersen, ein immer gut gelaunter Lehrer mit blanker Glatze, und Anna Jakobsen, die Krankenschwester und gute Fee der Station. Insgesamt zählte der Stab jedoch 18 Mitarbeiter, da noch amharische Krankenhelfer, Lehrer und Bumé-Hilfskräfte dazugehörten.

Ich saß in Lars karg eingerichtetem Wohnzimmer. Wir tranken kaltes, klares Wasser, das erste seit vielen Wochen. Es schmeckte phantastisch! Eine selbstgezimmerte Sitzgruppe stand vor einer riesigen Bücherwand mit naturwissenschaftlichen, philosophischen und theologischen Werken in verschiedenen Sprachen: Veröffentlichungen von Albert Schweitzer, Pastor Niemöller und Helmut Thielicke.

Ich schaute durch Fliegendraht in den grünen Garten. Kassiamimosen blühten mit gelben Kügelchen, Afrikanische Aloe, Feigenkaktus und andere mir nicht bekannte Pflanzen standen dort in karger Erde. Kleine Sandwälle verrieten, daß alles künstlich bewässert werden mußte. Im Geäst krakeelten Glanzstare, Pirole, dann der allgegenwärtige Tukan.

Lars hatte beobachtet, daß ich seinen Garten betrachtete.

Es ist mein Hobby, die Halbwüste zu kultivieren. Ich brauche etwas Grünes in dieser Öde«, sagte er.

Mein Blick fiel auf zwei Geckos, die eilig zur Decke strebten.

»Sicher ist es auch ihr Hobby, die Menschen zu kultivieren?« fragte ich, bemüht, nicht ironisch zu sein. Er zog eine Braue hoch, dann wischte er sich den Schweiß von der Stirn und sagte:

»Wissen Sie, ich bin jetzt sieben Jahre hier, den Talar habe ich nie angehabt und das Kreuz hängt nur über meinem Bett. Ich bin gekommen, um zu helfen, nicht um zu bekehren. Wir verstehen uns als Verbündete im Kampf um die Rechte der Naturvölker. Ich glaube, die meisten Missionen haben erkannt, daß die vordringliche Aufgabe darin besteht, Kulturgut zu bewahren. Wenn die Zeit gekommen ist, müssen wir die Naturvölker auf dem schweren Weg in die Zivilisation helfend begleiten. Erst an dritter Stelle steht die eigentliche Mission: Wer will, kann Christ werden – auch im Lendenschurz.«

»Auch nackt?« fragte ich.

»Warum nicht? Die Missionierung der Naturmenschen darf nicht über den Tod der Kulturen stattfinden. Einem äußeren Kulturverlust folgt schnell ein geistiger. Missionen der letzten Jahrhunderte haben sich des Ethnozids im kulturellen Sinne schuldig gemacht, das darf sich nicht wiederholen.«

Ich war über die Selbstkritik verblüfft.

»Bei den Bumé überzeuge ich nicht als Prediger, sondern als Rinderexperte. Mein zweiter Beruf ist übrigens Landwirt. Nur als einer, der sich mit Vieh auskennt, habe ich eine Chance, ernst genommen zu werden, wenn ich sage, daß es für die Kinder und Enkel besser wäre, wenig, aber gesunde und fettere Tiere zu besitzen, als viele magere«, meinte Lars und ergänzte lächelnd: »Bisher konnte ich allerdings noch nicht überzeugen. Man nennt mich mitleidig den ›Ein-Rind-Mann‹«.

»Vielleicht folgen sie Ihrem Rat, wenn man ihnen eine Alternative zum Brautpreis zeigt«, sagte ich.

»Daran rütteln hieße, ihre Sozialstruktur und das gesamte Versorgungssystem ändern.«

»Kann man nicht manchmal an den Problemen verzweifeln?« fragte ich.

»Man kann, weil es keine Lösung gibt, die allen Bedürfnissen gerecht wird.«

Draußen schrien die Vögel; von Zeit zu Zeit schritt eine barbusige Buméfrau am Fenster vorbei, und in der Stube klebten die Geckos an der Wand, plötzlich sauste eine Maus in die Küche...

»Gibt es Bumé, die Christen werden wollen?« fragte ich.

»Wenige, sehr wenige. Ihr Glaube ist so anders, gar nicht wie der unsere. Auch sie kennen nur einen Gott. Oft denke ich, daß ihr Glaube hierher gehört, sie sollten ihn nicht aufgeben. Der Busch, die Savanne, das Land, am Ende Afrika macht den Menschen zum Animisten.«

»Mir fiel auf, daß in der Mission auch Mursi leben. Führt das nicht zu Komplikationen?« fragte ich.

»Unsere Mission ist der einzige friedliche Platz im Umkreis vieler Quadratmeilen. Die Stämme nennen ihn den ›Ort der friedlichen Mutter Erde‹. Jeder darf sich bei uns ungehindert aufhalten, solange er dies in friedlicher Absicht tut. Wir repräsentieren ein Stück neutralen Bodens, auf dem auch verfeindete Stämme einander friedvoll begegnen können. Doch es gibt auch heikle Situationen. Neulich flüchtete ein Bumé-Mann vor Mursihäschern in die Mission. Durch einen Trick wurde der Bumé aus der Station gelockt und von Mursispeeren getötet. Die umliegenden Stämme betrachten den Vorfall als schlimmen Angriff auf ›ihre friedliche Mutter Erde‹ und bestanden darauf, daß der heimtückische Mord durch 20 Rinder zu sühnen sei. Die Mursi zahlten. Damit war die Integrität der Mission wieder hergestellt.«

Anna und Sven traten ins Zimmer.

»Wir gehen zur Krankenstation. Willst du mit?«

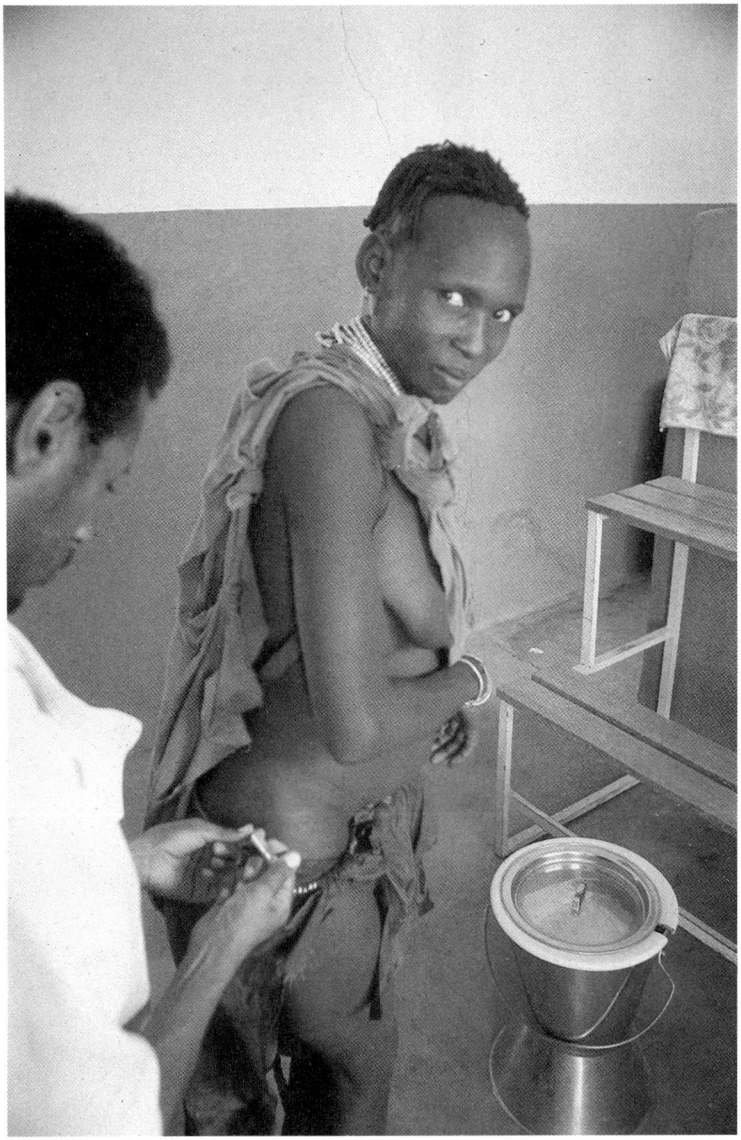

Krankenhelfer Akim aus Addis Abeba setzt ängstlicher Bumé eine Spritze ins Hinterteil.

Die Station interessierte mich. Sie bestand aus einem gemauerten Haus mit Wellblechdach, ähnlich einer Baracke, in drei Trakte unterteilt: Anmeldung, Untersuchungsraum und Krankenzimmer für stationäre Behandlungen. Im Krankenzimmer, einem dunklen Sechsbetten-Raum, krümmte sich ein Bumé vor Schmerzen.

»Die stationären Kranken legen sich lieber draußen unter einen Baum«, sagte Anna. Sven befühlte den Leib des Mannes.

»Sieht nach Blinddarmentzündung aus. Der Mann muß operiert werden!«, sagte er.

»Bin auch der Meinung«, sagte Anna, »wir lassen ihn morgen mit dem Flugzeug nach Ara Minch bringen. Er hat großes Glück. Normalerweise kann so einem Fall nicht geholfen werden.«

»Er müßte sterben?« fragte ich.

»Ja, ein Arzt oder ein Flugzeug kommt erst, wenn wir mehrere lebensgefährliche Fälle haben. Das ist keine böse Absicht, sondern eine Frage der Möglichkeiten.«

Während Sven eine Schwangere mit einem Hörgerät abhorchte, setzte Akim, ein amharischer Krankenhelfer aus Addis, einige Spritzen in die Hinterteile ängstlich dreinschauender Frauen.

Ich ging hinüber zum Krankenrevier unter freiem Himmel. Hier im schattigen Mimosenhain lag oder saß ein Großteil der Kranken.

»Haben Sie immer so viel Patienten?« fragte ich Anna.

»Oh«, sagte sie, »wir haben zur Zeit wenig und glücklicherweise kaum schwere Fälle. Vor einigen Wochen hatten wir Hochbetrieb. Da schleppten sich verwundete Bumé aus der Gegend von Chedada am Omo hierher. Sie waren von Mursi überfallen worden, einige sahen übel aus. Sehen sie, diese Frau mit der Augenbinde ist unsere letzte Verwundete aus der Zeit. Sie hat sich recht gut erholt, aber sie wird nie wieder sehen können. Mursi haben sie geblendet.«

»Ein Mursiüberfall zwischen Chedada und Rum sagten sie? Vor drei Wochen etwa?« fragte ich.

»Ja, das stimmt.«

»Dann folgte die Rache der Bumé wenig später.«

Akim begab sich mit einem Arztkoffer zu uns, breitete ein Laken aus und bat einen Bumé-Krieger, darauf Platz zu nehmen. Der junge Mann zeigte seinen häßlichen, blutigen Knöchel. Akim schnippelte faules Fleisch ab, dann verband er den Fuß. Ohne mit der Wimper zu zucken, stand der

Anna, die schwedische Krankenschwester, betreut eine geblendete Bumé-Frau.

Im Camp setze ich mich zu Kaimito. Der Wächter schaut gelassen über die Steppe. Africa adio!

Mann auf, machte ein paar vorsichtige Schritte, dann humpelte er davon.

»Ist der wahnsinnig?« fragte Akim verdutzt.

»Hol' ihn zurück«, sagte Anna, »mit dem Fuß kommt er nicht weit.«

Akim eilte ihm nach...

Allein kam er wieder.

»Er wollte um keinen Preis hierbleiben«, sagte der Amhare, »er müsse wieder zu seiner Herde.«

»Kann man nichts machen«, meinte Anna achselzuckend.

Auf dem Weg zu den Zelten begegnete ich zwei jungen Buméfrauen. Ein farbenprächtiges Bild: Die lachenden Gesichter, die schmuckbehangenen Hälse, schön geformten Busen, der leichte, unbeschwerte Gang. Einen Augenblick lang dachte ich daran, die beiden im Bild festzuhalten. Ich tat es nicht. Als sie an mir vorbeigegangen waren, fiel mir die Geschichte mit dem Missionar und den Buméfrauen ein, die südlicher, nahe der amerikanischen Station Kalam passiert sein soll: Ein Geistlicher, der auch begeisterter Fotograf war, hatte einmal versucht, drei Schöne ohne Lendenschurz an einer Wasserstelle zu knipsen. Es gelang ihm auch. Aber es war seine letzte Aufnahme, die Frauen haben ihn erschlagen. So sind die Buméfrauen, halbnackt und doch besitzen sie ein leicht verletzbares Schamgefühl.

Als ich unser Camp erreichte, sah ich Kaimito in der Pose eines Wächters vor meinem Zelt sitzen und mit einem Male wurde mir bewußt, daß die Reise – wenn das Flugzeug kam – schon morgen zu Ende war. Schweigend setzte ich mich zu ihm.

Bald war alles vorbei, all die starken Eindrücke; fremde Menschen, die immer weniger fremd wurden. – Die prasselnden Lagerfeuer werden für lange Zeit schweigen.

Ich konnte mich nicht erinnern, daß ich in meinem Leben so mit jeder Stunde gegeizt hatte wie in diesen Wochen.

Nun hieß es zurück nach Hamburg in die Zivilisation. Plötzlich war mir klar, wie weit weg ich von Hamburg war, vom Schreibtisch, Telefon und frischbezogenen Betten. Meine Gedanken wanderten den Omo hinauf und über Stromschnellen, Hippoangriffe, Krokodile, hinab zu den Mursi. Ob sich Ligguin schon die erste kleine Tonscheibe in ihre Unterlippe gesetzt hatte?

Ich habe Afrika in einem seiner ursprünglichsten Winkel erleben dürfen, dafür war ich dankbar. Ich atmete tief durch, und es war, als konnte ich die Tageszeit am Geruch des Grases und an der Farbe der Steppe bestimmen, und das war sehr schön. Kaimito saß mir gegenüber und nickte. Ich war sicher, daß er ahnte, um was es ging...

Africa adio!

Teil 3:
Fakten, Tips und kleine Landeskunde für Äthiopienreisende

»Aithiopoi« – »Land mit Menschen sonnenverbrannter Gesichter«, so nannten die Hellenen einst den Schwarzen Erdteil. Daraus entstand »Äthiopien«, das seiner mächtigen Tafelberge wegen auch »Die Zitadelle Afrikas« genannt wird.

Verborgene Schätze, rätselhafte Geschichte, archaische Stämme ... kaum ein Land ist faszinierender und geheimnisvoller! Schon der Blick aus dem Flugzeug begeistert, da recken sich Felsmassive mit Fünftausender gen Himmel und, welch' Kontrast: Salzwüsten fallen weit unter den Meeresspiegel, da lassen wildzerklüftete Ambas schaudern.

Im Süden schließlich mäandert der große ungezähmte Omo-Strom durch menschenfeindliche Wildnis, durchs »Tal des Todes«. Hier haben die letzten Naturvölker – vor allem die sagenhaften Mursi mit ihren Entenschnabel-Frauen ihr Rückzugsgebiet. Wie lange noch? Nie vorher habe ich so mit meiner Zeit gegeizt. Ich fand im tiefen Süden »mein« Afrika und wollte es nicht mehr verlassen.

Der älteste unabhängige Staat des Erdteils gehört heute noch zu den verschlossensten Ländern der Erde. Das mag an der außergewöhnlichen Bodengestaltung und seiner politischen Situation liegen.

Doch von jeher fesselt Äthiopien das Interesse von Forschern und anspruchsvollen Reisenden: Botaniker und Zoologen packt die artenreiche Flora und Fauna der Berge, Ethnologen die steinzeitlich lebenden Flußvölker. Paläoanthropologen gruben am Omo, dann im Afar-Dreieck nach der »Wiege der Menschheit« – und fanden sie! Archäologen, Historiker, Theologen durchforschten alte Kaiserstädte oder geheimnisvolle Klöster... Die Wissenschaft hat einige Rätsel gelüftet. Doch längst nicht alle! »Terra-X«, das ist eben auch Äthiopien.

Es ist ein Trauerspiel, daß manche Schätze Äthiopiens den Reisenden zur Zeit verborgen bleiben. Politische und wirtschaftliche Probleme haben den Staat nicht zur Ruhe kommen lassen. Doch ich bin ganz sicher, daß der Tag kommt, an dem sich das Land wieder ganz öffnet, so daß ein Stück packendes Ostafrika ungehindert erlebt werden kann: Ein Kaleidoskop aus Entdeckung und Abenteuer, Kunst und Kultur, Animismus und Christentum, Leid und Mythos.

Auf den folgenden Seiten sei einmal kurz und knapp alles Wissenswerte für Äthiopienreisende zusammengestellt.

»Niemand lernt ein Land kennen und verstehen, ohne um dessen Vergangenheit zu wissen«.

Geschichte

3,5 Mio. Jahre alt

Ist der Fund des ältesten menschlichen Skeletts »Lucy«, das Dr. Johanson 1974 in der Afar-Wüste entdeckte.

3 Mio. Jahre alt

Ist der Fund eines Unterkiefers (Australopithecus), der im Omo-Mündungsgebiet ausgegraben wurde.

4000–2000 v. Chr.

Seit dieser Zeit bestehen Handelsbeziehungen zwischen Ägypten und dem Lande Punt (Teil Äthiopiens).

1000 v. Chr.

Kuschiten sind Kulturträger Ägyptens und von Teilen Äthiopiens.

980 v. Chr.

Der Legende nach wird die salomonische Dynastie durch Menelik I. (Sohn Salomons von Juda und Königin von Saba) gegründet.

927 v. Chr.

Nach 159 Herrschern der salomonischen Linie übernimmt die Zagwe-Dynastie die Herrschaft.

um 900 v. Chr.

Araber verdrängen die Äthiopier von der Küste des Roten Meeres.

um 500 v. Chr.

Invasion semitischer Völker aus dem Yemen.

um 100 n. Chr.

Reich von Axum erlebt seine Blütezeit, die etwa 500 Jahre andauert. Es zählt zu den vier großmächtigen Reichen der Erde. 20 m hohe Obeliske (Stele) sind noch heute erhalten.

um 350 n. Chr.

Frumentius führt am Hofe Ezanas, des Königs in Axum, das Christentum ein. Ezana ist erster christlicher Negus Negast, sein Reich das erste christliche.

um 640 n. Chr.

Araber erobern Ägypten und trennen Äthiopien vom christlichen Abendland. Die Handelswege werden unterbrochen. Das Axum-Reich erlebt seinen Niedergang.

um 1000 n. Chr.

Wilde Agau-Bergstämme, von der Königin Judith angeführt, zerstören die Stadt und das Reich Axum.

1145–1270

Wieder lösen Zagwe-Könige die salomonische Dynastie ab. Ihre Hauptstadt Roha wird nach dem bedeutensten Herrscher Lalibela umbenannt.

1268

Tekle Haimanot, Oberpriester des Klosters Debre Libanons, veranlaßt die Wiedereinsetzung der salomonischen Linie.

1270–1285

Axum ist religiöses Zentrum. Amharisch wird Staatssprache.

1314–1344

Niederschlagung kleinerer islamischer Königreiche im Süden des Landes durch die christlichen Amharen.

um 1530

Erneute Kämpfe gegen die Mohammedaner.
Der Emir von Harrar Ahmed Ibn Ibrahim Gran erobert große Gebiete des äthiopischen Kaiserreiches.

1543

Ein portugiesisches Hilfscorps erscheint zur Rettung des Christentums. Gran fällt in der Schlacht am Tanasee. Sieger ist Kaiser Claudius.

1634

Kaiser Fasiladas baut Gondar zur Residenzstadt aus. 222 Jahre wird von hier aus das langsam wieder zerfallende Reich regiert. Die Schlösser Fasiladas und späterer Kaiser sind noch heute zu besichtigen.

17. u. 18. Jahrh.

Statthalter des Kaisers (Ras) machen sich selbständig und bilden kleine Reiche. Erbitterte Machtkämpfe um die Vorherrschaft entstehen. Europäische Kolonialmächte versuchen, in Äthiopien Fuß zu fassen.

1855

Ras Ma Khasa eint das Land und besteigt als Teodros II. den Kaiserthron.

1868

Teodros II. wird von einer britischen Strafexpedition besiegt und begeht auf der Felsenburg Magdala Selbstmord.

1881

Italiener besetzen Eritrea.

1889–1911

Der Nagus von Shoa wird als Menelik II. Kaiser von Äthiopien. Er dehnt das Reich aus und macht Addis Abeba zur Hauptstadt.

1890

Eritrea wird italienische Kolonie.

1896

Die Äthiopier unter Menelik II. besiegen in der Schlacht von Adua die Italiener.

1906

Die Eisenbahnstrecke Djibouti–Addis Abeba wird gebaut. Der Tod Meneliks II. könnte in diese Zeit fallen. Das genaue Jahr ist nicht bekannt, da sein Ableben (in geistiger Umnachtung) jahrelang geheimgehalten wurde.

1923

Äthiopien tritt dem Völkerbund bei. Allmählich wird die Sklaverei abgeschafft.

1930

Haile Selassie I. besteigt als 255igster und letzter Kaiser der salomonischen Dynastie den Thron Äthiopiens.

1935

Italiener marschieren von Eritrea aus in Äthiopien ein. Haile Selassie I. verläßt sein Land.

1936

Addis Abeba wird von den Italienern besetzt und Äthiopien (Abessinien) annektiert. Viktor Emanuel, König von Italien, erhält zusätzlich den Titel »Kaiser von Abessinien.«

1941

Britische Truppen befreien Addis Abeba.

1958

Die UN wählen Addis Abeba zum ständigen Sitz ihres Wirtschaftsausschusses.

1960

Ein Militärputsch scheitert.

1962

Eritrea wird eine Provinz Äthiopiens. Beginn des eritreischen Widerstandes, der bis heute anhält.

1963

Gründung der O. U. A. (Organisation für die Union Afrika) in Addis Abeba.

1964

Grenzkonflikt im Ogaden mit Somalis.

1972–1973

1. große Dürrekatastrophe, besonders in den Provinzen Wollo und Tigre.

1974–1975

Aufhebung der Monarchie. Haile Selassie I. wird durch einen Militärputsch abgesetzt. Äthiopien nennt sich »Sozialistische Volksrepublik«, die aber vom Militär beherrscht wird.

1977

Mengistu Haile Mariam wird nach vorausgegangenen blutigen Machtkämpfen Staats- und Regierungschef.

seit 1978

Es existieren mindestens vier bedeutende Befreiungsbewegungen, die im Norden (Eritrea), im Osten (Ogaden) und im Südosten (Oromo-Bewegung) des Landes operieren. Die Einheit Äthiopiens ist gefährdet.
Im Norden herrschen bürgerkriegsähnliche Zustände. Ab Gondar und Dessi nördlich ist Äthiopien auch für organisierte Gruppenreisen derzeit geschlossen. Im ganzen Land ist momentan das individuelle Reisen ohne besondere Permits untersagt.

1983–1985

2. große Dürrekatastrophe erschüttert nördliche Landesteile und leitet ein Umsiedlungsprogramm ein. Menschen aus dem Norden werden in die Provinzen Wollega und Illubabor (Südwesten) gebracht.

1987–1989

Immer wieder wird der Norden Äthiopiens von Dürre und Hunger heimgesucht. Internationale Hilfen werden durch die in den betroffenen Nordprovinzen operierenden Separationsbewegungen erschwert.

Landeskunde

Äthiopien:
(Hebresebawit Ilyopya, Socialist Ethiopia)

Fläche:

1,2 Millionen qkm, einschließlich Eritrea. Begrenzt wird Äthiopien vom Sudan, Kenia, Somalia, Djibouti und dem Roten Meer. Die Hochebene des Landes wird von einem Grabenbruch aus dem Tertiär fast mittig durchschnitten. Das zentrale Bergland öffnet sich in breiten Flußtälern (Takazze, Dinder, Blauer Nil, Baro, Omo) und fällt in Richtung Sudan und Kenia allmählich ab. Im Osten verliert sich das Hochland in der Danakil-Wüste und in den Ebenen Somalias.

Klima:

Je nach Höhenlage sehr unterschiedlich. Es herrscht Mittelmeerklima mit 180 Sonnentage im Jahr vor. Die trockeneren Gebiete (Ogaden, Danakil, Gemu Gofa) weisen etwa 320 Sonnentage und echtes Wüstenklima nach.

Durchschnittstemperaturen auf der Hochebene (Addis Abeba) liegen bei 20 Grad C. Im Tiefland um 28 Grad C. Harrar und Umgebung besitzt ein trockenes gesundes Landklima um 26 Grad C. Äthiopiens lange Trockenperioden werden von zwei Regenzeiten unterbrochen. Der »kleine Regen« fällt zwischen Februar und April. Der »größere« von Juni bis September, er liefert 80% der jährlichen Niederschlagsmenge. Nach heftigen Gewittern, die sich häufig nachts entladen, scheint die Sonne rasch wieder.

Landschaften und Provinzen:

Die nördliche Gebirgsregion gilt als das hauptsächliche Siedlungsgebiet der christlichen Staatsvölker Amharen und Tigre. Der Pflugeinsatz verwandelte die meisten Plateaus in Kulturland. Weizen-, Mais-, Teff-, Hirse-, Gerstenfelder, Hülsenfrüchte und Ölsaaten, terrassenförmig angebaut, lassen die Hochflächen im Sommer smaragdgrün erscheinen. Die ursprüngliche Vegetation wurde verdrängt.

Das Danakil-Tiefland im Nordosten liegt teilweise 170 m unter dem Meeresspiegel. Es ist ein hochinteressantes Wüstengebiet mit Kegeln erloschener Vulkane, Aschehügeln mit Schwefelausblühungen und Lavaausstößen. Geysire schleudern heißes Wasser in den Himmel. Die Schattentemperatur beträgt stellenweise 60 Grad C. Afar-Nomaden bauen sporadisch Salz aus riesigen Lagerstätten ab.

Eritrea ist die nördlichste Provinz mit eigener Entwicklung. Bis 1952 stand sie unter britischer Verwaltung. Seit 1962 ist das Gebiet zu Äthiopien gehörig. Geologisch zählt Süderitrea zur nördlichen Gebirgsregion des Kernlandes.

Die Ambas fallen von Süden und Norden ab. Ein Steppengürtel schließt sich an, der bis ans Rote Meer verläuft. Das Klima ist extrem: Massawa gilt als heißeste Stadt der Erde. Asmara, die Provinzhauptstadt in den Bergen, ist ein Ort des ewigen Frühlings. Völkisch ist das Gebiet sehr gegliedert: Im Hochland leben christliche Amharen und Tigre. Im Hügel- und Steppenland mohammedanische Stämme (Bogos, Kunama, Badschuk).

Durch den Zugang zum Meer spielt Eritrea eine wichtige Rolle für Äthiopien.

Der Südwesten ist im Kern ein dicht besiedeltes Hochland mit der Provinz Kaffa, die als Urheimat des Kaffees gilt. Kaffee wird in Plantagen angebaut und ist Äthiopiens wichtigster Exportartikel. Ausgeglichenes Klima und ausreichender Regen ermöglichen auch den Anbau von Taro, Yams, Musa Ensete (falsche Banane), Ingwer und Zitronen. Heute leben im Südwesten hamitische Oromo-Stämme.

Der Südosten kennt unterschiedliche geographische Zonen. Östlich des Rift Valleys recken sich Gipfel bis 4000 m hoch. Kühle windige Plateaus schließen sich an, die teilweise dicht bewaldet sind. Nun flacht das Bergland ab und nimmt den Charakter einer Hochsteppe (um 2000 m über dem Meer) an. Das Stammland der Oromo befindet sich in der Provinz Arussi, von hier aus brach das Volk im 16. und 17. Jahrhundert zu Eroberungs-Feldzügen nach Westen auf.

Die Hochsteppe fällt allmählich in Richtung Somalia ins Tiefland von Ogaden ab. Noch in den Bergen liegt das Handelszentrum Harrar. In seiner Umgebung bauen mohammedanische Arussi, Sidamo, Darassa Kaffee an. Im Ogaden leben etwa 500 000 Nomaden aus Somalia. Ihre Existenz auf äthiopischen Terrain lieferte den Zündstoff zu kriegerischen Auseinandersetzungen zwischen beiden Staaten.

Äthiopien gliedert sich in 14 Provinzen, die der Zentralregierung in Addis Abeba unterstehen. Von Norden nach Süden sind dies: Eritrea, Begemder, Tigre, Gojjam, Wollo, Wollega, Shoa (mit Addis Abeba), Harrar, Illubabor, Kaffa, Arussi, Bale, Gemu-Gofa und Sidamo.

Bevölkerung:

Sie besteht aus hamitischen und semitischen Elementen, die sich stark vermischt haben. Negride Volksgruppen nehmen im Südwesten zu. Seit dem 4. Jahrhundert bezeichnet man das äthiopische Volk als hamitosemitische Rasse christlicher Religion und semitischer Sprache. Als »Staatsvolk« werden die **Amharen** des Hochlandes bezeichnet, aber auch die **Tigre,** eine zahlenmäßig kleine Gruppe aus der gleichnamigen Provinz. Beide Völker machen ein Drittel der Gesamtbevölkerung aus.

Die **Oromo** (einst Galla genannt) bilden die größte ethnische Gruppe mit über zwei Fünftel der Gesamtbevölkerung. Sie gliedern sich in rund 200 Stämme. Ihre Wohngebiete erstrecken sich südlich von Addis Abeba, sie sind christlichen und mohammedanischen Glaubens.

Die rund 500 000 **Somali** sind Hirtennomaden im Ogaden. Sie sprechen einen kuschitischen Dialekt und sind Mohammedaner. Es sind schlanke, hochgewachsene Menschen. Somalimädchen sind wegen ihrer Schönheit sehr begehrt.

Niloten leben im Grenzgebiet zum Sudan.

Danakil oder **Afar** bewohnen Gebiete am Roten Meer, die Steppen und Wüsten der Provinzen Tigre und Wollo. Es sind Mohammedaner, die sich in einer kuschitischen Sprache, dem Afar, verständigen. Die Afar sind Nomaden.

Sogenannte **Altvölker** Äthiopiens leben im Süden. Zu ihnen zählen: Bodi, Bumé, Mursi, Hammar, Dine, Konso und andere Stämme.

In Äthiopien leben insgesamt 48 Millionen Menschen. Das Bevölkerungswachstum liegt bei 2,3%

Sprache:

In Äthiopien werden 70 Sprachen und über 200 Dialekte gesprochen. Amharisch ist die Staatssprache, in einigen Regionen ist auch Oromo Amtssprache, Englisch eine Art zusätzliche Landes- und Geschäftssprache. In allen größeren Orten kann man sich in Englisch verständigen. In der Bevölkerung sind auch italienische und französische Sprachkenntnisse lebendig. Literatur- und Kirchensprache ist das Ge'ez, einst die Sprache des Axum-Reiches.

Religion:

Etwa 50% Christen, ⅓ bekennt sich zum Islam, 30000 Falaschas (eine besondere Art des jüdischen Glaubens), rund 2 Millionen Heiden, die Naturgottheiten verehren.

Pflanzen- und Tierwelt:

Die **Flora** ist sehr vielseitig und reicht von Hochgebirgsgewächsen bis zu Wüstensukkulenten. Darunter sind einige sogar endemisch (nur in Äthiopien anzutreffen). In den ariden Zonen wachsen Akazien, Tamarisken, Baobab (Affenbrotbaum), Kandelaber-Euphorbien.

Dann folgen Eukalyptus (der Fieberbaum aus Australien), Wacholder und Zedern gedeihen in mittleren Höhenlagen. Podocarpus (eine Eibenart) wächst als Wald im Süden. Dum-Palme ist an den Zuflüssen des Weißen Nils und an der Küste des Roten Meeres anzutreffen. Zu riesigen Laubbäumen entwickelt sich die Sykomore (eine Feigenart). Dann wären noch Sanseviera, Sisalagave und der für Äthiopien wichtige Kaffeestrauch zu erwähnen.

Von außerordentlicher Vielfalt ist auch die **Fauna** des Landes. Wie zuvor bei den Pflanzen, können natürlich hier nur einige wenige Tiere genannt werden:

Im Süden und Südwesten kann Großwild erpirscht werden: Elefanten, Büffel, Löwen, Leoparden und Giraffen. Im Omo tummeln sich Hunderte von Flußpferden und Krokodilen, an seinen Ufern Pavian, Colobus, Antilopen, Gazellen, Schakale, Hyänen, Warzenschweine, Warane, Chamäleon, Schildkröten, Schlangen und Skorpione. Im Hochgebirge leben neben einer Reihe anderer Tiere eine endemische Steinbockart (Capra walie) und Klippspringer.

Ornithologen haben Freude an der artenreichen Vogelwelt: Trappen, Perlhühner, Störche, Pelikane, Marabus, Tukane, Papageien, Fischadler, auch Kolibris sind zu beobachten. Dann der pechschwarze Bucoraz oder Schlangenfresser, Geier, Flötenvögel und riesige Bengalini-Schwärme. Und durch die Steppe traben Straußenfamilien.

Städte:

Addis Abeba (= neue Blume), Hauptstadt 1,5 Mio. Einwohner. Im Hochland 2420 m hoch gelegen; Universität; Goethe-Institut; archäologisch, ethnologisch, historisches Museum; Bibliotheken ca. 200000 Bände; Zoologischer Garten; Rundfunk-Fernsehstation, Mineralthermen und Badeanlagen, Krankenhäuser, Handelszentrum und Industriestandort mit ca. 500 Firmen, Fernstraßenknotenpunkt, Endstation der Djibouti-Eisenbahn, internationaler Flughafen.

Wichtige Bauten: Stefanos-Kirche, Kidane-

Meret-Kirche, Dreifaltigkeitskirche, Afrika-Halle (Versammlungsort afrikanischer Staaten, Tagungsgebäude der UN-Wirtschaftskommission); Parlamentsgebäude.

1896 beschloß Kaiser Menelik II. an der Stelle seines Heerlagers die neue Hauptstadt Addis zu bauen.

Sehenswürdigkeiten: Das Nationale Archäologische Institut, St.-Georgs-Kirche, Marktdistrikt (Mercato, einer der größten Märkte Afrikas), das Ausstellungszentrum (drei Museumsbaracken oberhalb des Revolutionsplatzes) zu den Themen: Geschichte, Soziales und Verteidigung. Entoto im Norden mit schönem Blick auf die Stadt.

Axum, etwa 40000 Einwohner, nördlich des Simien-Gebirges in 2130 m Höhe gelegen. Noch heute eine heilige Stadt: Im Allerheiligsten der Maria von Zion-Kirche soll sich die echte Bundeslade mit den Gesetzestafeln des Moses aus dem Tempel von Jerusalem befinden.

Axum ist eine bedeutende Fundstätte äthiopischer vorchristlicher Kultur (Park der Stelen).

Sehenswürdigkeiten: Alte Kirche der heiligen Maria von Zion, Stelengarten (Stelen sind monolithische Granitsäulen, die mit kleinen Kammern ausgearbeitet wurden, zwischen 10 und 20 m hoch, es wird sich wahrscheinlich um mächtige Grabmähler handeln).

Grab des Königs Bazen (7 v. bis 10 n. Chr.), Taaka Mariam (Palastkomplex).
Axum liegt im Aufstandsgebiet und kann derzeit nicht besucht werden.

Gondar nördlich des Tana-Sees, 2200 m hoch gelegen, ca. 70000 Einwohner. Die Stadt war 222 Jahre kaiserliche Residenzstadt. Burgen und Schlösser zeugen von Äthiopiens glanzvollem Mittelalter.

Banken und Sehenswürdigkeiten: In erster Linie das Burgenviertel mit dem Schloß des Fasiladas, dem Schloß Yasu des Großen, der Bibliothek, Kanzlei, Sängerhalle, dem Palast von Bakaffa, dann außerhalb die Kirchen, oder Medhane Alem und der Ras-Mikael-Sukul-Palast. Zur Zeit lagern militärische Einheiten in den Außenbezirken Gondars. In der Stadt herrscht nächtliche Ausgangssperre. Wenige Kilometer nördlich beginnt das von Aufständischen kontrollierte Gebiet.

Lalibela im unwegsamen Hochland östlich vom Tana-See, auf 2630 m Höhe gelegen. Eingerahmt von den Bergriesen Guna (4231 m) und Abune Yosef (4190 m). Der Ort hat 20000 Einwohner, fast nur Amharen. Als das »Jerusalem« der Amharen ist die Stätte heilig. Ziel von vielen Tausend Pilgern.

Sehenswürdig sind die weltberühmten Felsenkirchen, in denen noch Gottesdienste abgehalten werden: Bjet Emanuel, Bjet Gabriel-Raphael, Abba Libanos und andere. Die rein monolithische Kirche Bjet Giorgis ist die interessanteste. Lilibela ist nur auf dem Luftweg erreichbar. Auch organisierte Gruppen brauchen Sondergenehmigungen, da sich der Ort einerseits in dem von der Dürre hart getroffenen Gebiet Wollo befindet, andererseits von Unruhen in der Provinz Tigre beeinflußt wird.

Harrar, 1870 m hoch am Südrand des Harrar-Gebirges gelegen, 60000 Einwohner, Hauptstadt der gleichnamigen Provinz mit der bedeutendsten Militärakademie Afrikas. Die Stadt bevölkern islamische Oromo und Somali. Innerhalb der alten Stadtmauern leben Haraghi, Nachkommen der Urbevölkerung mit eigener Sprache.

Gebäude und Sehenswürdigkeiten: Stadtmauer, Medhane-Alem-Kirche, Moslem-Markt, Jami-Moschee, Ras-Makonnen-Palast, der Hyänen-Mann vor der Stadtmauer.

Ausflug nach Bisdimo, dort befindet sich eine Leprastation des Augustinerordens.

Weitere größere Städte: **Asmara** 450000 Einwohner, zweitgrößte Stadt Äthiopiens, Hauptstadt Eritreas, unweit des Roten Meeres gelegen.

Dire Dawa 100000 Einwohner, Stadt erlangte als Bahnstation der Strecke Djibouti–Addis Bedeutung.

Jimma 70000 Einwohner, Hauptstadt der Provinz Kaffa.

Massawa 40000 Einwohner, neben Assab die einzige Hafenstadt des Landes am Roten Meer. Einst befand sich nahe Massawas die älteste arabische Siedlung auf afrikanischem Boden.

Gebirge:

Simien-Berge mit dem Ras Dashen, 4620 m, die höchste Erhebung Äthiopiens.

Bale-Berge mit dem 4307 m hohen Batu.

Flüsse:

Abay oder Blauer Nil, er entspringt südlich des Tana-Sees, begibt sich in den See und tritt bei Bahar Dar heraus, um 30 km südlich bei Tisiat die 45 m hohen Nil-Fälle zu bilden. Der 2200 km lange Blaue Nil fließt 1300 km durch Äthiopien. Im Sudan mündet der Fluß in den Weißen Nil.

Der Omo ist der zweitlängste Fluß des Landes. Er ist 1400 km lang und fließt durch eines der unzugänglichsten und ursprünglichsten Gebiete Afrikas. Er mündet in den Turkana-(Rudolf-)See.

Weitere größere Flüsse sind: Wabi Shebele, er mündet als Uebi Scebeli in Somalia in den Indischen Ozean, der Awash verdunstet in der Danakil-Wüste.

Nationalparks:

Simien-Park mit Gebirgsfauna und -Flora; einst konnten hier herrliche Bergwanderungen unternommen werden.

Awash-Park mit heißen Quellen.

Abiyata-Park, artenreiche Tier- und Pflanzenwelt an den Seen Abiyata und Shala, interessante Steppenlandschaft.

Bale-Berg-Park: Wanderungen durch schöne Bergwelt möglich (Permit!)

Nechisar-Park: Seelandschaft, herrliche Tier- und Pflanzenwelt an den Seen Abaya und Chamo. Eindrucksvolle Buschlandschaft.

Gambela-Park, ursprüngliche Sumpf- und Steppenlandschaft im äußersten Westen Äthiopiens, Großwild sehr artenreich, das Gelände ist schwer zu erreichen. Besuchsgenehmigungen werden nur selten erteilt.

Omo-Nationalpark: Westlich des Omo-Flusses. Krokodile, Nilpferde, Büffel, Löwen, Elefanten und sonstiges Wild. Ursprüngliche Fluß-Busch- und Steppenlandschaft. Besuch des Parks nur organisiert oder mit kleiner Gruppe möglich, die in Ausnahmefällen ein Permit erhält.

Wirtschaft:

Äthiopien gehört zu den armen Ländern der Erde. Auf dem Lande lebt die Bevölkerung recht ursprünglich, das liegt u. a. auch an den politischen Problemen, an der schlechten Infrastruktur infolge der außergewöhnlichen Bodengestaltung und der Rohstoffarmut des Landes. Außerdem wird der Boden durch Überweidung zerstört.

Rund 90% der Menschen leben von der Landwirtschaft. Wichtigste Exportartikel sind Kaffee, Ölsaaten und Hülsenfrüchte. Die Viehwirtschaft wird zum Schaden des Bodens exzessiv betrieben. Äthiopien ist eines der viehreichsten Länder Afrikas. Der volkswirtschaftliche Nutzen ist jedoch sehr gering, da Stückzahl vor Qualität steht.

Bodenschätze sind bisher nur in geringem Umfang gefunden worden. Etwas Gold wird in Eritrea geschürft. Pottasche, Salz und Schwefel wird im Danakil-Gebiet gewonnen. Mangan an der Küste des Roten Meeres.

Industrie: Sie steht am Anfang. Keramik- und Glasfabrikation, Bierbrauereien, Nudelfabriken, Baumwollspinnereien und andere Produktionsbetriebe gibt es seit mehreren Jahren.

Währung:

Birr. Ein Br = 100 Cents, dies entspricht etwa 1,15 DM. Devisen dürfen in unbeschränkter Höhe eingeführt werden, müssen aber deklariert sein, Ausfuhr von Landeswährung ist auf 10 Birr begrenzt.

»Wasser, das steht, wird trüb, brackig und übelriechend, aber solches, das in Bewegung ist und fließt, ist frisch und klar, genauso verhält es sich mit dem Mann, der reist.«

(Frei aus dem Koran)

Äthiopien als Reiseziel (Stand 1990)

Anreise:
Die individuelle Bewegungsfreiheit ist in Äthiopien zur Zeit sehr eingeschränkt. Der Tourist ist praktisch an die offiziellen Veranstalter gebunden. Entweder nimmt er die Angebote von Georg Höltl, 8391 Tittling/Passau, Tel. (08504) 4040; Ikarus Tours, Fasanenweg 1, 6240 Königstein/Taunus, Tel. (06174) 29020; Le Monde des Hommes, 15 rue des Ecoles, 75005 Paris, Tel. 46340320 und anderer Unternehmen wahr, oder er fliegt mit Lufthansa oder Ethiopian Airlines für rund 3500,– DM (Hin- und Rückflug) – von Amsterdam aus startet Alitalia um 2000,– DM – nach Addis Abeba und bucht seinen Interessen entsprechend aus dem Tourenangebot der NTO (National Tour Operation) in der Ras Desta Damtaw Street, P.O. Box 5709, Addis Abeba. Einschließlich Flug kostet eine Äthiopien-Rundreise von drei Wochen etwa 6500,– DM.

Um Addis Abeba verlassen zu können, braucht der Reisende eine Erlaubnis der Sicherheitsbehörde. Ohne eine solche Bescheinigung, auf der Reiseziel und -zeit vermerkt sind, können weder Inlandflugtickets noch Eisenbahnfahrten gekauft werden. Außerdem muß bei Kontrollen mit großen Unannehmlichkeiten gerechnet werden.

Permits dieser Art stellen ETC (Ethiopian Tourism Commission) in Addis Abeba am Revolution Square, P.O. Box 2183, oder die bereits erwähnte NTO aus. Je nach politischer Lage geschieht dies rasch, großzügig und für möglichst viele interessante Provinzen des Landes, oder entsprechend restriktiv.

Dem bisher organisiert reisenden Touristen seien auf jeden Fall die Pauschalarrangements empfohlen. »Äthiopien auf eigene Faust« (mit Permit natürlich) ist nur etwas für erfahrene Weltenbummler, die improvisieren können, Zeit haben und Ungemach »wegstecken«, dazu das nötige Feingefühl, den Takt und das Wissen im Umgang mit fremden Völkern und heiklen Situationen haben.

Einreise:
Reisepaß und Visum sind für die Einreise deutscher Staatsbürger erforderlich. Das Visum wird von der diplomatischen Vertretung Äthiopiens in 5300 Bonn 1, Beethovenstraße 1, problemlos ausgestellt. Veranstalter beantragen die Visa für ihre Kunden beim Buchen der Reise.

Touristenvisa sind normalerweise 30 Tage gültig. Im Land können diese aber um 60 Tage verlängert werden. Pflicht ist der Internationale Impfpaß mit eingetragener und gültiger Gelbfieberimpfung (sie braucht nur alle 10 Jahre wiederholt werden).

Unbedingt empfehlenswert ist die Malariaprophylaxe.

Je nach beabsichtigter Art im Land zu reisen, ist anzuraten, sich vom Hausarzt mit Typhoral, Tetanol und Beriglobin impfen zu lassen. Einige Seen, darunter der Tana-See, sind zum Baden wegen Bilharzia ungeeignet.

Reisen im Land:

Rundfahrten in Kleinbussen oder Geländefahrzeugen mit nationalem (NTO) oder deutschen, französischen und amerikanischen Veranstaltern. Es werden geschichtlich, kulturell, naturkundlich und ethnisch hochinteressante Gebiete bereist. Dabei wird die Kfz-Fahrt häufig mit einem Inlandsflug (Addis – Gondar oder Addis – Dire Dawe), bzw. einer Fahrt mit der Djibouti-Eisenbahn von Dire Dawa nach Addis Abeba oder umgekehrt aufgelockert.

Die Rundfahrten haben meist Harrar, Dire Dawa, herrliche Seen im Rift Valley, die grandiose Bergwelt von Bale und Arsi, Debre Marcos, den Tana-See mit dem Nil-Fall und den beeindruckenden Inselklöstern sowie die einstige Kaiserstadt Gondar im Programm.

Spezialtouren führen auf bisweilen holprigen Pisten zu den Altvölkern (Konso, Bodi, Ganta, Banna) in Äthiopiens ursprünglichen Süden.

Kombinierte Flug-, Auto- und Maultiertouren nach Lalibela oder in die Simien-Berge hängen von der politischen Situation ab.

Nicht regelmäßig besteht die Möglichkeit, sich privat einen Geländewagen (meist Toyota Landcruiser) mit Chauffeur zu mieten, um zugängliche Sehenswürdigkeiten eigenen Interesses aufzusuchen. Diese Reiseart »mit Aufsicht« ist teuer, kann aber, wenn der Fahrer gleichzeitig Reiseleiter ist und englisch spricht, sehr informativ und erlebnisreich sein.

Der Alleinreisende mit Permit ist in seinem Aktionsradius an Eisenbahn, Bus und Flugzeug gebunden. Trampen, über längere Strecken, Wandern oder Zelten ist derzeit verboten.

Da Eisenbahn und Busse am häufigsten von unternehmungslustigen Reisenden benutzt werden, sei gesagt, daß die Djibouti-Eisenbahn »erlebt« werden sollte. An den meisten Bahnstationen zwischen Addis und Dire Dawa kommt man mit Überlandbussen auch weiter ins Landesinnere. Das Busnetz ist recht »dicht«, wenn auch selten zuverlässig. Zwischen vielen Orten bestehen tägliche Verbindungen. Auf Überlandfahrten sollte immer an Verpflegung und Getränke gedacht werden. Abgesehen von den Hauptstraßen in und um Addis, gibt es sehr schwer befahrbare Wegstrecken, die zu unfreiwilligen und längeren Stops führen können, was wiederum zu nicht eingeplanten Übernachtungen führt.

Unterkünfte:

In Addis und allen touristisch interessanten Orten (die besucht werden können), gibt es gute Hotels. Die Preise in der Hauptstadt reichen von 60,– bis 250,– DM. Gute Provinzhotels liegen um 80,– pro Bett und Zimmer.

Natürlich gibt es sehr viel günstigere Unterkünfte. Allerdings darf in solchen »Karawansereien« kein Anspruch an Sauberkeit und Komfort gestellt werden. Nicht selten teilen Kakerlaken, Flöhe und Wanzen mit dem Schlafenden den Raum.

Speisen und Getränke:

»Angera« ist das Brot der Äthiopier, es wird zu »Wat«, einem Gemüse- und Fleischgericht, gegessen. Gewürzt wird mit rotem Pfeffer, der Berbere genannt wird; aber auch mit Curry, Knoblauch, Senfkörnern, Rosmarin, Cororima und natürlich Salz.

Angera (Injera) wird als dünner, graufarbener Fladen angeboten, der stark an Schaumstoff erinnert und nur gewürzt Geschmack hat.

Hergestellt wird Angera aus Teff, manchmal auch aus Hirse, Gerste, Mais und einer Erbsenart.

Bekannte Gerichte sind: Doro Wat, Hühnergulasch mit hartgekochten Eiern.

Sega Alitscha, ein Gericht aus Rindfleisch mit Zwiebeln und Pfefferschoten. Ingwer und Nelkenpfeffer würzt das Mahl.

Messir Wat ist ein Linsengericht mit Zwiebeln und Altischa (grüne Pfefferschoten).

Yeschimbra Asa ist ein Fischgericht. Die Fischportion wird in Erbsenmehl paniert und mit einer Soße aus Zwiebeln, Öl und Berberi gereicht.

Zu den Speisen wird Honigwein »Tetsch«, im Tiefland Hirse- oder Maisbier (Talla) getrunken.

Im allgemeinen erhält man aber auch übliches Bier, Schnaps, Coca Cola, Mineralwasser und Wein.

Hinweis: Leitungswasser nur abgekocht oder entkeimt, zum Beispiel mit Mikropur, trinken!

In größeren Orten sind europäische Speisen bekannt, ebenso Brot (meist Weißbrot) und Nudeln in unterschiedlichen Variationen.

Post/Telefon:
Briefe und Postkarten, die in Städten mit Flugverbindungen für die Bundesrepublik, Österreich und die Schweiz aufgegeben werden, brauchen etwa 14 Tage. Briefmarken sind nur auf den Postämtern und in großen Hotels erhältlich. Die Post ist in kleineren Orten schwierig zu finden.

Es gibt nur P.O.B.-Verteilung, keine Postzustellung.

Telefonieren kann man nur in den wichtigen Städten. In Addis sind die Verbindungen gut und reibungslos. Außerhalb der Hauptstadt kann Telefonieren Schwierigkeiten bereiten, das Netz ist sehr lückenhaft.

Stromanschlüsse:
In größeren Städten und guten Hotels findet man 220 Volt Wechselstrom vor. Dire Dawa und Gondar: 110 und 220 Volt.

Zoll:
Gegenstände für den persönlichen Bedarf, wie Kleidung, Toilettenartikel, Schmuck (im üblichen Rahmen), Sportausrüstung, Film- und Foto-Kameras, Filme, Kofferradio, tragbares Fernsehgerät, Musikinstrumente, Kofferplattenspieler, kleines Tonbandgerät sind zollfrei. Jagdwaffen sind genehmigungspflichtig, man erhält Einfuhrlizenzen über die äthiopischen Vertretungen im Ausland.

Pro Person können eingeführt werden: 100 Zigaretten oder 50 Zigarren, 225 g Tabak, 1 Liter alkoholische Getränke, 2 Fläschchen Parfüm, Geschenke im Wert von 20 Birr.

Reisezeit:
Das Klima bestimmen zwei Jahreszeiten: Die Regenzeit von Juni bis Oktober, dann die relativ trockene Saison in den übrigen Monaten. Die Höhenlage der einzelnen Regionen ist allerdings auch einflußnehmend. So gibt es am Anfang des Jahres im Hochland eine »kleine Regenzeit«. Um Lalibela und im Semiengebirge regnet es im Juli und August am meisten. Heißester Ort des Landes ist Massawa am Roten Meer mit einer jährlichen Durchschnittstemperatur von 30 Grad Celsius.

Die beste Reisezeit sind die Monate Oktober bis Mai, insbesondere der November.

Kalender:
Der äthiopische Kalender (Julianische) weicht zu unserem Gregorianischen ab. In Äthiopien wird das Jahr in 12 Monate zu je 30 Tagen eingeteilt. Die fünf bzw. sechs Resttage (Schaltjahr) bilden den 13. Monat.

Die Geschäftswelt und die Fluggesellschaften richten sich jedoch nach dem Gregorianischen Kalender.

Kleidung und Ausrüstung:
Beides richtet sich nach Reiseziel und Reiseart. Im Süden ist Tropenkleidung mit Pullover für kühle Nächte angebracht. Sinnvoll sind Khakikleidung, lange Hosen, Regenschutz; Schuhe sollten flach, strapazierfähig und knöchelhoch sein.

Sonnen- und Mückenschutz sowie Kopfbedekkung nicht vergessen!

Im Hochland kann es auch tagsüber empfindlich kalt und feucht werden. Die Kleidung ist hier auf warme und kalte Tage abzustimmen. Neben den üblichen Reiseutensilien können folgende Gegenstände nützlich sein: 2 Sonnenbrillen, 1 Feldflasche; Feuerzeug oder Streichhölzer; Schweizer Allzweckmesser; Kompaß; US-Dollar-Noten; Reisepaß; Tickets und sonstige wichtige Dokumente in Kopie, getrennt von den Originalen, aufgehoben; wasserdichte Uhr; Kugelschreiber; Papier; kleine Rolle Draht; Stopf-, Näh- und

Sicherheitsnadeln; 3–4 Knöpfe; Kopfmoskitonetz (im Süden hilfreich); Rasierklingen; Pflaster und Mullbinden.

Reiseapotheke:
Schmerz- und fieberdämpfende Medikamente wie Aspirin; Kohletabletten, hilfreich bei Durchfall; antibiotische Wundsalbe; Systralsalbe gegen Mükkenstiche; Malariamittel (Resorchin); Multivitamintabletten; Mineralsalztabletten; Wasserentkeimer wie Mikropur; Mückenschutz wie Autan.

Fotoausrüstung:
Kamera mit Wechseloptik, Objektive von 28–200 mm, UV-Filter, Filmmaterial mit Empfindlichkeiten von 100 bis 200 ASA. (Beim Fotografieren gilt grundsätzlich, daß Menschen nur mit Respekt und Zurückhaltung aufgenommen werden dürfen).

Kartenmaterial:
Brauchbar ist die Michelin-Karte 154, 1:4000000 als Übersicht. Besser ist die Äthiopienkarte Michelin- oder Shell-Road Map 1:2800000.

In Addis ist die Landkarte »Ethiopia 1:2000000« erhältlich, die allerdings etwas ungenau ausfällt.

Vorab kann man sich bei:

der Buchhandlung Goetze
Hermannstraße 7, 2000 Hamburg 1
Telefon (040) 322477;

der Geographischen Buchhandlung
Rosental 6, 8000 München 2
Telefon (089) 265030;

dem Geo Center
Internationales Landkartenhaus
Honigwiesenstraße 25, 7000 Stuttgart 80
Telefon (0711) 735031

nach geeignetem Kartenmaterial erkundigen und dies rechtzeitig erwerben.

Die Kataloge der Expeditionsausrüster enthalten neben Kleidung, Gerät und Ausrüstung auch interessante Hinweise für Kartenmaterial und Literatur:

Globetrotter- und Expeditionsausrüstung
Weisestraße 34, 1000 Berlin 31
Telefon (030) 6217559;

Globetrotter-Ausrüstungen
Denart & Lechhart GmbH
Wiesendamm 1, 2000 Hamburg 60
Telefon (040) 291223;

Därr Expeditions-Service
Theresienstraße 66, 8000 München 2
Telefon (089) 282032

Souvenirs:
Herrliche Handarbeiten werden überall im Land angeboten. Es reicht über schön geknüpfte Teppiche, über Malereien auf Leder, Lampenschirme aus Pergament, Silberschmuck bis hin zu Bernsteinketten und eindrucksvollen Terrakottafiguren. Aber Achtung: Kaufen Sie nur in seriösen Geschäften oder direkt beim Hersteller. Von Händlern wird man leicht »übers Ohr gehauen«.

Ein Hinweis zur Sicherheit:
Die Äthiopier sind gastliche, liebenswerte Menschen und immer hilfsbereit. (Es ist klar, daß Hilfeleistung mit Birr zu belohnen ist).

In den Städten, das gilt besonders für Addis, leben aber auch Straßengauner, die sich auf Touristen spezialisiert haben. Dabei handelt es sich um Taschendiebe, die zu zweit arbeiten. Während einer den Ahnungslosen anrempelt, entwendet der zweite von hinten Geldbörse, Brieftasche und andere Wertgegenstände. Die Aktion wird äußerst raffiniert durchgeführt.

Vor und zur Zeit der Revolution wurde das Land von »shifta«, Banditen, unsicher gemacht. Diese Plage ist beseitigt worden. Allerdings soll es in der Umgebung des Abiata-Sees auch in jüngster Zeit zu organisierten Diebstählen gekommen sein. Wer eine vernünftige Aufmerksamkeit walten läßt, und Wertgegenstände bewacht, bzw. sorgsam aufbewahrt, reist in Äthiopien sicherer als in manch anderem Land Afrikas.

Nützliche Adressen:
Diplomatische Vertretung für die Bundesrepublik Deutschland, Schweiz und Österreich:
Äthiopische Botschaft, Brentanostraße 1,
5300 Bonn 1, Telefon Bonn 233041;

Botschaft der Bundesrepublik in Äthiopien:
Addis Abeba, Khabana, Queen Elizabeth Street,
Telefon 120433, P.O. Box 660 und 1267;

Schweizerische Botschaft, Addis Abeba westlich des Flughafens Ledeta, unweit der Jima Road.

Österreichische Botschaft, Addis Abeba im Stadtteil Mekanisa, unweit der Roosevelt Street.

Ethiopian Mapping Agency, Addis Abeba.

Äthiopien P.O. Box 597 (Landkarten im Maßstab 1:2000000 und kleiner können hier gekauft werden).

Ethiopian Airlines, Kaiserstraße 61,
6000 Frankfurt/Main 1, Telefon (069) 250077
(für verschieden Auskünfte, Flüge und Prospekte).

Ethiopian Airlines, Addis Abeba am Andinet Square im Stadtzentrum.

Hotels bei der Ankunft in Addis Abeba:

Hilton, Ghion, Webi Shebels, Hotel d'Afrique = teuer;

Ras, Ethiopia, Guenet, Itegue Menen = mittlere Preislage;

International, Plaza = einfache, preiswerte Kategorie.

Wolf-Ulrich Cropp, Saseler Kamp 46a,
2000 Hamburg 65 (der Autor gibt gern Auskünfte, aber bitte an einen frankierten Umschlag für die Antworten denken).

Liebe Leser,

zum Schluß ein Hinweis, der eigentlich an den Anfang gehört. Es geht um die Hilfe für einen guten Zweck:

Bei Drucklegung dieses Buches erreichten mich viele Nachrichten, die besagten, daß nach Ernteausfällen im Norden Äthiopiens wieder gehungert wird. Allein in den Provinzen Eritrea und Tigre sind 2,5 Millionen Menschen gefährdet.

Auf einer Informationsreise überzeugte ich mich vor Ort und beschloß, von dem Honorar pro Buch 1,50 DM der Äthiopien-Hilfe »Stiftung Menschen für Menschen« zu spenden, um wenigstens einen kleinen Beitrag zur Linderung des Elends für ein Land zu leisten, das mir sehr ans Herz gewachsen ist. Somit hilft auch jeder Käufer von »Äthiopien – im Land der Mursi« die akute Not zu lindern.

Darüber hinaus kann der Leser natürlich direkt spenden:

Stiftung für Menschen e. V., Nußbaumstraße 8,
8000 München 2, Telefon (089) 596622,
Konto-Nr. 700000 bei:

Dresdner Bank, Düsseldorf
Postgiroamt Köln
Bankhaus Reuschel & Co., München
Raiffeisenbank, Sauerland
Berliner Commerzbank
Creditanstalt Wien
Länderbank Wien
Schweizerische Bankgesellschaft Zürich
Schweizerischer Verband der
Raiffeisenbanken, St. Gallen

Oder anderen hilfsbedürftigen Menschen und Regionen Gutes tun, zum Beispiel durch das:

Komitee Cap Anamur / Deutsche Not-Ärzte
e. V., Kupferstraße 7, 5210 Troisdorf,
Spendenkonto-Nr. 2222222, Stadtsparkasse
Köln, BLZ 37050198.
Postscheckamt Köln, Konto-Nr. 30808–507.

Oder die:

Deutsche Welthungerhilfe, Adenauerallee 134,
5300 Bonn 1.
Sparkasse Bonn, Spendenkonto-Nr. 111.
Einzahlungen bei allen Banken, Sparkassen,
Postämtern bzw. als Euroscheck-Einsendung.

Oder:

Terre des hommes Deutschland e. V.,
Postfach 4126, 4500 Osnabrück.
Spendenkonto 700, Bank für Gemeinwirtschaft
Osnabrück, BLZ 26510111.
Stadtsparkasse Osnabrück, BLZ 26550001.
Postscheckamt Hamburg Konto-Nr. 2611–203.

Oder die:

Gesellschaft für bedrohte Völker,
gemeinnütziger Verein, Postfach 2024,
3400 Göttingen.
Spendenkonto Postgiro Hamburg Nr. 935200.
Konto 1900 in Göttingen bei:
Städtische Sparkasse, Kreissparkasse,
Bank für Gemeinwirtschaft.

Hamburg, im April 1990

Wolf-U. Cropp

Dr. Wolf-Ulrich Cropp

Verwendete und weiterführende Literatur

Benzin, B. Wolde-Giorgis, K:
Das neue Äthiopien.
Köln, 1980

Bradt, Hilary:
Ost-, Zentral- und Südafrika per Rucksack.
Hattdorf, 1986

Bruce, James:
Zu den Quellen des Blauen Nils,
die Erforschung Äthiopiens 1768–1773.
Herausgeber: Gussenbauer, Herbert.
Stuttgart, 1987

Cropp, Wolf-Ulrich:
Schwarze Trommeln,
auf Entdeckungsreise durch Westafrika;
München, 1986
Heiße Pfade, Afrika-Durchquerung;
Düsseldorf, 1977
Wüsten-Leben in der Todeszone;
Hannover, 1990

Eibl-Eibesfeldt, I.:
Menschenforschung auf neuen Wegen.
Wien, 1976

Gerster, Georg:
Äthiopien, das Dach Afrikas.
Zürich, 1974

Grühl, Max:
Abessinien, die Zitadelle Afrikas.
Berlin, 1935

Haberland, Eike:
Die Bodi. Herausgeber: Jensen:
Altvölker Süd-Äthiopiens.
Stuttgart, 1959

Hanewald, Roland:
Das Tropenbuch,
Leben und Überleben in den Tropen.
Berlin, 1984

Hasselblatt, Gunnar:
Äthiopien, Menschen, Kirchen, Kulturen.
Stuttgart, 1979

Helfritz, Hans:
Äthiopien – Kunst im Verborgenen.
Köln, 1972

Johanson, D.; Edey, M.:
Lucy, the Beginning of Humankind.
New York, 1981

Lengenberger, H.; Schelz, U.:
Äthiopien-Reiseführer.
München, 1974

Merian:
Äthiopien, Heft Nr. 10.
Hamburg, 1974

Nehberg, Rüdiger:
Drei Mann, ein Boot, zum Rudolfsee.
Stuttgart, 1978

Rhamm, W. R. von:
Überlebenstraining, ein Survival-Handbuch.
Stuttgart, 1983

Tornay, Serge:
Armed Conflicts in the Lower Omo Valley,
1970–1976: An Analysis from within Nyangatom
Society. 1979

Turton, David:
Response to Drought: The Mursi of Soutwestern
Ethiopia. 1979

Zintgraff, Alfred:
Der Tod des Löwen von Juda.
Berlin, 1926

Bildnachweis:
Alle historischen Schwarz-Weiß-Abbildungen stammen aus:
Selassie, Kiros Habte: Ethiopia, a short illustrated history, Ministry of Education and fine Art, 1972.
»Lucy«: Cleveland Museum of Natural History

Worte des Dankes

Gebre Besta, ein Gassenjunge von elf Jahren, elternlos, nachts im Rinnstein schlafend, tagsüber dem harten Job eines Schuhputzers nachgehend, und Tulu Amide (34), Streifenpolizist des vierten Reviers von Addis Abeba, nebenher Vater von sechs Kindern, unterbezahlt, aber im unerschütterlichen Glauben an eine bessere Welt – beiden verdanke ich durch ihre unglaubliche Ehrlichkeit die Expedition zu den Mursi.

Tekle Abdal muß ich erwähnen, einen amharischen Journalisten. Er fand mich in keiner guten Verfassung vor. Mit ihm zog ich kreuz und quer durch faszinierendes Land. Er war mein Auge und mein Ohr, so hoffe ich, wenigstens etwas von Äthiopiens Vielschichtigkeit begriffen zu haben.

Peter Krempin, Bert Leidmann und Jürgen Escher sei gedankt, sie ergänzen mit schönen Fotos meine Aufnahmen.

(In Omo-Stromschnellen büßte ich Filmmaterial und eine Kamera ein.)

Erlebnis und Abenteuer – weltweit

Werner Gartung

Durchgekommen

Mit einer Gruppe Tuareg und 49 Last-Kamelen durchquerte Werner Gartung in der Republik Niger die Ténéré, eine der brutalsten Wüsten der Erde. Der engagierte Journalist ermöglicht ein intensives Miterleben und vermittelt Impressionen von dem einer unerbittlichen Natur perfekt angepaßten Leben der Kel Ewey-Tuareg auf ihrem Handelsweg durch die Wüste. Eine Text- und Fotoreportage mit hohem Niveau.

176 Seiten, 112 Fotos, davon 27 in Farbe, Großformat, geb., **48,–** Best.-Nr. 50049

Eigel Wiese

Burma –

Reise im goldenen Land

Burma ist eines der letzten geheimnisvollen Länder der Erde. Bis Mitte der siebziger Jahre waren Besuche überhaupt nicht möglich. Berichte, Fotos und Bücher über Burma haben Seltenheitswert. Denn Journalisten und Schriftstellern wurde kein Einreisevisum erteilt.

184 Seiten, 176 Abb., davon 30 in Farbe, geb., **58,–** Best.-Nr. 50098

Peter Lorenz

Bali

Peter Lorenz hat die Insel der Götter mehrfach abseits der Touristenpfade bereist. Aus seinen Erfahrungen und Erlebnissen entstand diese anschauliche Reiseschilderung, die einfühlsam über den Alltag auf Bali erzählt. Im umfangreichen Anhang exakte Fakten, Hintergrundinformationen und Kartenskizzen.

184 Seiten, 165 Abb., davon 46 in Farbe, Großformat, geb., **58,–** Best.-Nr. 50113

Gerhard Eisenkolb

Do swedanja

Abenteuerliche Winterreise durch Sibirien

Do swedanja heißt »Auf Wiedersehen«; »Do swedanja« heißt auch die freundliche Einladung zu einer atemberaubenden Winterreise im Wilden Osten Rußlands. In seiner vitalen Reiseschilderung zeigt der Autor die Sowjetunion abseits aller Klischees.

166 Seiten, 76 Abb., davon 16 in Farbe, geb., **49,–** Best.-Nr. 50104

Wolfgang Uhl

Babinga

Vier Männer kämpfen sich durch den Urwald Zentral-Afrikas. Ihr Ziel: die Waldnomaden vom Kongo. Sie haben unglaubliche Schwierigkeiten zu überwinden. Doch sie finden die kleinen, behenden Jäger. Eine Mischung aus Abenteuer-Erzählung und praktischem Handbuch, mit wichtigen Survivaltips.

176 Seiten, 120 Abb., davon 16 in Farbe, Großformat, geb., **48,–** Best.-Nr. 50074

Achill Moser

Nil und Niger

Ein Abenteuer ganz besonderer Art: mit Faltboot und Eingeborenenpiroge zwischen paradiesischen Landschaften, fremdartigen Menschen, tropischen Unwettern und reißenden Stromschnellen. Ergänzt wird diese Reportage durch aktuelle »Ratschläge für Afrikareisende«.

144 Seiten, 45 Abb., davon 28 in Farbe, geb., **39,–** Best.-Nr. 50093

Achill Moser

Sinai

Auf den Spuren des Alten Testaments durchquerte Achill Moser die Wüste Sinai. Neben den phantastischen Fotos präsentiert er auch handfeste Tips und Informationen für Reisen nach Ägypten und den Sinai, die sonst nirgends zu finden sind.

152 Seiten, 75 Abb., davon 24 in Farbe, Zeichnungen, 2 Karten, gebunden, **48,–** Best.-Nr. 50107

Änderungen vorbehalten

Der Verlag für Abenteuer

Postfach 10 3743 · 7000 Stuttgart 10

pietsch